本书获长春师范大学学术著作出版基金资助

中国国有企业用工制度研究

刘 斌 著

中国社会科学出版社

图书在版编目（CIP）数据

中国国有企业用工制度研究 / 刘斌著 . —北京：中国社会科学
出版社，2019.12

ISBN 978 - 7 - 5203 - 5269 - 7

Ⅰ. ①中⋯　Ⅱ. ①刘⋯　Ⅲ. ①国有企业—用工制度—研究—
中国　Ⅳ. ①F279.241

中国版本图书馆 CIP 数据核字（2019）第 216048 号

出 版 人	赵剑英
责任编辑	孙　萍
责任校对	刘　娟
责任印制	王　超

出　　版	中国社会科学出版社
社　　址	北京鼓楼西大街甲 158 号
邮　　编	100720
网　　址	http://www.csspw.cn
发 行 部	010 - 84083685
门 市 部	010 - 84029450
经　　销	新华书店及其他书店

印　　刷	北京明恒达印务有限公司
装　　订	廊坊市广阳区广增装订厂
版　　次	2019 年 12 月第 1 版
印　　次	2019 年 12 月第 1 次印刷

开　　本	710×1000　1/16
印　　张	15.5
字　　数	248 千字
定　　价	76.00 元

凡购买中国社会科学出版社图书，如有质量问题请与本社营销中心联系调换
电话:010 - 84083683

前　　言

　　如何使用企业劳动力、保障劳动者的合法权益、实现效率与公平的统一，一直以来都是国际社会和国内社会的热点。国有企业用工制度效率与国有企业的发育程度密切相关，前者提高必然有助于后者的可持续成长。改革开放以来，中国国有企业成长迅速，各方面的制度建设取得了长足进步，但国有企业用工制度出现的一些问题，在一定程度上影响了其可持续、健康发展。

　　基于此，本书以制度经济学为主要理论基础，运用制度分析法、比较分析法、文献研究法、历史与逻辑分析方法，深入剖析了中国国有企业的用工制度，界定了中国国有企业用工制度的相关概念和特征；分析了中国国有企业用工制度的构成、功能、效率及变迁历程，从资产专用性的视角进行了解读；剖析了中国国有企业用工制度现状、存在的问题及其原因；介绍了国外国有企业的用工制度及其对中国国有企业的启示；提出了完善中国国有企业用工制度的对策，即完善中国国有企业用工制度法律体系，完善中国国有企业职工权益保护制度，完善中国国有企业用工保障制度，完善中国国有企业用工培训机制。

　　本书对国有企业用工制度的研究，有助于弥补已有研究成果的不足，同时对社会主义市场经济建设及社会的公平正义也具有一定的现实意义。

目　　录

第一章

绪　　论

第一节　研究背景与研究意义

一　研究背景

劳动力是企业生产与发展的核心要素之一。劳动力的数量及质量直接关系企业成长，进一步影响整个国民经济的增长。如何使用企业劳动力，并且保障劳动力的合法权益，实现效率与公平的统一，一直以来都是国际社会和国内的热点。但是，很多企业为了短期利益损害劳动者权益，很多劳动者在劳资关系中处于十分不利的地位，严重影响了社会和谐与公平正义。因此，如何尊重劳动者，维护好劳动者的合法权益，让其在劳动中受到应有的尊重，是摆在世界各国面前的难题。自 2008 年的国际经济危机以来，国际性的金融持续动荡，并波及到了中国。国内企业尤其是实体企业遭受了巨大的冲击，导致用工成本骤增。如何用好工人，实现用工成本与效率的统一，对于企业摆脱困境，至关重要。

国有企业是国民经济的支柱，为经济社会发展做出了巨大的贡献，也为促进国家工业化和现代化发挥了重要作用，同时在促进社会就业、维护劳动关系和谐稳定中具有不容忽视的地位。国有经济是国民经济的中坚，国有企业作为其微观主体，对国有经济主导作用的发挥有直接的影响。[①] 人力资源是企业的第一资源，是提升核心竞争力的关键要素。国有企业用工制度效率与国有企业的发育程度密切相关，前者提高必然有助于后者的可持续成长。

改革开放后，中国劳动力用工制度经历了三十多年的激烈变革，既

---

① 孙成亮：《国有企业长期雇佣制度对企业能力的影响》，《社会科学》2006 年第 4 期。

有成绩，也有大量的教训。实践告诉我们，科学合理的用工制度对于企业来说至关重要，有助于提升劳动者的劳动积极性与创新性，塑造高素质的干部队伍，形成强有力的核心竞争力，促进企业的持续成长。当前，国有企业用工制度基本完成了由传统僵化的计划用工制度向符合现代市场精神的契约化、市场化用工制度的转变。然而，国有企业用工制度还存在很多问题。例如，"双轨制"用工、工会与集体制度建设不力、法律法规不健全、薪酬差距大等，严重阻碍了国有企业人力资源的开发及核心竞争力的提升，有悖于"现代企业制度"的改革方向。很多国有企业已经认识到用工制度的重要性，在实践中也采取了很多措施，但往往事倍功半，其原因在于没有理解国有企业用工制度的客观规律，缺乏科学的理论指导。国有企业是国民经济的命脉，在国家总资产中占有率过半，但是在国民生产总值中所占比例却不是很高，这归根结底都是国有企业人力资本不足，突出表现在劳动者工作积极性差、缺乏创新能力、素质不高，因此优化用工制度已成为国有企业的内在的制度变迁需求，也是其提高市场竞争力的必然选择。

基于以上原因，本书将国有企业用工制度作为研究对象，运用与用工制度相关的劳动经济学、制度经济学、人力资本配置机制等一系列经济理论制度和管理模式，对国有企业用工制度进行理论分析及实证分析，对国内外用工制度实践进行分析与总结，在此基础上，构建中国国有企业用工制度体系。

本书试图指导国有企业用工管理实践，同时通过实践对理论加以检验，在不断发现问题中促进对理论的进一步研究。通过了解国有企业目前用工制度的现状，进而分析国有企业劳动用工制度改革方法。结合国有企业的特点分析国有企业用工制度的框架结构，在此基础上运用一定的制度经济学理论知识，提出具有一定现实意义并且符合国有企业实际情况的建议，以使国有企业用工制度更加科学和完善，使国有企业的核心竞争力得以提高。

二　研究意义

本书具有一定的理论与现实意义。

（一）理论意义

第一，弥补已有关于国有企业用工制度研究的不足。虽然当前对于国有企业用工制度的研究很多，但是深度不够，系统性也不强。本书在弥补已有研究不足的基础上，深刻剖析中国国有企业用工制度存在的问题及原因，最后提出切实有效的措施，有利于弥补现有研究的不足。

第二，将交易成本引入了国有企业用工制度当中，加强了研究深度。本书利用了大量的交易成本理论来分析国有企业用工制度，将该领域的研究深度进一步加深，是对交易成本理论在实践中的有效运用。

第三，有利于劳动关系理论与人力资源管理理论的发展。本书深刻剖析了国有企业用工制度实际及特点，发展了与国有企业用工制度密切相关的劳动关系理论与人力资源管理理论。

（二）现实意义

第一，有利于提高国有企业用工效率。人浮于事、创新能力差、冗员多是很多国有企业面临的突出问题。本研究着眼于设计一套科学合理的用工制度，对于减员增效，提高劳动者积极性及劳动效率，改善企业绩效具有较强的现实意义。

第二，有利于推进国有企业改革。用工制度改革是国企改革的主要组成部分，也是一个难点，本书为深化国企用工制度创新提供政策参考，使其符合国有企业的现状和改革的目标，对于深化整个国有企业转型升级和国有企业健康持续发展具有积极的现实意义。

第三，有利于维护社会和谐，实现社会的公平正义。国有企业收入分配不公严重影响国有企业内部和谐及工人当家做主的地位，通过深化国有企业用工制度改革，有助于缓解收入分配不公的问题，促进我国和谐劳动关系的建立，进而对社会正义的实现也有一定的意义。

第二节　国内外研究综述

国有企业用工制度的研究伴随着整个用工制度的改革历程。改革开放之后，中国国有企业用工制度经历了若干阶段，从打破传统的固定工制，到开始实行新的用工形式；从开始试行劳动合同制，到劳动合同制全面实行,再到今天的打破双轨制。在这个过程中,学者们从不同角度进行了大量研究。

一　国外研究综述

(一) 关于雇佣制度研究

日本的国有企业,基本全部采取终身雇佣制。企业内存中一个强大、严密的工会组织,是一个同用工制度不可分割的关联要素。而用工制度在构筑现代基础的德川时代形成的商人文化中已见其萌芽,随后逐渐发展不断积淀而沿用至今。日本国有企业实行的是由终身雇佣、年工序列制和企业工会构成的正式工制度,是"日本式劳务关系"的核心。[①] 日本经济学家青木昌彦在对社会主义国家早期经济转型过程中的企业制度进行深入研究后指出,"内部人控制"是"转轨经济过程中所固有的一种潜在可能现象,必须采取措施加以克服"。[②] 与日本不同,欧美等国企业的用工制度主要采取的是较为灵活的合同制,劳资双方签订的有关劳动权利和劳动义务的协议,以此作为维护和制约双方行为的规范。根据双方的契约,劳动者向用工者提供劳务,按照雇主要求提供劳动力,用工者负责保护劳动者生命健康安全,并按照合同支付劳动报酬。[③]

(二) 关于工会和集体协议制度研究

欧盟的工会实行合作主义机制,产业工会或行业工会力量十分强大,而且十分具有组织性,行动协调一致,消除了劳动者间的竞争。[④] 欧盟的劳动力市场流动性特别强,不受国籍与户籍的限制,流动成本非

---

① 高桥洸、小松隆二、二神恭一:《日本劳务管理史》,唐燕霞译,经济科学出版社 2005 年版。

② 青木昌彦、钱颖代:《转轨经济中公司治理结构:内部人控制和银行的作用》,中国经济出版社 1995 年版,第 15—36 页。

③ Janssen O. , "Fairness perception as a moderator in the curvilinear relationships between job demands and job performance and job satisfaction", *The Academy of Management Journal*, 2001, 44 (5): 10391050.

④ 参见鲁道夫·特劳普·梅茨:《中国、韩国与德国的劳动关系》,张俊华译,中国社会科学出版社 2010 年版。

常低，完全可以"用脚投票"来寻找最符合自身利益的雇主。

（三）关于劳资关系研究

Dunlop 最早提出劳资关系的三方主体，他将雇佣关系系统主体要素分为雇主或管理方以及雇主协会（职工或劳动者以及工会组织、政府及其与劳动关系有关的机构）。三者在技术、市场力量和相对权力方面的对比由地位来决定。[①] 很多国家借寻求雇主、工会、国家间利益和谐的国家政策来消除雇佣双方之间的不平等[②]。例如，法国的用工制度，雇人容易解雇难；在德国，如果雇主想要解雇职工的话，必须要获得"工人委员会"的同意，如果不同意，可以将雇主告上劳工法庭，最终由劳工法庭做出裁决；俄罗斯联邦规定，只有六个月以内的季节工、两个月以内的临时性工作、代替暂时不在岗四个月以内的职工才可以签短期劳动合同。[③]

二 国内研究综述

（一）关于劳资关系研究

在国有企业用工制度的相关研究中，劳资关系理论研究是最普遍也是最深入的研究层面。

在劳资关系的研究中，最引人注意的就是将二元劳动力市场理论应用于国有企业"双轨制"的用工分析中。改革开放以来，中国国有企业的转型采取的是渐进式，既没有完全依照旧体制，也没有完全引入市场机制，结果导致计划和市场双轨并行的状态。国有企业这种双轨制体制在用工制度上表现为"双轨制"用工。"双轨制"雇佣形式的广泛使用，在为组织带来成本下降和管理弹性的同时，随之而来的是很多负面

---

① Dunlop, J. T., *Industrial Relations Systems*, New York: Holt Rinehart and Winston, 1958.

② Goldthorpe, John, H., "The end of convergence: Corporatist and dualist tendencies in modern western societies", Order and Conflict in Contemporary Capitalism: Studies in the Political Economy of Western European Nations. Oxford: Clarendon, 1984.

③ 参见桑德林·卡则斯、伊莲娜·纳斯波洛娃:《转型中的劳动力市场:平衡灵活性与安全性——中东欧的经验》，劳动和社会保障部劳动科学研究所译，中国劳动社会保障出版社2005年版。

结果。用工双轨制将国有企业劳动者分为两类人，正式工与非正式工，采用不同的管理方法，给予不同的待遇；在付出同样劳动的情况下，同工不同酬。姚先国从现实经济生活出发，指出了劳动力存在双重价格，并对其产生的经济效应进行了分析，指出了双轨制对于改变传统的统包统配用工制度的经济意义。[①] 杨云彦、陈金永结合武汉的实际情况，剖析了转型劳动力市场的分层与竞争的关系。[②] 陶厚永、刘洪认为，用工"双轨制"是指在我国国有企业、事业单位中，同时存在有"编制"的正式职工（简称"正式工"）和没有"编制"的劳务合同职工（简称"合同工"）两种不同的用工形式。[③] 张晏、夏纪军通过理论模型剖析了体制竞争与组织绩效改进的内在作用机理，揭示了双轨制度对于打破终身制和大锅饭等制度变革的意义。[④] 魏东霞、谌新民通过梳理我国企业用工体制演变过程，揭示了企业用工双轨制的经济动因，并利用2012年广东南海产业工人微观调查数据研究发现：在控制个人特征和企业特征后，在工资报酬方面，临时工和派遣工工资显著低于正式工；在保险福利方面，临时工在获取养老保险、医疗保险上较正式工处于显著劣势，但在失业保险、工伤保险和住房公积金上差异不显著；派遣工在获取"四险一金"上较正式工均处于显著劣势。[⑤] 孔锦研究发现，非正式工相对于正式工，经济交换关系更高，社会交换关系更低，组织公民行为更少。在非正式工使用越来越普及的今天，非正式工的高经济交换、低社会交换的工作态度和较少的组织公民行为，对组织管理是不利的。该结论对组织管理者进行核心员工和其他类型员工分类管理具有指导意义。具体来说，组织与核心员工建立更为长期的雇佣关系，甚至是永久雇佣；身份意识强化客观身份影响。这个

---

① 姚先国：《劳动力的双轨价格及经济效应》，《经济研究》1992年第4期。

② 杨云彦、陈金永：《转型劳动力市场的分层与竞争结合武汉的实证分析》，《中国社会科学》2000年第5期。

③ 陶厚永、刘洪：《何种用工制度更具适应性效率？用工"双轨制"与"单轨制"的比较研究》，《中国工业经济》2009年第1期。

④ 张晏、夏纪军：《体制竞争与组织绩效改进：兼论双轨制对制度变革的意义》，《世界经济》2008年第4期。

⑤ 魏东霞、谌新民：《企业用工双轨制与劳动力市场歧视——来自广东南海产业工人的证据》，《世界经济文汇》2016年第2期。

结论为我国国有事业单位用工制度并轨实践带来启示。我国是身份意识非常强烈的国家，高身份意识会对"双轨制"员工的心理和行为产生更为深刻影响。我国需要研究"双轨制"逐步合轨的合理性和可能性，逐步消除身份等级和特权带来的不利影响，使员工和组织关系过渡到完全由市场经济规律公平调节的阶段。① 舒熳等梳理了同工不同酬的历史演进，从宏观制度和微观组织两个层面系统分析了同工不同酬的原因，并且分别阐述其在社会公平和企业绩效两个方面的效应，并给予前因与效果的分析，从政府和企业两个主体出发，就改革同工不同酬问题提出了相应建议。②

　　于文超研究发现，政治关联有助于减少企业劳动用工"双轨制"，且这一影响在政府管制水平较高的地区更显著，同时政治关联对企业用工"双轨制"的影响与企业要素密集度和产权性质密切相关。政府关联有助于减少国有企业的用工"双轨制"。③ 王继承认为中国经过了多年的改革，国有企业用工制度已经基本完成了转型。但是，双轨制依旧存在，劳动用工"双轨制"现象的产生与多种因素相关，特别有必要借鉴国外有益经验，从政府和企业两个方面加快制度创新，构建一套全新的用工制度。④ 宋智辉采用理论和实证相结合的方法，在对劳务派遣和满意度研究文献进行总结分析的基础上，归纳出影响员工满意度的因素，包括个人属性变量和情景变量，通过分析发现，正式工在总体满意度以及工作归属感、职业安全感、职工信任感、职业公平感和晋升空间感五个方面的得分均高于劳务派遣工；男性员工的总体满意度、工作归属感、职业安全感和职工信任度上显著优于女性员工；而不同学历的员工在工作满意度以及五个情景属性上不存在显著差异。具有不同技术等

---

　　① 孔锦：《"双轨制"员工身份对工作表现的影响——基于江苏高校的实证研究》，学位论文，南京大学，2012年。

　　② 舒熳、张三保：《用工双轨制下的同工不同酬：动因、效应与改革》，《中国人力资源开发》2014年第19期。

　　③ 于文超：《政治关联、政府干预与企业用工"双轨制"》，《贵州财经大学学报》2017年第4期。

　　④ 王继承：《劳动用工"双轨制"模式成因、利弊与政策含义》，《重庆理工大学学报》（社会科学）2010年第4期。

级的员工在工作满意度等各方面也不存在显著差异。工作归属感、职业安全感、职工信任感、职业公平感和晋升空间均是影响员工满意度的重要因素。[①]

总之，随着我国国有企业改革的不断深入新旧体制的摩擦、利益格局的调整，法律法规的逐步健全和体制上的逐步完善，劳动关系呈现出复杂、多样性的特点。鉴于中国特殊的社会性质，建立新型的用工制度刻不容缓。

（二）关于劳动合同制研究

所谓劳动合同制，是指作为商品生产者的用人单位与劳动力所有者在平等、自愿、协商一致的原则基础上签订劳动合同，确定劳动关系，明确双方的债、权、利，用法律形式规范的一种用工制度。国有企业现代企业制度已经成形。[②] 劳动合同制改变了过去企业对政府、职工对企业的依附关系，以现代契约约束企业与劳动者，解放了企业与劳动力，企业可以根据自身需要进行市场化用工，职工也可以自由择业、择岗，是市场化、契约化的体现。

主张推行合同制的观点基于这样的一个逻辑，稳定的劳动就业制度会让人们没有危机感，导致效率低下；而不稳定的劳动就业制度反而会激发劳动者的积极性与创造性。此外，合同制度使得劳资双方处于平等地位，可以根据需要相互选择，这样有助于提高劳动力与生产资料的使用效率。朱日银、程祝礼、张敦义、齐香真都指出在建立现代企业制度和国有企业改革的过程中，实行和完善合同制是发展国家经济的必然要求。洪沪敏、章辉美指出，劳动合同制的应用既打破了铁饭碗、终身制的模式，实现了用工制度由行政理论主导转向市场和法律的调整，使国有企业的经营机制得以转换，通过精简机构和人员，提高经济效益。[③] 覃遂源指出，计划经济时期，企业的用工，劳动者的劳动都由劳动部门来安排，形成了"等、靠、要"的劳动用工制度。而在市场经济条件

---

① 宋智辉：《正式工和劳务工的满意度影响因素比较研究》，硕士学位论文，东华大学，2011 年，第 44—83 页。

② 章迪诚：《中国国有企业改革的制度变迁研究》，《复旦大学学报》2008 年第 3 期。

③ 洪沪敏、章辉美：《新中国成立以来企业劳动关系的历史变迁》，《江西社会科学》2009 年第 8 期。

下，企业拥有用人的自主权，劳动者也有择业的自主权。只要双方平等自愿，协商一致，达成劳动协议，依法签订合同，企业就可根据自身需要招聘自己所需职工，劳动者也可根据自身情况选择适合自己的职业。① 李涛指出，"全面实行劳动合同制度"，在深化企业经济体制改革上迈出了关键一步，增强全民所有制大中型企业的活力，关键是转换机制，使企业真正成为自主经营，自负盈亏，面向市场的经济实体，在转换机制中加快劳动用工与人事制度的改革，增强企业与职工之间劳动用工关系的调整力度，有领导有步骤地全面实行全员劳动合同化管理。② 朱琪媛指出，实行全员劳动合同制度，是用工制度的一项重大改革，涉及每一位职工的切身利益和传统观念的更新转变，签订劳动合同应当遵循平等自愿，协商一致的原则，不得违反国家法律、行政法规的规定，通过签订劳动合同使企业和职工能够明确履行双方的权利和义务。③ 朱舜等研究认为，在社会主义市场经济转型过程中，中国国有企业劳动合同制改革面临的新问题要求其进行创新研究。"终身雇佣制"的合理内核对中国国有企业劳动合同制改革具有借鉴意义，但新型国有企业劳动用工制应不同于中国计划经济体制时期国有企业的固定工制，不同于日本企业雇员终身制也不同于中国国有企业对固定工制改革后实行的劳动合同制，不同于自由雇佣制。新型国有企业劳动用工制度应该是劳动合同制和终身雇佣制在兴利去弊的基础上相融合的劳动合同制。④ 齐香真指出，在建立现代企业制度和国有企业改革过程中，完善和规范劳动合同制，深化企业用工制度乃是改革的内容之一。从实践看，采用劳动合同确立劳动关系的用工方式，既保证了劳动者和企业双方的合法权益，又有利于企业自主权的落实和劳动者自主选择职业。在劳动合同执行过程中尚存在这样那样的问题，必须加强劳动法律法规的制订，加大劳动

---

① 覃逯源：《全员劳动合同制后国企职工的定位人士》，《社科与经济信息》2011 年第 9 期。

② 李涛：《市场经济体制下的人事用工政策如何调整——浅议实行全员劳动合同制管理是劳动用工制度的重大改革》，《中小企业管理与科技》（中旬刊）2014 年第 1 期。

③ 朱琪媛：《积极推进劳动合同制度》，《科技资讯》2006 年第 20 期。

④ 朱舜、高丽娜：《劳动合同制创新：国企劳动用工制度新思考》，《市场周刊·理论研究》2006 年第 5 期。

执法力度，加快企业用工制度的改革步伐。① 劳动合同将国家利益、企业利益和个人利益三者有机地结合在一起，彻底改变了传统体制下的僵化懒惰思想，促使职工思想观念发生了转变，为提高收入水平，改善生活条件而努力工作。

（三）关于招聘、激励和薪酬制度研究

对于企业来讲，如何招聘新职工是人力资源管理部门很头疼的一件事情，难度很大，风险也比较高，如出现招聘失败，则给企业造成很大损失。对领导干部和基层干部的选拔是整个用工中的重要环节。进入21 世纪之后，特别是近几年来，随着国有企业尤其大中型国有企业市场竞争意识的不断增强，用工制度开始向现代化转变，引入现代化的招聘、激励与薪酬制度成为重点。伴随着企业招收和录用上的改进，其管理机制也在不断地完善，绩效考核、激励制度和薪酬制度等也在一定程度上实现了系统化。

国有企业是我国国民经济的基础和骨干力量。不管大型国有企业还是小型的区属国有企业，要树立有竞争力、有活力的国有企业形象，必须进一步发挥好国有企业的战略作用，其首要任务是建设一支熟悉市场经济、善于利用市场规律、适应现代企业制度要求的国企高层管理者队伍。门杰提出了区属国有企业高管胜任能力模型，将政治鉴别能力、宏观决策能力、团队管理能力、持续创新能力、作风形象五项内容提炼为区属国企高管胜任能力，并就基于胜任能力模型的区属国企高管招聘、绩效评价方面提出了优化建议。其中，在区属国企高管招聘方面，从组建专业化团队、实行更有效的招聘信息发布、把握简历筛选在招聘成绩中的合理比重等方面进行优化；在绩效评价方面，从制定统一的区属国企高管绩效评价方法，区别不同类别区属国企考核、建立综合性考核指标等方面进行优化。② 韩红俊基于国资委首次向全球招聘高管人员这一事件出发，指出了当前国有企业在高管选拔上存在的诸多问题，突出表现在基本从内部提拔，很少从市场上聘任。利用经理人市场，通过招聘、

① 齐香真：《完善和规范劳动合同制，深化企业用工制度改革》，《商业研究》2000 年第 7 期。

② 门杰：《基于胜任能力的区属国企高管招聘和绩效评价优化研究》，硕士学位论文，中国海洋大学，2013 年。

竞争上岗等方式会拓展高管来源，有利于高管水平的提高。① 王振生等指出，配套的劳动、人事制度改革是国有企业薪酬制度改革的基础。薪酬制度改革是一个系统工程，只有辅以配套的劳动、人事制度改革，分配制度改革才有可能实现。考核是薪酬制度改革深入、持久的保证。健全考核组织、明确考核标准和考核程序以及与考核结果相挂钩的分配制度，是完善用人用工机制，增强培训效果，提升企业核心竞争力的有力保证。② 钟勇认为，国有企业内部存在正式工与聘用工两种截然不同的职工身份，这种差别造成了待遇和地位上的极大差别，对企业和谐和生产经营产生了不良影响。他以某烟草企业为例，较为深刻地探讨了该问题，并对薪酬体系改革提出了若干建议。③ 程巍针对高管公开招聘所存在的诸多问题，认为企业应形成"内部公平选拔＋外部市场招聘"的管理方式，照市场化准则创造一个公平、公正的发展环境。④ 连玮佳、李健从经典的委托代理出发，研究了国有企业经理人的公开招聘及对其激励与约束的问题。得出结论：对于公开招聘的经理人，应该给予更高的业绩提成；对于风险偏好度强的经理人要特别关注，加强对其监督。⑤ 洪波通过对上市企业的实例分析，将混合所有制结构异质性划分主体和权衡性两个维度，分别对职业经理人选聘模式进行回归分析，同时也验证了董事会独立性的中介作用，包括：相比于以公有制为主的混合所有制结构，在以非公有制为主的混合所有制结构下，选聘职业经理时，市场化配置的外部选聘模式被企业选择的概率更大；混合所有制制衡性越高，企业市场化配置职业经理人的概率就越大；董事会独立性在混合所有制结构主体与职业经理人选聘模式中起到了正向中介作用，相比公有制主体，以非公有制为主的混合所有制结构的企业董事会独立性较高，且更倾向选择市场化配置模式；董事会独立性在混合所有制结构制衡性与职业经理

① 韩红俊：《中央国企全球招聘高管人员引发的思考》，《南通工学院学报》（社会科学版）2004 年第 3 期。
② 王振生、赵尊强、崔兆峰：《国企薪酬改革的探讨》2006 年第 3 期。
③ 钟勇：《国有企业淡化用工身份的薪酬分配体系浅析》，《现代商业》2008 年第 2 期。
④ 程巍：《浅议国企高管的公开招聘》，《上海青年管理干部学院学报》2010 年第 4 期。
⑤ 连玮佳、李健：《基于委托代理理论的国有企业公开招聘经理人的相关问题探讨》，《改革与战略》2009 年第 4 期。

人选聘模式中也起到了正向中介作用，制衡性越高、董事会的独立性就越强，市场化配置职业经理人的概率也就提高了。国有企业在提高混合所有制结构的合理性的前提下，只要能突出董事会作用，就可以不断完善企业治理结构。① 钱爱民以 2007—2016 年上市公司为研究对象，实证研究表明，企业高管政治晋升预期与普通职工薪酬显著负相关，且高管政治预期越高，普通职工薪酬业绩敏感性越低，相对于中央政府控制的国有企业，高管政治晋升与预期对普通职工薪酬和薪酬业绩敏感性的负向作用在地方国有企业中更大。当高管政治晋升预期较高时，更倾向于进行低效率过度投资，而企业投资规模越大，普通职工薪酬越低。② 谈多娇等从公司治理角度对中国国有企业高管薪酬制度的制定、调整及薪酬制度的属性等问题进行研究，研究表明，中国国有企业在制定高管薪酬制度时，可以适当提高可变薪酬比例或推行薪酬追回制度，同时国有企业的高官薪酬制度要提高公平性和透明性，薪酬委员会也要正确认识高管薪酬制度的风险属性。③ 杨雪、江华、高参参认为，中国国有企业薪酬制度作为一项基础性的调节利益关系的制度，对企业核心竞争力有很大的影响。国有企业薪酬制度的改革一直坚持"效率优先，兼顾公平"的原则，虽然取得了不小的成绩，但是过于追求效率，不利于维护社会公平。对此，国有企业用工制度变革应当认识到这一点，追求公平与效率相协调的组合模式。应当提高企业薪酬信息的公开性，建立完善的信息公开系统，提高薪酬信息的透明度，将薪酬制定纳入科学合理的范畴。这个过程中，既要借鉴欧美发达国家在薪酬管理方面的经验，也要实事求是，因地制宜。由于工资的不平等影响劳动者的积极性对企业来说意义重大④。

---

① 洪波：《混合所有制改革背景下国企职业经理人选聘模式研究——基于企业治理的视角》，硕士学位论文，安徽大学，2018 年。

② 钱爱民、朱大鹏：《高管政治晋升预期与普通职工薪酬——来自国有上市公司的经验证据》，《北京工商大学学报》（社会科学版）2018 年第 5 期。

③ 谈多娇、刘璟、郭梦云、张斳：《国企高管薪酬制度问题探索》，《财政监督》2018 年第 17 期。

④ 杨雪、江华、高参参：《制度变迁视角下的国有企业薪酬制度》，《重庆理工大学学报》（社会科学）2010 年第 2 期。

（四）关于用工模式及改革研究

国内学者对国有企业的用工制度进行了研究，主要包括用工模式及用工制度改革等内容①。

计划经济时代的一次分配定终身的制度，往往导致很多人所学专业与其工作关系很小甚至是没有关系，造成了资源大量浪费，也严重影响了劳动者的积极性、创造性。从 1979 年至 1985 年，虽然用工制度进行了一定程度的调整，但是力度不大，并没有从根本上动摇以固定工为主的用工制度。固定工制度的基本特征是"国家对企业用工长期实行高度集中统一的指令性计划管理，依靠行政手段，直接控制企业用工数量、用工形式和用工办法，以固定工为主，形成了我国特定环境下被称为'铁饭碗'的用工制度模式"②。1992 年之后，随着国有企业进入到快速转型的变革时期，国有企业用工制度在市场机制的冲击下，也开始了快速转型，但同时也保留着计划经济特点和复杂多变的劳动关系。③ 随着经济体制改革的深入推进，国有企业用工已经由固定式为主的用工制度转化为多元化的用工制度。打破了铁饭碗、铁工资、铁交椅的用工模式，搞活了企业用工，但同时也有管理复杂等问题的存在，所以，运用科学的用工制度理论来促进企业的发展势在必行，这将成为实现人民群众利益和共同富裕的重要保证。

刘缨、刘云针对企业职工等级划分存在的问题，将业绩引入，构建了一个三级动态竞争的用工制度，目的在于激发职工的积极性与创新性。④ 刘洋认为，对于现阶段已经完成改制工作的大多数国有企业而言，劳动关系正从利益冲突型向利益依附型转变，主要体现为当前国有企业相对稳定的就业环境、相对高额的薪酬福利待遇以及劳动冲突的低发性。针对现有用工制度不利于劳动者的就业公平、工资收入差距扩大加剧工人阶级群体分化以及政府未能充分发挥劳动关系协调资历的引导作用，这三个引发现阶段国有企业劳动关系紧张的主要问题，建立国有企业管理层、劳动者与政府部门三方利益平衡机制以实现劳动关系各方

---

① 陆义敏：《体制性用工歧视与劳动者积极性》，《广东行政学院学报》2009 年第 6 期。

② 王丹：《回顾企业用工制度改革》，*Enterprise Management*，2008（9），p. 19。

③ 吴宏洛：《转型期和谐的劳动关系》，社会科学出版社 2009 年版。

④ 刘缨、刘云：《三级动态竞争用工制》，《企业管理》1999 年第 10 期。

力量对比的均衡，是国有企业和谐劳动关系建构的基本路径。① 程祝礼认为，国有企业作为国民经济的主导，要想提高核心竞争力，必须要加快用工制度改革。对此，需要改革现有的全员合同制及末尾淘汰制，将职工划分为优秀、良好和合格三个等级，为了实现激励，实行逐级尾数淘汰和逐级头数晋升。② 曾秋荷、练伟、吴昊、施伟伟认为，新型用工制度是一种单轨制的用工形式，在国有企业内部不应再有体制内和体制外的二级劳动市场分割。③ 新型用工制度，既能体现国有企业的本质属性，又能符合市场化改革的基本方向以及现代企业制度的要求。这种单轨制，并不是"固定工制"，而是能够适应时代要求，给予劳动者支配时间自由的一种以单轨制用工为主，辅之以临时工、小时工等灵活的用工形式④。对于单轨制的优势，陶厚永、刘洪指出，在单轨制组织中，个体参与竞争的机会是均等的，没有歧视和剥削现象的存在，同工同酬。这就意味着每一名职工都可以获得与其能力及付出相对应的报酬，有助于激发职工的工作积极性。另外，用工单轨制和"多劳多得，少劳少得"的社会主义分配原则在本质上是一致的，这样可以充分调动组织内部的有效资源，保持对组织外部强劲的吸纳能力，促进组织经济稳定持续增长⑤。同时，用工单轨制的适应性效率要明显高于用工双轨制，虽然双轨制出现了大量问题，亟待修正，但大量企事业单位仍未实现用工单轨制，反而存在人事代理与劳务派遣等新形式。所以，用工单轨制的新型用工形式还需要不断进行变革和完善。要有计划、有步骤地推进用工单轨制的应用。⑥ 王翡翡、李俊凯指出，建立科学合理的多元化用

---

① 刘洋：《改制后国有企业的劳动关系：现状、问题与协调治理路径》，《教学与研究》2018 年第 7 期。

② 程祝礼：《国有大中型企业用工制度改革设想》，《北方经贸》2005 年第 7 期。

③ 曾秋荷、练伟、吴昊、施伟伟：《社会转型背景下同工不同酬问题探讨》，《中国市场》2011 年第 7 期。

④ 约翰·W. 巴德：《人性化的雇佣关系——效率、公平与发言权之间的平衡》，解格先等译，北京大学出版社 2007 年版。

⑤ 张敏杰：《社会政策及其在我国社会经济发展过程中的去向》，《浙江社会科学》1999 年第 11 期。

⑥ 陶厚永、刘洪：《何种用工制度更具适应性效率——用工双轨制的比较研究》，《中国工业经济》2009 年第 1 期。

工模式对于国有企业来讲至关重要。国有企业完善用工模式是企业应对人口红利减少的要求，新劳动法对职工保障的要求，新生代职工发展对企业的要求以及企业自身的要求。当前，国有企业用工模式存在身份不同、混岗情况严重、缺乏必要的职业发展通道等问题，需要采取变身份管理为岗位管理，建立以岗位为中心的职业发展通道，尊重历史、逐步解决混岗问题等措施。[①] 丁熹认为，国有企业用工过程中存在劳动合同管理不规范，人员流动机制不健全，基础管理薄弱等问题，应当加强人力资源标准化建设，加强用工基础管理工作，规范劳动合同。开展全员培训，加强企业文化建设，梳理岗位序列等措施。[②]

随着市场经济的深入推进，国有企业的用工形式已经由原来的固定工制转变为多元化的用工形式。劳动力的市场自由化程度大幅度提升，国家的劳动社会保障也在不断健全，这都推动了非正式用工模式的形成和发展。其中，劳务派遣制度作为一种灵活的新型的用工制度被企业所采用。薛婧认为，在实践中国有企业对派遣制职工的激励效果不尽如人意。对此，应当公平对待，满足其心理需求；让派遣制职工感受到来自体制内的尊重及人文关怀；加强沟通，实现双方的信息对称；提高被派遣职工民主参与的程度；同时要加强教育培训，满足被派遣职工的成长需要；给予被派遣职工更多挑战性的工作及发展空间，帮助其进行职业生涯规划。[③] 刘慧探究了派遣制员工的揭发现状，并试图探究内部人身份感知和基于组织的自尊对揭发的影响机制，同时分析派遣制员工的上下级关系在这一关系中的调节作用。研究发现，派遣制员工内部人身份感知对其内部揭发有显著正向预测作用，对外部揭发和无行动有显著负向预测作用；派遣制员工基于组织的自尊在内部人身份感知与内部揭发之间起完全中介作用，在内部人身份感知与外部揭发、无行动之间起部分中介作用；派遣制员工的上下级关系在基于组织的自尊与外部揭发的关系中起调节作用，上下级关系在内部人身份感知与无行动的关系中起

---

① 王翡翡、李俊凯：《国有企业多元用工模式优化构建研究》，Proceedings of International Conference on Engineering and Business Management（EBM2012），2012：601—604。

② 丁熹：《国有企业用工管理模式的思考》，《人力资源管理》2011 年第 12 期。

③ 薛婧：《以心理学视角看国有企业派遣制用工的有效激励措施》，《商业文化》（学术版）2010 年第 3 期。

调节作用，且这种调节作用在基于组织的自尊的中介作用中对无行动产生调节作用。[①] 高凡认为，劳务派遣是指劳务派遣单位和用人单位之间签订劳务派遣合同或者协议，由劳务派遣单位招聘工作人员并且派到用人单位工作。2008 年开始实行的《劳动合同法》，增加了对于劳务派遣的法律说明，使得劳务派遣开始从正式雇佣向非正式雇佣模式延伸。虽然《劳动合同法》对劳务派遣相关问题有严格限制和说明，但在可操作性上及有效性上尚待检验。[②] 派遣用工在中国的发展时间并不是很长，虽然产生了一些效果，但负面影响也越来越严重。当前我国劳务派遣制度大量闲置，一些国有企业已经不再允许使用派遣制职工。甘莉认为，虽然劳务派遣用工制度能够节约企业成本，但也存在较大的制度风险，表现在法律风险与业务风险两个方面，应当认真选择劳务派遣机构，确定劳务派遣协议的完善，提高被派遣劳动者的业务综合素质。[③] 舒丽贞探讨了劳务派遣视角下国有企业和谐劳动关系构建中的政府作用，结合实际提出政府发挥作用的路径选择及具体措施：一是以加强劳务派遣立法、执法强化监管；二是建立完善公共就业服务；三是健全政府为主导的三方协商机制；四是强化工会组织独立性，充分发挥其职能；五是发挥政治导向作用，引导国企承担社会责任。以劳务派遣工身份在某国有企业先后从事人事、党务、工会等核心工作的经历，力证劳务派遣用工体制存在的弊端和问题，是和谐劳动关系构建的重大症结。[④]

三　国内外研究评述

纵观已有的国有企业用工制度研究，不难发现国有企业用工制度研究数量很多、角度多元、范围较广，将国有企业用工制度的历史、现

---

① 刘慧：《派遣制员工的揭发及其与内部人身份感知的关系》，硕士学位论文，天津师范大学，2017 年。

② 高凡：《国有企业用工管理模式探讨》，《中国管理信息化》2012 年第 21 期。

③ 甘莉：《国有企业劳务派遣用工制度风险分析及对策》，《人力资源管理》2013 年第 1 期。

④ 舒丽贞：《劳务派遣视角下国有企业和谐劳动关系构建中政府作用的研究》，硕士学位论文，云南大学，2017 年。

状、发展路径等问题分析得比较深入，对于国有企业用工制度改革具有较强的指导意义。但是，由于关于国有企业用工制度的研究是在改革开放后才起步的，时间较短，理论基础比较薄弱，加之国企改革的复杂性与阶段性，当前对于国有企业用工制度的高水平的研究成果相对较少，这既表现在著作方面，也表现在学位论文与期刊论文方面。具体来说，表现在如下方面：

第一，研究深度不够，系统性不强。国有企业改革一直以来都是社会各界关注的热点问题，但人们往往将重点放在现代企业制度的建立、国有经济战略布局调整、法人治理结构、高管薪酬等方面，很少涉及职工的用工制度。而且在中国的特殊国情下，用工制度比较敏感，很难从纯学术的角度进行剖析，因此导致了对此关注的不足。导致的结果是，虽然这方面的研究不少，但总体比较空泛，鲜有创新，少有能在高级别刊物发表的文章。姚先国、陶厚永教授算是少数之中的代表。而且，由于数据获取比较困难，已有研究更多地局限于现状与问题的表面性分析，实证分析缺乏，因此得出的结论也缺乏说服力。

第二，没有从制度经济学视角来审视问题。已有研究更多的是剖析国有企业用工制度存在的表面性问题，很少有从制度经济学的视角对其进行深入剖析，更没有涉及深层次的制度问题，得出的结论与政策建议难免存在缺陷。

以上不足严重制约了已有理论对国有企业用工制度的指导性，增加了实践中的困难，而这也是本书要着重弥补的。

第三节　研究方法与结构安排

一　研究方法

本书运用以下四种研究方法对国有企业用工制度进行研究。

（一）制度分析法

本书将主要采用制度变迁理论与交易成本理论，对国有企业用工制度变迁的原因及结果进行制度视角的研究和阐述。探寻中国用工制度变迁的特殊之处和国有企业成长的内在规律，揭示中国国有企业用工制度的优势和劣势。本书还将特别强调制度经济学中的产权制度、治理结构以及非正式制度，尤其是非正式制度对国有企业用工制度的发展具有重要作用。此外，还运用了制度选择理论、制度功能理论等对国有企业用工制度进行分析，以便更准确地看清国有企业的制度脉络，以及制度背景下的组织演变，从而构建一个以国有企业为对象的制度理论框架。

（二）比较分析法

比较分析法是大部分学科都会采用的基本方法之一。为了清楚地认识国有企业用工制度的优势和劣势，本书不仅将中国用工制度与外国的用工制度进行比较分析，同时也将中国国有企业的用工制度和非国有企业的用工制度等进行比较分析。这样可使研究结果更加直观，也能反映客观问题，并据此找到适合我国国有企业的用工制度。

（三）文献研究法

文献研究方法是本书采用的一种重要的研究方法。在研究过程中，通过对国有企业用工制度、国有企业制度等方面的文献进行大量的检索研究，从而把握国有企业用工制度的发展历程，把握用工制度的概念和内容，为本书的研究提供理论参考。

（四）历史与逻辑分析方法

旧制度经济学的历史学派特别注重历史经验对当前用工制度的影响，强调经济发展过程中用工制度的演化路径，并以此来反对机械主义的分析方法，更加注重制度演化和变迁。因为各国的历史发展进程各不相同，所以形成的经济发展理论也应该各具特色，反对用过于抽象、机械的理论框架来分析所有国家的用工制度。本书将采用历史与逻辑分析方法，将中国国有企业用工制度发展历程作为理论分析的对象，避免理论与现实相脱离。在不同的历史阶段，分别剖析中国国有企业用工制度，才能发现现在看来很不成熟的用工制度，在当时恰恰比较具有优势，而现在发挥着积极作用的制度安排，将来可能就是需要被转变的对象。只有回顾历史、分析历史，才能减少理论的谬误，得到正确的结论。

二　结构安排

本书分为六章，各章的主要内容如下：

第一章是绪论。分析了研究的背景及研究意义，然后对国内外研究现状进行了评述，随后对研究方法、框架、结构、创新之处与不足之处进行了阐述。

第二章简述了国有企业用工制度研究的理论基础。对与本书相关的理论进行了梳理，并指出了对本书的指导意义。

第三章是国有企业用工制度的理论分析。在这一章中，主要是通过理论的形式来对用工制度进行剖析，进而为用工制度的实际改革做充分的理论铺垫。

第四章主要分析国有企业用工制度的变迁历程、现状及存在的问题。阐述了在不同历史时期下国有企业用工制度的形式及特点。我国的国有企业用工制度是在特定的历史条件下产生和发展起来的。虽然这种制度自身存在很多问题，但是几十年来，经过中央政府、地方政府、企业和理论界的不断思考和积极探索，国有企业用工制度在不同经济发展阶段有不同的方式，不断地进行调整和改革，使国有企业用工制度逐步地完善起来，适应市场经济的发展。随后，揭示了国有企业用工制度的基本状况，揭示了该用工制度在观念、形式及管理上存在的一些弊端。并且，分析了国有企业用工制度存在问题的种种原因，对于深化国有企业用工制度改革具有至关重要的意义。

第五章分析国外企业用工制度的启示。分析了国外企业的用工制度，包括发达国家、发展中国家企业的用工制度。对于那些好的经验，进行了积极的借鉴；对于教训，也进行了研究，避免犯同样的错误。在经济全球化的大背景下，吸取国外的经验和教训，建立符合我国文化背景的，能够满足我国国有企业的需要用工制度，并保证国有企业用工制度的有序性、有效性和高效性。

第六章是完善国有企业用工制度的措施。在以上分析的基础上，系统完善地提出构建新型用工制度的步骤和措施，以此来提高国有企业职工的工作效率，增强国有企业经营管理水平，增强企业活力，促进企业经营机制的转换，实现职工与国有企业的共赢。

第四节　可能的创新与不足之处

一　可能的创新

本书通过制度视角以及新的制度理论与模式对国有企业用工制度进行系统的阐述和解读，可能存在以下创新：

（1）重新界定了制度的本质。本书将对以往研究中的观点做出新的思考，如制度的本质，本书更强调制度的技术属性，反对简单地将制度当作公共产品。制度的本质属性并非一种产品，而是处理人与人、组织与组织以及组织和人之间关系的一种人造技术，其根本目的是节省交易成本。作为技术，它也就具有路径依赖、认知约束等属性。但正如生产力很难确定均衡值一样，制度也是处于动态变化中的，对制度改进的需求是无限的，均衡不具有现实意义。此外，本书还对国有企业进行了新的思考，国有企业存在的意义是什么，它不应只是社会主义国家才具有的特殊组织，而应该是生产力发展到一定阶段的必然产物。而对渐进式与激进式制度变迁的本质区别，本书也将提出自己的观点。

（2）构建了国有企业用工制度的理论体系。与资本主义国家相比，中国的用工制度具有特殊性，必须要保证人民当家做主的地位。此外，国有企业与非国有企业相比，其用工制度同样具有一定的特殊性。在把握这些特殊性的基础上，本书构建了国有企业用工制度系统、完善、科学的理论体系，是对已有研究成果不足的弥补，同时对社会主义市场经济建设及社会的公平正义具有十分积极的现实意义。

二　不足之处

本书虽然搜集了大量的资料，但由于中国国有企业用工制度一直处于变革当中，加之统计资料不全或口径不一致等问题，无法完全得到研究所需的资料，因此分析过程和结果难免存在瑕疵。而且，受限于本人能力，可能在理论体系构建及政策建议提出时，存在一些不足，研究中国国有企业用工制度的深度不够，研究的问题也不够全面。

第二章

国有企业用工制度的理论基础

国有企业用工制度是一个复杂的有机体，单一的理论无法深入阐释，需要多角度地对其理论基础进行深入探究，为改革提供理论依据与支撑。

第一节 人力资源管理理论

国有企业用工制度包含劳动者的招聘、吸收、培训、培养、薪酬发放、人事管理等多方面的内容，涉及人力资源管理系统的每个环节，因此梳理人力资源管理理论是十分必要的。国有企业用工制度存在的一些突出问题，例如，企业文化缺失、人事制度行政色彩浓重、重视人治忽视法治等，实际上都是因为没有建立现代人力资源管理制度，因此人力资源管理理论对于国有企业用工制度改革具有借鉴意义。

一 人力资源管理理论的产生

在日益激烈的市场竞争环境中，组织中的人对企业的生存与发展至关重要，如何专业地安置企业人员，充分发挥并挖掘他们的能力，是企业面临的主要挑战之一。关于人力资源管理的相关思想最早可追溯到19世纪，罗伯特·欧文认识到改善劳动者状况对提高企业利润具有巨大的推动作用。20世纪10年代末20年代初，约翰·R.康芒斯在其两本著作《产业信誉》《产业政府》中首先提出了"人力资源"这一概念，但其所指的人力资源与我们所常用的"人力资源"只是使用了同一词汇，内涵却相差甚远。20世纪30年代，梅奥通过试验证明了工作中的人而非技术对劳动效率起着决定作用。20世纪50年代，管理学大师彼得·德鲁克首次提出了人力资源的概念。彼得·德鲁克指出，人类所能运用的资源中只有人力资源是可变，是能够不断发展的，这进一步地提高了人力资源的重要性。怀特·巴克首次提出了将人力资源管理（Human Resource Management，简称HRM），作为企业日常管理中的一项有机组成部分。随后，中外学者从不同的角度系统研究了人力资源管理理论并将其系统化。结合已有学者的研究成果，本书基于经济学的视角，对人力资源管理定义如下：

人力资源管理，是指企业组织通过一系列正式与非正式的制度，通过招聘、甄选、培训、报酬等管理形式对人力资源进行空间与时间上的科学配置，以此来提高职工的工作效率，增加企业价值，促进企业目标的实现。而人力资源管理的基本任务是根据企业发展战略要求，吸引、保留、激励与开发企业所需人才资源，促成企业目标实现，从而使企业在市场竞争中得以生存和发展。

二　人力资源管理的功能

人力资源不同于技术、资本等传统的静态资源，具有很多特性。在价值创造过程中具有能动性；管理活动受所处时代与社会经济的影响；必须在人的生命周期中开发出来；人的技能、知识及经验的资源可以在使用中不断增值；职工个人拥有人力资源的所有权而无使用权，企业拥有使用权而无所有权。

人力资源管理的目的在于对已有的各种人力资源进行系统优化配置，有助于提高企业生产效率，增加企业价值。具体来说，其作用体现在以下几个方面：

第一，传递信息的功能。通过人力资源管理，可以向职工传递强化企业的基本理念，让职工动态地了解企业的目标及任务。并与职工进行定期或不定期的相互交流，便于职工了解企业计划及企业更好地了解职工。

第二，吸收及保留功能。通过招聘等人力资源管理环节，企业可以从各种领域吸收、选拔高素质的优秀人才进入企业，增强企业的人力资本实力。同时，通过高效的薪酬、培训、职业规划等管理，让企业人员满意并安心地在本企业工作，增强其对企业的使命感，留住高素质人才。

第三，激励功能。高效的人力资源管理可以通过制度引导职工改变不良偏好，对职工的贡献进行科学的评价，进行物质与精神相结合的奖励，从而调动其工作的积极性，使其在岗位上努力工作，做到人尽其才，创造出更多的企业价值。

第四，整合功能。仅仅具有人力资源是远远不够的，还需要对这些资源进行有效整合，让他们了解自己的企业，并深化为自己的价值观，增强对企业的认同感与责任感，实现职工与职工之间，职工与组织之间关系的协调，尽可能地减少冲突，使企业处于和谐的管理环境中。

三　人力资源管理的原则

人力资源管理的直接目的是根据企业的发展规划，招聘到能用的人才，储备好各类应用型人才，管理好人才，使人尽其才。同时要注意建设职工梯队，形成比、学、赶、帮、超的竞争氛围，激励职工进步，给职工发展留有空间，能够更快地促进职工的成长。企业职工素质的提高有助于增强企业可持续发展的动力，从企业价值的角度看，人力资源管理作为企业管理的有机组成部分，其根本目标是优化人力资源配置，使其能够通过连带效应传到企业管理的各个方面，激发企业活力，增强企业竞争力，促进企业可持续发展的实现。

开展人力资源管理，一般要坚持原则：

第一，科学管理的原则。现代企业人力资源管理必须要有科学的理论及实践指导。虽然经验是人力资源管理的重要手段，但是仅凭此是无法做好人力资源管理工作的，终究会被市场所淘汰。理论系统的管理方法需要管理者来具体实践，企业管理者不可能对相关信息完全掌握，但是完全可以秉承着科学管理原则，强调执行力，利用所掌握的理论结合实际情况来做好人力资源管理工作。

第二，公平原则。人力资源管理是对人的配置，需要涉及不同人员之间的利益关系调整，在协调这些关系的过程中，公平原则对于维持职工间的人际关系，促进企业和谐至关重要。例如，奖罚要分明，一视同仁，任人唯贤而不是任人唯亲。其中，公平竞争是一项重要的公平原则，要求竞争必须是公平的，严格按照规章制度办事；坚持适度原则，避免过度竞争，影响企业和谐；竞争必须要以组织目标为重，形成良性竞争。

第三，可持续原则。对职工从可持续教育到终身教育是现代企业的一种新的教育理念。信息时代中现代企业面临的挑战越来越大，知识更新换代速度越来越快，信息量也成倍数增长。这就需要对职工进行持续的教育与培训，让职工的能力随着企业内外环境的变化而不断适应及发展。逐步实现职工的自身价值，促进职工学习进步，增加智慧，培养承担处理困难问题的勇气，更加开阔的视野与博大的心胸，在工作中积聚正能量，强调个人与企业共同可持续发展。

第四，以人为本。人力资源管理并不是人事管理，而是要充分地重视人、理解人与发展人，做到以人为本。要立足于人性，理解人性的尊严，无论职位高低，都需要尊重每个人的尊严，只有这样才能保证职工的潜力得到充分发挥。承认人与人之间的差异，而不是渴求人尽其才，要做到因材施教。掌握职工行为背后的原因，了解职工所需，进而激发潜能和鼓舞人员潜力。

四　人力资源管理的特征

从人力资源管理的含义可以看出，人力资源管理具有以下几个明显的特征：

第一，综合性。人力资源管理是一门综合性的学科，需要考虑种种因素，如经济、政治、文化、组织、心理、生理、民族等。它涉及经济学、系统学、社会学、人类学、心理学、管理学、组织行为学等多种学科。

第二，实践性。人力资源管理的理论，来源于实际生活中对人的管理，是对这些经验的概括和总结，是现代社会大生产高度发达，市场竞争全球化、白热化的产物。应该从中国实际出发，借鉴发达国家人力资源管理的研究成果，解决我国人力资源管理的实际问题。

第三，民族性。人的行为深受其思想观念和情感的影响，而人的思想观念和情感则受到民族文化的制约。因此，人力资源管理带有鲜明的民族特色。

第四，社会性。作为宏观文化环境的一部分，社会制度是民族文化之外的另一个重要因素。在影响劳动者工作积极性和工作效率的各因素中，生产关系和意识形态是两个重要因素，而他们都与社会制度密切相关。

第五，发展性。任何一种理论的形成都要经历一个漫长的时期，各个学科都不是封闭的、停滞的体系，而是开放的、发展的认识体系。随着其他相关学科的发展及人力资源管理学科本身不断出现的新问题、新思想，人力资源管理正进入一个蓬勃发展的时期。

五 人力资源管理的原理

人力资源管理活动必须遵循相应的科学理论及规律，才能够保证管理的顺畅及高效。人力资源管理的原理很多，本书选取了若干与本书有关的原理，对国有企业用工管理制度的研究提供一些理论依据。

第一，同素异构原理。该原理是指相同的事务在空间、时间、位置、先后顺序等因素排列有变化的时候结果会完全不同。例如，在群体成员的组合上，同样数量和素质的一群人，由于排列组合不同，产生不同的效应；在生产过程中，同样人数和素质的劳动力，因组合方式不同，其劳动效率也不同。在人力资源具备各要素的情况下，不同的人力资源管理活动与制度安排可以产生不同的效果，高效的制度安排能够使整体效果大于部分效果之和。因此，要对管理各要素按照内外部环境的变化进行系统优化。

第二，能级层次原理。该原理从系统论出发，认为人与人之间在工作能力上的差别，岗位的职责与权限是不同的，将不同能力的人安置到相应的位置，给予不同的权利和任务，实现能力与职位的对应。而且，根据不同的层次划分相应的权利、物质利益和荣誉，做到人尽其才，物尽其用。但是，人的能级层次不是固定不变的，通过自身努力，职工可以提升自身层次，获得更高的岗位及报酬。能级对应原理包含下列主要内容：

（1）人与人之间具有能级差异，这些差异是可以测评的。

（2）管理的能级必须分序列、按层次设置，不同的级次有不同的规范与标准。

（3）人的能级与管理级次的相互对应程度标志着社会的进步与人

才使用的合理程度。

（4）不同的管理能级应表现为不同的责任、权力与利益。

（5）人的能级具有动态性、可变性和开放性。

（6）人的能级必须与其所处的管理级次动态对应。

第三，互补增值原理。该原理认为组织中的每个成员在工作能力、个性及价值观上都存在差异，而且人无完人，每个职工之间在各方面都存在互补性，充分发挥这种互补性，有助于人力资源系统的优化，发挥个体优势，扬长避短，实现 $1 + 1 > 2$。这种互补一般包括知识互补、能力互补、年龄互补、性别互补、个性互补、关系互补及经验互补等，具体如下：

知识互补。每个人在知识的领域、深度和广度都是不同的，不同知识结构互为补充，整体的知识结构就比较全面。

能力互补。在企业的人力资源系统中，各种不同能力的互补可以形成整体的能力优势，以促进系统有效地运行。

年龄互补。不同年龄层次的人结合在一起，优势互补，可以将工作做得更好。

性别互补。男女互补，能充分发挥不同性别的人的长处，形成工作优势。

个性互补。不同个性之间互补，有助于将事务处理得更完善。

关系互补。每个人都有自己特殊的社会关系，如果这些关系重合不多，具有较强的互补性，就可以形成集体的关系优势，增强对外部的适应性。

第四，激励强化原理。该原理认为，激励可以充分调动职工的积极性与创造性，稳定及强化其预期，提高生产效率。激励的目的是激发组织成员的工作积极性、创造性，尤其是为形成组织成员的主人翁精神提供系统动力。其中，综合运用激励手段的基本原则是：公平目标与效率目标相结合，个体激励与群体激励相结合，物质激励与精神激励相结合，外激励与内激励相结合，正激励与负激励相结合。因此，需要通过物质与精神手段对职工需求进行满足或承诺，采用正确的激励类型（物质与精神、正激励与负激励、内部与外部激励），确定好激励的程度、时机和频率，采取合理的激励方式，激励职工努力工作，实现企业目标。

第五，文化凝聚原理。每个企业都有自己相对独特的企业或组织文化，体现了整个企业的价值观，基本行为规划和信念。组织文化具有导向、约束、激励、凝聚等多种功能。文化凝聚原理认为，通过价值观、理论等组织文化因素将职工凝聚在一起，形成企业强大的凝聚力，有助于吸引人才、留住人才，提升企业的核心竞争力。因此，需要加大组织文化建设，提炼并形成核心价值观，建章立制。

第六，要素有用原理。任何要素（人员）都是有用的，换言之，没有无用之人，只有没有用好之人。而人力资源管理的根本目的，在于为所有人找到和创造发挥作用的条件。

第七，系统优化原理。系统是指由相互作用和相互依赖的若干有区别的子系统组合而成，并具有特定功能和共同目的的有机集合体。人力资源系统具有以下特征：关联性、目的性、社会性、多重归属性、有序性、适应性、冗余性。

第八，反馈控制原理。反馈控制是指在管理活动中，决策者根据反馈信息的偏差程度采取相应措施，使输出量与给定目标的偏差保持在允许的范围内。反馈控制原理就是要利用信息反馈作用，对人力资源开发和管理活动进行协调和控制。

第九，竞争协作原理。竞争协作原理是指在人力资源开发与管理过程中，既要引进竞争机制，以激发组织成员的进取心，培养他们的创新精神和开拓精神，发挥其在促进人力资源开发与管理方面的积极作用，又要强化协作机制，以克服片面竞争造成的系统内耗等消极作用，最终达到全面提高人力资源综合效益的目的。

第十，主观能动原理。主观能动原理是指人是生产力中最活跃的因素、最宝贵的资源，人具有主观能动性。企业或组织应高度重视员工主观能动性的开发和管理控制，提供和创造良好的条件，使员工的思维运动更活跃，主观能动作用得到更好的发挥。

第十一，动态适应原理。该理论认为，人力资源管理的各要素都处于动态的变化之中，应当用发展的眼光来看待人力资源管理中的各项问题。人与事、人与岗位之间的不适应与适应都是相对的。随着社会经济文化的不断发展，职工对于自己的知识与学习日益重视。通过持续的培训与自我学习，职工可以胜任之前无法承担的岗位及任务。同样，原有适应的职工也可能由于内外部环境的变化而不再胜任。因此，在人力资源管理中，对人员的配置要坚持动态原则，及时了解和调整人员岗位，实现人员与岗位的动态平衡。这对于国有企业僵化的职工制度很有指导意义。

六　人力资源管理的基础理论

西方企业管理在其历史发展中，曾提出了与管理有关的人性假设，如"经济人""社会人"等。由于依据的人性假设的不同，便产生了相应的各种不同的管理理论。尽管这些假设以及与之呼应的管理理论都是资本主义社会中提出的人性观点，有某种局限性，但只要采取评判分析的态度，对我国国有企业用工制度会有一定的启发。

（一）人性假设理论

1. 人性假设的含义

1960 年，美国管理心理学家麦格雷戈出版了他的著作《管理理论 X 或 Y 的抉择——企业的人性面》。麦格雷戈认为，在每一个管理决策或每一项管理措施的背后，都必有某些关于人性本质及人性行为的假定。这说明，有关人的性质和人的行为的假设，对于决定管理人员的工作方式，管理措施等是极为重要的。

各种管理人员以他们对人的性质的假设为依据，然后用不同的方式来组织、领导、控制、激励人们。接受这种人性假设的管理人员会用一种方式来管理。而接受另一种人性假设的管理人员会趋向于用另一种方式来管理。

2. 人性假设的 X 理论与 Y 理论

麦格雷戈在总结了若干脍炙人口的人性假定之后，建议将这一套基本假定命名为"X 理论"或"Y 理论"。所以说，这两种人性假设的理论，是一定历史时期管理政策、管理实务的高度概括。

①人性假设的 X 理论

X 理论是指领导和控制的传统观点。麦格雷戈称之为"X 理论"的人性假定是指：

a. 一般人均对工作具有天生的厌恶，故只要可能，便会规避工作。

麦格雷戈认为，这一项假定实已根深蒂固。最早出现在《圣经》，亚当和夏娃由于偷吃了智慧树上的果实，受到了逐出伊甸园的惩罚，来到了一个他们必须工作才能生存的世界。所以，在管理方面反映出一种基本信念，管理必须压制人类规避工作的本性。

b. 由于人类具有不喜欢工作的本性，故大多数人必须予以强制、控制、督导，给予惩罚的威胁，才能促使他们朝向达成组织的目标而努力。

麦格雷戈认为，这一假定说明，人类对工作的厌恶极其强烈，徒然只有奖励仍无法促成他们的努力，唯有给予惩罚的威胁才能有效。

c. 一般人大都宁愿受人监督，性喜规避责任，志向不大，但求生活的安全。

X 理论的管理思想。根据 X 理论，必然会导致下述的管理思想与措施：

a. 任何一个组织绩效之低落都是由于人的本性所致。

b. 人必须在强迫与控制之下才肯工作，因而在管理上要求由分权化管理恢复到集权化管理。

c. 由 X 理论推论出的一项组织的基本原则称为"阶梯原则"，即透过权威的运用以执行督导与控制。

d. 从 X 理论出发，强调"组织要求"重于"个人需要"。

②人性假设的 Y 理论

Y 理论的基本观点。Y 理论是指将个人目标与组织目标融合的观点。麦格雷戈称之为"Y 理论"的人性假定是指：

a. 人在工作中消耗体力与智力，乃是极其自然的事，就像游戏和休息一样的自然。一般人并非天生厌恶工作，工作究竟是一种满足的来源（当事人自会力求避免），视人为的情况而定。

b. 促使人朝向组织的目标而努力，外力的控制及惩罚的威胁并非唯一的方法。人为了达成其本身已经承诺的目标，自将"自我督导"和"自我控制"。

c. 人对于目标的承诺，就是由于达成目标后产生的一种报酬。所谓报酬，项目甚多，其中最具有意义者为自我需要及自我实现的需要的满足。这种报酬可以驱使人朝向组织的目标而努力。

d. 只要情况适当，一般人不但能学会承担责任，且能学会争取责任。常见的规避责任、缺乏志向等现象，是后天习得的，而非先天的本性。

e. 以高度的想象力、智力和创造力来解决组织上各项问题的能力，乃是大多数人均拥有的能力，而非少数人所独具的能力。

f. 在现代产业生活的情况下，常人的智慧潜能仅有一部分已被利用。

从上可见，这些假定都是动态的，而非静态的。这些假定指出了人有成长和发展的可能。此外，这些假定的构成，并非着眼于一般工作标准，而是着眼于一项深入开发人力资源潜力的设想。

根据 Y 理论，必然会导致下述的管理思想、原则与措施：

a. 任何一个组织绩效之低落都应归之于管理。

b. 人是依靠自己的主动性去工作的，因而在管理上要求由集权化管理回复到参与管理。

c. 由 Y 理论推论出一项组织的基本原则称为"融合原则"，即创造一种环境，以使组织中的成员在该环境下，既能达成各成员本身的个人目标，又要努力促成组织的成功。

d. 由 Y 理论出发，强调要同时兼顾组织的需要与个人的需要。

3. 人性的另一种假设——经济人、社会人、自我实现人、复杂人

管理心理学家薛恩对人性的假设提出了另一种分类，即存在着经济人、社会人、自我实现人、复杂人假设。并在其名著《组织心理学》一书中阐述了 4 种人性假设，有一定的代表性与实际意义。

①经济人假设

经济人假设的基本观点如下：

a. 职工们基本上都是受经济性刺激物的激励的，不管是什么事，只要能向他们提供最大的经济收益，他们就会去干。

b. 因为经济性刺激物是在组织的控制之下的，所以职工们的本质是一种被动的因素，要受组织的左右、驱使和控制。

c. 感情这东西，按其定义来说，是非理性的，因此必须加以防范，以免干扰了人们对自己利害的理性的权衡。

d. 组织能够而且必须按照能中和并控制住人们感情的方式来设计，

因此也就是要控制住人们的那些无法预计的品质。

经济人假设与管理策略如下：

a. 组织是用经济性奖酬来获取职工们的劳务与服从。

b. 管理的重点主要摆在高效率的工作效益上，而对人们的感情和士气方面应负的责任是次要的。

c. 如果人们工作效率低、情绪低落，解决办法就是重新审查组织的奖酬刺激方案，并加以改变。

②社会人假设

社会人（social man）假设是指，人的最大动机是社会需求，只有满足人的社会需求，才能对人有最大的激励作用。社会人假设认为，人在组织中的社交动机，如想被自己的同事所接受和喜爱的需要，远比对经济性刺激物的需求更为重要。社会人假设可以概述为以下几点：

a. 社交需要是人类行为的基本激励因素，而人际关系则是形成人们身份感的基本因素。

b. 从工业革命中延续过来的机械化，其结果是使工作丧失了许多内在的意义，这些丧失的意义现在必须从工作中的社交关系里寻找回来。

c. 跟管理部门所采用的奖酬和控制的反应比起来，职工们会更易于对同级同事们所组成的群体的社交因素做出反应。

d. 职工们对管理部门的反应能达到什么程度，当视主管者对下级的归属需要，被人接受的需要以及身份感的需要能满足到什么程度而定。

社会人假设与管理策略：从社会人假设出发，要采取不同于经济人假设的管理策略与措施，主要有以下几点：

a. 管理者不要把自己的注意力局限在完成任务上，而应更多地注意为完成任务而工作的那些人的需要。

b. 管理者不仅要注意对下属的指导和监控，更应关心他们心理上的健康、归属感与地位感。

c. 管理者要重视班组的存在，因此，在奖励时不仅考虑个人奖酬，更应考虑集体奖酬。

d. 管理者的作用，不仅要抓计划、组织与控制，更要充当下级职工与更上层领导者之间的联络人，将下情（下级的需要与感情）上达。管理者不是简单的任务下达者，而是给职工创造条件和提供方便、富有同情心的支持者。

③自我实现人假设

自我实现人（selfactualizing man）假设是指，人们力求最大限度地将自己的潜能充分地发挥出来，只有在工作中将自己的才能充分表现出来，才会感到最大的满足感。

自我实现人假设可以概述为以下几点：

a. 当人们的最基本需要（食物、饮水、住所）得到满足时，他们就会转而致力于较高层次需要的满足，即自我实现。这种自我实现的需要是指，人所具有的力求最大限度地利用自己的才能与资源的需要。

b. 个人总是追求在工作中变得成熟起来，他们通过行使一定的自主权，从长远的观点来看问题，培养自己的专长和能力，并以较大的灵活性去适应环境等，来使自己能真正变得成熟。

c. 人主要还是由自己来激励和控制自己的，外部施加的刺激物与控制很可能对人构成一种威胁，并把人降低到较不成熟的状态。

d. 自我实现和使组织绩效更富成果，这两方面并没有什么矛盾。如果能给予适当的机会，职工们是会自愿地把他们的个人目标和组织的目标结合为一体的。

根据自我实现人假设，应该采取如下的管理策略与措施：

a. 管理重点的改变。管理者要较多地考虑，怎样才能使工作本身变得具有内在意义和更高的挑战性。问题不在于使职工的社交需要得到满足，而在于职工们能否在工作中找到意义，那才能给他们一种自豪感与自尊感。

b. 管理职能的改变。管理者与其说是一位激励者、指导者或控制者，不如说是一位起催化作用的媒介者，是创造与提供方便的人。管理者要为发挥人的聪明才智创造适宜的条件，减少和消除职工自我实现过程中所遇到的障碍。

④复杂人假设

复杂人假设可以概述为以下几点：

a. 人类的需求是分成许多类的，并且会随着人的发展阶段和整个生活环境而变化。人的需求等级层次因人、情景、时间而异。

b. 由于需求与动机彼此作用，并组合成复杂的动机模式、价值观与目标，所以人们必须决定自己要在什么样的层次上去理解人的激励。例如，金钱是能满足许多不同的需求的，哪怕是某些人的自我实现需求，也可由金钱来满足；但另一方面，社交动机或自我实现需求又可以用多种方式来满足，以及在不同的发展阶段，可用不同的方式来满足。

c. 职工可以通过他们在组织中的经历学到新的动机。这说明，一个人在某一特定的职业生涯中，或生活阶段中的总的动机模式和目标，是他的原始需求与他的组织经历之间一连串的复杂交往作用的结果。

d. 每个人在不同的组织中，或是同一组织中的不同部门中，可能会表现出不同的需求来。一个在正式组织中受到冷遇的人、可能在工会或非正式群体中，找到自己的社交需求与自我实现需求的满足。

e. 人们可以在许多不同类型动机的基础上，成为组织中生产率很高的一员，全心全意地参与到组织中去。对个人说来，能否获得根本的满足，对组织说来，能否实现最大的效益，这仅部分地取决于这种激励的性质。

f. 职工能够对多种互不相同的管理策略做出反应，这要取决于他们自己的动机和能力，也决定于工作任务的性质。显然，不会有什么在一切时间对所有的人全能起作用的唯一正确的管理策略。

根据复杂人的假设，应该采取如下的管理策略与措施：

a. 管理者要有权变论的观点，即以现实的情景为基础做出可变的或灵活的行为反应。为此，管理者要学会在某个给定的情景中正确地实施组织、管理或领导。

b. 既然人的需要与动机都是各不相同的，那么管理者就要根据具体每人的不同情况，灵活地采取不同的管理措施，这就是说，要因人而异、因事而异，不能千篇一律。

c. 管理者的管理策略与措施不能过于简单化和过于一般化，而是要具体分析，根据情况采取灵活多变的管理方法。如，在企业的任务不明确、工作混乱的情况下，须采取严格的管理措施，才能使生产秩序走上正轨。反之，如果企业的任务清楚、分工明确，则可以更多地采取授权形式，使下级可以充分发挥自己的能动性。

（二）激励理论

无论是人还是动物都需要激励，只有激励才能充分调动人们的积极性，企业管理者必须了解这一点。了解员工当前的需求，制定一些有效的措施来激励员工以提高员工的工作积极性。国内外企业经常使用的激励理论主要有以下几种。

1. 马斯洛的需求层次理论

马斯洛认为，人类的需求多种多样，但可以归纳为五大类，并且可以从低到高划分为不同的需求层次。具体划分为生理需求、安全需求、社交需求、尊重需求和自我实现需求五个层次。我们都活在不同的需求层次上，企业管理者就需要了解员工当前最需要的是什么，从而满足员工当前迫切需要来激励他们。当然我们并不是完全以自我为中心或是总是追寻自我满足的。在为谋求大众的共同利益而付出自我的时候，我们常常体会到一种更为广博的价值感。

2. 赫兹伯格的"双因素理论"

（1）保健因素。保健因素又称维持因素，即改善造成职工不满的因素，只能消除职工的不满，不能使职工感到非常满意，也不能有效地激发工作热情。这些因素虽然没有鼓励人的作用，但却带有预防性，保持人的积极性，维持工作现状的作用。企业政策、工资水平、工作环境、福利和安全等，都属于保健因素。在工作中，保健因素起着防止人们对工作产生不满的作用。所以企业管理者随时要注意一些保健因素的有效处理。

（2）激励因素。激励因素是指改善使职工非常满意的因素可以强化职工对企业的满意程度，能够激励职工的积极性，从而有效提高职工的工作效率的这类因素。激励因素是影响人们工作的内在因素，其本质为注重工作本身的内容，借此可以提高工作效率，促进人们的进取心，激发人们做出最好的表现。激励因素像人们锻炼身体一样，可以改变身体素质，增进人们的健康。成就、认可、责任、发展等因素存在将给人们带来极大的满足。如果管理者想提高职工的积极性，就需要掌握这一理论来有效激励职工。如运用此理论可用来指导薪酬奖励工作。

（三）人本管理理论

人本原理，是管理学四大原理之一，顾名思义就是以人为本的原理，是一系列以人为中心的管理理论与管理实践活动的总称。它要求人们在管理活动中坚持一切以人为核心，以人的权利为根本，强调人的主观能动性，力求实现人的全面、自由发展。其实质就是充分肯定人在管理活动中的主体地位和作用。"以人为本"已是现代社会的潮流所向。从人性出发来分析、考察人类社会中任何有组织的活动，就会发现人类社会中有一种较为普遍的管理方式，这种管理方式以人性为中心，按人性的基本状况进行管理，这就是所谓的"人本管理"。人本管理的基本内容如下：

1. 人的管理第一

企业管理，从管理对象上看，分为人、物及信息，于是企业管理就具有了社会属性和自然属性两种特质。企业的营利性目的是通过对人的管理，进而支配物质资源的配置来达到的。基于这种考虑，企业管理就必然是，也应该是人本管理，以及对人本管理的演绎和具体化。

2. 以激励为主要方式

激励是指管理者针对下属的需要，采取外部诱因进行刺激，并使之内化为按照管理要求自觉行动的过程。

激励是一个领导行为的过程，它主要是激发人的动机，使人产生一种内在动力，朝着所期望的目标前进的活动过程。未满足的需要，才会引起动机，所以它是激励的起点。激励必须是领导者利用某种外部诱因，刺激人的未满足的需要，诱发人的"潜在的需要"，一旦潜在的需要变成现实的需要，就会引起动机。人的需要，有精神的和物质的，因此外部诱因也应有物质的和精神的，我们应该用不同的诱因刺激人们相应的需要。激励的目的是激发起人们按照管理要求，按目标要求行事。

3. 建立和谐的人际关系

人们在一定的社会中生产、生活，就必然要同其他人结成一定的关系，不同的人际关系会引起不同的情感体验。

（1）人际关系在企业管理中的作用。人际关系，会影响到组织的凝聚力、工作效率、人的身心健康和个体行为。

（2）企业管理和谐目标的含义。和谐发展是每个企业管理者的思想，也是企业管理的最高目标。实行人本管理，就是为了建立没有矛盾和冲突的人际和谐，达成企业成员之间的目标一致性，以实现企业成员之间的目标相容性，以形成目标期望的相容从而建立和维持和谐关系。

4. 积极开发人力资源

人力资源开发是组织和个人发展的过程，其重点是提高人的能力，核心是开发人的潜能，所以说，人力资源开发是一个系统工程，它贯穿人力资源发展过程的始终。

企业从事生产经营活动需要具备两个基本的条件：一是占有资金；二是拥有掌握专业技能从事管理和操作的人员。两者之间，人的因素更为重要。人力资源的核心问题，是开发人的智力，提高劳动者的素质。所以说，制定和实施人才战略，是企业实现发展战略的客观要求。

5. 培育和发挥团队精神

能否培育团队精神，把企业建成一个战斗力很强的集体，受许多因素的影响，需要有系统配套的措施。

（1）明确合理的经营目标。我们要有导向明确、科学合理的目标，把经营目标、战略、经营观念，融入每个员工头脑中，成为员工的共识。为此，我们必须把目标进行分解，使每一部门、每一个人都知道自己承担的责任和应做出的贡献，把每一部门、每一个人的工作与企业总目标紧密结合在一起。

（2）增强领导者自身的影响力。领导是组织的核心，一个富有魅力和威望的领导者，自然会把全体员工紧紧团结在自己的周围。

（3）建立系统科学的管理制度，以使管理工作和人的行为制度化、规范化、程序化，是生产经营活动协调、有序、高效运行的重要保证。

（4）良好的沟通和协调。沟通主要是指通过信息和思想上的交流达到认识上的一致，协调是指取得行动的一致。

（5）强化激励，形成利益共同体，即通过简明有效的物质激励体系，形成一种荣辱与共、休戚相关的企业命运共同体。

（6）引导全体员工参与管理。这样企业能够做到吸引每一个员工都能够直接参与各种管理活动，使全体员工不仅贡献劳动，而且还贡献智慧，直接为企业发展出谋划策。

总而言之，人本管理是一种把"人"作为管理活动的核心和组织最重要的资源，把组织全体成员作为管理的主体，围绕着如何充分利用和开发组织的人力资源，服务于组织内外的利益相关者，从而同时实现目标和组织成员个人目标的管理理论和管理实践活动的总称。

第二节　劳动经济学理论

一　劳动经济学的概念

劳动经济学，简而言之，就是研究劳动力的学科。了解劳动经济学的概念需要先了解劳动、劳动力、劳动力资源等若干概念。

劳动是人类利用生产资料创造维持自己生存和发展必需的物质和精神财富的有目的性的人类活动。而劳动力是指存在于人体中的，个人所具有的，能够用其创造价值的体力和智力的总和。劳动力资源是指一个国家或地区，在一定时间点或时期内，拥有的劳动力的数量和质量。判断一个国家的劳动力资源，不仅要看它的数量，更要看劳动力人口所具有的平均素质。

劳动经济学（labor economics）是以劳动力价格及其影响因素为中心，研究劳动关系及其发展规律以实现劳动力资源优化配置的科学。作为经济学的一门分支学科，劳动经济学和部门经济学、微观经济学、宏观经济学等，经济学其他学科及社会学、心理学、人类学、伦理学、政治学等非经济学科具有很强的交叉性。本书研究的国有企业用工制度也直接关系到国企职工的劳动力优化配置问题。因此，劳动经济学理论对本书研究具有很强的指导意义。

二　劳动经济学的发展

劳动经济学在传统经济学理论范式演进的基础上应运而生，并得到了不断拓展，推动了经济学的发展。劳动经济学理论范式与主流经济学研究范式基本保持内在一致性。劳动经济学的前提假设与传统新古典经济学的假设一致：一是资源是稀缺的，尤其是高素质的劳动力资源在现实中存在缺口；二是人具有理性，但对于是谁理性，是完全理性还是有限理性尚有争议。

劳动经济学理论最早可追溯到古典经济学理论，亚当·斯密在其不朽著作《国富论》当中系统阐述了劳动分工与劳动力对于国民经济的重要作用，首次提出了劳动经济学理论和劳动价值论。它的相关研究也为劳动经济学研究范式形成奠定了坚实的基础。李嘉图、穆勒等古典经济学大家在古典经济学上的研究成果也对劳动经济学的产生及发展起到了推动作用。但是，此时劳动经济学尚未形成一门独立的学科，完全竞争及静态分析的假设或方法无法充分认识到劳动市场的特殊性与作用。

随着经济学的快速发展，各种学派林立，传统古典经济学受到很大冲击。以马歇尔为代表的经济学家掀起了边际革命，创立了新古典经济学，并战胜古典经济学成为主流和创立了新古典经济学的研究范式。在这个过程中，劳动经济学受新古典经济学、制度经济学等不同学派的影响，工资刚性、持续性失业、法律、心理、边际分析等概念及方法被引入，由此得到了快速发展，研究领域也越来越广。在 20 世纪 70 年代前，虽然当时新古典经济学是主流，但在劳动经济学领域制度主义占统治地位。在研究方法上比较保守，更多的是描述性研究，强调历史发展、事实与制度，缺乏微观分析。1925 年，布拉姆出版了《劳动经济学》，该书运用制度分析方法研究劳资关系，首次提出了劳动经济学概念，在此之后，劳动经济学逐步成为一门独立的学科。20 世纪 70 年代后，劳动经济学的制度分析等范式逐步被新古典经济学范式取代。庇古的《福利经济学》将劳动经济学纳入更广泛的经济学论述中。英国经济学家希克斯将工会纳入新古典经济学研究领域，通过边际分析法对劳动力需求进行研究，提出了解决劳资纠纷的方法。在这个阶段中越来越重视运用计量分析方法检验假设已成为劳动经济学的一个显著的特点。劳动力市场的运行机制及效率、工会问题、劳动歧视等问题是研究的重点。与之相对应，基于新古典经济学范式的劳动经济学教材大量出现，理查德·弗里曼、艾伯特·里斯是其中的代表，这些教材注重数学分析与推导，描述性的内容大为减少。

但是，新古典经济学的研究范式也存在致命的缺陷，即完全理性、稳定偏好及信息完全并不符合现实，在理论与实践中受到了极大的挑战。劳动经济学在这个过程中也在不断修正自身，走新古典主义与新制度主义的融合发展之路，得到了进一步的发展。例如，2007 年坎贝尔、布鲁、迈克菲森出版的《当代劳动经济学》的特征是以宏微观理论分析为核心组成部分，并关注劳动法、工会结构与集体谈判等新领域。

2009 年伊兰伯特与斯密斯的《现代劳动经济学》还关注了行为经济学与全球化的发展。[1]

三　劳动经济学的研究内容

劳动经济学研究的内容主要包括劳动力需求、劳动力供给、劳动力价格与劳动力市场运行。

第一，劳动力需求。劳动力需求是指：雇佣者在一定时期内，在某个工资水平下愿意而且能够雇佣到的劳动力数量。劳动力需求是对物质和服务产品的派生需求，不是雇佣者主观所能决定的，而是由市场价格机制引导，其价格表现为工资水平。边际生产率理论是劳动力需求理论主要的理论基础。按照边际生产率理论，只要边际收益大于边际成本，雇佣者就会增加劳动力需求，直至实现边际收益等于边际成本，实现企业利润的最大化。一般来说，劳动力需求包括企业需求、行业需求与市场需求。劳动力需求的主体是企业，行业需求是企业劳动力需求的总和，而市场需求是各个行业企业劳动力需求的总和。在劳动力需求理论中，有一些基本假设，包括对生产技术的假设（是否变化），组织目标假设（利润最大化、产量最大化还是人均产量或利润最大化）、市场环境假设（完全竞争、垄断竞争、寡头垄断还是完全垄断）、劳动是否具有异质性，等等。

第二，劳动力供给。劳动力供给是指劳动力供给主体在特定的条件下愿意并且能够出让存在于主体之中的劳动力使用权。劳动力供给分为量和质两个层面，量是指能够提供多少数量的劳动力，包括家庭劳动力供给与社会劳动力供给。劳动力供给的质是指劳动力的质量，例如人力资本投资（教育或培训）。影响劳动力供给的因素是研究的重点之一，一般来说包括教育制度及供给规模、工资政策及工资关系、工资水平、社会保障制度、社会宏观经济状况、社会文化风俗等多种因素。与劳动力需求分析相似，在分析劳动力供给时坚持的是效用最大化的原理，如果边际效用大于边际收益，则增加供给，否则，则减少供给。当边际效用等于边际成本时，效用实现了最大化，也就达到了最优供给水平。

---

① 杨伟国：《劳动经济学》，东北财经大学出版社 2013 年版，第 410 页。

第三，劳动力的市场影响。劳动力对市场的影响是劳动经济学研究的重点，可分为微观和宏观两个层面。劳动力对宏观经济的影响研究主要集中在失业与通货膨胀、劳动管制与宏观经济绩效、劳动力与经济增长、失业与劳动力短缺等方面。劳动力对市场的微观影响研究主要集中在薪酬、福利、劳动时间、培训等微观因素对劳动力市场均衡及决策的影响等方面。

第四，非市场因素的影响。劳动力市场经常会受到政府、工会等非市场因素的影响，例如，最低工资制度、工资刚性制度等。按照新古典经济学的理论，非市场因素会扰乱市场，导致市场低效。但是，现实中的市场并不是完全竞争的，存在严重的信息不对称与机会主义行为，因此，政府管制要具有一定的合理性。但是对于政府管制的效果存在很大的争议，这也是当前劳动经济学的研究方向之一。

四　劳动经济学的前提假设

（一）西方经济理论的前提假设

1. 人是合乎理性的人或经济人

西方国家的市场经济理论比较系统、完善。纵观其全貌，不论是微观经济学中的亚当·斯密（Adam Smith）的"看不见的手"原理，还是宏观经济学中的萨伊（Jean-Baptiste Say）的"供给会创造需求"的定理；不论是从古典学派到凯恩斯革命，还是从凯恩斯革命到新自由主义理性预期学派对凯恩斯学派提出的宏观经济学的微观基础质问，无不提出了为所有西方经济学承认的基本前提假设，即西方经济理论的基本前提假设之一——人是合乎理性的人或经济人。人是合乎理性的人或经济人是以利己为动机来从事经济活动的人，泛指一切追求自己的目标，并且能以明智的方式追求这一目标的人；也有解释为"恶本好利"的人。"恶本"是厌恶成本的意思，希望成本在取得一定利益时尽可能小；"好利"是希望所得利益在既定成本下尽可能大，即用一切（包括市场信息在内的）机会来寻求最大利益的人。

在这一基本前提假设下，亚当·斯密在《国富论》中写道："每人都在力图应用他的资本来使其生产品能达到最大的价值。一般地说，他并不企图增进公共福利，也不知道他所增进的公共福利为多少。他所追求的是他个人的安乐，仅仅是他个人的利益。在这样做时有一只看不见的手引导他去促进另一种目标，而这种目标绝不是他所追求的东西。由于追逐他自己的利益，他经常促进了社会利益，其效果要比他真正想促进社会效益时所得的效果更为大。"这便是我们常说的"看不见的手"原理。它构成了西方经济学论证和引用的核心，被认为是经济学领域最为伟大的发现。西方国家正是在公开承认人是合乎理性的人的前提假设下，设计构建了他们自己的政治、经济、文化体制，对人的这一特性加以诱导、利用，使他们在追求自我价值的过程中，增进了整个社会的福利。人是合乎理性的人或经济人构成了西方经济理论的第一个基本前提假设。

2. 人是具有完全信息的人

具有完全信息是一个比较泛指的概念。大致说来，它的含义是人熟知市场上的全部行情，以及与商品有关的知识。例如，消费者知道市场上全部商品的价格，全部商品能使供求相等的均衡价格，对所有商品的性质、质量特点等均有充分的了解，知道自己对一切商品的爱好程度，等等。

对这一前提假设，西方学者认为，现实情况和"人具有完全的信息"有一定程度的背离，但可通过微观经济政策，使理想和现实相符合。

3. 关于"资源"的假设

西方经济理论认为，所有的经济资源都是稀缺的。即任何资源（包括劳动力资源在内）都是有限的，因而经济人在对有限资源的投入方向进行选择时会发现，任何一种选择都既有收益，又有成本，因为任何一种选择都要以放弃另一种选择为代价。正是这一前提假设，决定了经济学的研究对象为对有限的经济资源在既定目标下的有效利用，即如何将有限资源加以合理配置，用最小的花费得到最大的效益。

4. 产权界定明晰的前提假设

西方经济理论的上述前提假设是建立在产权界定明晰基础上的，若产权界定不明晰，利用市场机制通过个人理性配置资源只会造成经济、社会秩序的紊乱，因为产权界定不清不仅会出现分配不公，还有可能形成以强凌弱、掠夺资产的行为。

西方经济理论就是在上述几个基本前提假设下，微观经济学证明了亚当·斯密的"看不见的手"的原理，宏观经济学证明了萨伊的"供给会创造需求"的定理，奠定了现代西方经济学理论的基础，为西方经济、政治、文化体制的选择和塑造提供了理论依据。

（二）传统的计划产品经济理论的前提假设

改革前，我国的经济理论及计划产品经济体制是仿照苏联的体制建立的，苏联的体制是根据马克思对未来社会主义的描述设计的。这一体制的有效运行，必须满足下列三个基本前提假设：

1. 人具有很高的觉悟

以大公无私、无私奉献、全心全意为人民服务为前提，才能保证在我们的政治体制和生产资料公有制条件下，在经济共同体中，任何个人都不会凭借生产资料的占有权、使用权和支配权获得特殊利益，保证任何个人为了集体财富的增长而自觉努力劳动。

现实与此前提假设相去甚远。为满足这一前提假设，我们对个人利益或个人理性采取了限制和改造的方法，对全社会成员进行全心全意为人民服务的社会主义思想教育。

2. 计划中心具有完全信息

典型产品经济体制的特征是：所有资源都掌握在一个社会中心（计划中心）的手里，消费、生产、投资中所需的资源均由这个中心依据自己所掌握的信息，按行政程序调拨配给。这种体制不需要商品交换，生产、投资、消费都由计划中心直接根据需求信息来组织，单个生产单位生产的产品直接是社会总产品的一部分，并且由社会中心直接分配给每个需要这种产品的单位和个人。所有资源，包括生产资源和消费资源，在这种体制下，都只有使用价值，没有交换价值，它们是"财富"，但不是用来谋利的"财产"。

这一特征要求：计划中心必须准确全面地掌握总需求和总供给、需求结构和供给结构、需求层次和供给层次及人们的需求偏好，否则就会造成社会资源的浪费，社会成本增大，社会经济效益不高。实际上，由于产品的纷繁多样、需求的千变万化及人们的偏好差异，计划中心要满足具有完全信息的前提假设是根本不可能的，即使掌握了较全的信息，也会由于计划中心决策的缓慢性，致使做出决策的时点与掌握信息的时点出现巨大差距，使生产和消费相脱节。为了保证社会生产顺利进行，计划中心是用行政命令强制运行的，限制了生产者和消费者的自主权，致使社会经济运行活力不强，经济效益不佳。

3. 生产力较为发达，物质财富较为丰富

典型产品经济体制以生产资料公有制（实际是一种国有制）为其本质特征，这种生产关系要求与较高的社会生产力相适应。但所有实行计划产品经济体制的国家，生产力都相对不发达，人民的物质和精神财富较为贫乏，生产关系严重偏离了（超前了）生产力的现实状况。

计划产品经济体制所要求的上述三个基本前提假设虽然与现实不符，但这种体制也并非一无是处，它在下列三方面具有重要意义：

（1）计划产品经济体制是对马克思关于未来社会主义理论的一种实践和尝试。马克思通过对资本主义的剖析，揭示出资本主义经济危机的根源在于资本主义社会的基本矛盾，这一矛盾的解决最终必须用一种新的制度取代资本主义制度，这一新制度就是社会主义制度。1917 年的十月革命终于诞生了第一个社会主义国家——苏维埃。她的诞生给中国送来了马克思列宁主义，在 1949 年成立了中华人民共和国，从此中国人民推翻了三座大山，走上社会主义道路，成为一个独立的主权国家。

（2）计划产品经济体制是经济落后国家实现工业化进程中进行原始积累的一种有效体制。计划产品经济体制由一个社会中心组织整个社会的生产、分配和消费，从人、财、物到供、产、销，都由这个社会中心来调配。它通过工农业产品价格剪刀差将农业的财富转向工业，进行工业化的原始积累。这种原始积累方式，为我国建立较完整的工业体系奠定了基础。

（3）计划产品经济体制对集中有限的人力、物力、财力保家卫国、克敌制胜起到了至关重要的作用。

（三）我国传统文化是以承认个人理性为前提假设的

我国是世界文明古国之一，封建时代尊崇儒家文化，提倡用君子之交淡如水、君子言义不言利、舍生取义等来教育自己的臣民。这实际是用思想教育、宗教艺术、伦理道德来抑制人们的个人理性，这种抑制其实是以承认人是合乎理性的人作为隐性的前提假设的。可见，中西方文化，在对人是合乎理性的人的前提假设上是共同的。不同之处在于：西方人公开承认、申明人是合乎理性的。在人是合乎理性的人的前提假设下，设计了三权分立、互相制衡的政治体制，使个人理性得以监督。在经济关系上，对人是合乎理性的人加以引导和利用，使其在"看不见的手"的原理调节下，在追求自我利益或自我价值的实现中，增进整个社会的福利。东方则是力主整体利益。教海人们以整体利益为主，通过整体利益来谋求个人的利益。在人的理性前提假设中，推行的是一种逆向结构。

（四）社会主义市场经济条件下劳动经济理论体系的前提假设

1. 承认、引导、利用个人理性对人的经济行为的激励机制，从而促进经济的发展，增进全社会福利

市场配置资源的基础作用的发挥，正是通过自然人和法人在追求自己的利益时，力图以最小的花费取得最大的收益实现的。个人理性是一种人性的表现，而市场经济以互利为基础的等价交换原则是以个人理性为基础的，体现了一种人性。

不承认个人理性，实际上是不承认每个人都有相对独立的自我利益。不承认独立的个人利益，市场机制就不能发挥作用，市场经济就会成为一句空话。在市场上，价格上扬后，需求量会减少，供给量会增加。这正是供求双方维护和增进个人利益的必然选择，也正是个人理性的这种选择，才使得供给和需求趋于一致。

承认个人理性，承认每个人都有独立的自我利益，也并非人人的个人理性都表现得一样。有的人在利益面前先人后己，以整体利益为重；有的人在追求自己的利益、实现自我价值时，给他人、给社会带来益处；有的人为了一己私利，不惜损人利己。在社会主义市场经济条件下，我们遵循的是互利，即在实现个人利益的同时，给他人和社会带来好处，提倡的是为了他人和社会的利益舍生取义，打击的是损人利己。在社会主义市场体系还不健全、物质文明和精神文明程度还不高的情况下（市场经济的初始阶段），自然人和法人有可能为了眼前利益，不顾长远的整体利益，为了一己私利，不惜损害他人和公共利益。为了社会主义经济正常运行，就必须用法律对自然人和法人的行为予以规范，保护个人、集体、国家的利益不受损害，同时加强思想教育以提高人们的

思想道德水平。这就构成了社会主义市场经济条件下，确立劳动经济学理论的第一个基本前提假设。

2. 社会主义市场经济须变革产权的单一国家所有，形成多元产权

多元产权既包括多种所有制形式并存，又包括同一企业内部产权所有的多元主体。西方微观经济学中有一个已被证明了的定理：企业只有以利润最大化作为自己的行为目标，才能使资源得到有效配置，即以最小的成本，生产出符合人们需要的最大数量的产品，产量一定时，力求成本最小。这一定理同样适用于我国的社会主义市场经济。随着现代企业制度的建立与发展，企业经营者在社会主义生产目的条件下追求利润最大化已成为自己的行为目标，在生产要素的配置上，自然会以经济中的成本—收益原则作为生产要素（劳动、资本、土地）取舍的尺度，但不能允许国有资产流失或出现化公为私、损公肥私的负效应。

3. "资源"的前提假设

西方经济学理论认为，所有的经济资源都是稀缺的，所有的经济资源的稀缺性，决定了经济学的研究对象，即如何用最少量的消耗，生产出符合人们需要的最大数量的产品。所有的资源稀缺性，奠定了西方经济学的效用价值的基础。西方学者认为，商品价值的大小由商品的稀缺性和其效用来决定，并以此否定马克思的劳动价值论，即劳动创造价值。商品价值量的大小由商品中包含的社会必要劳动时间来决定的理论建立在只假定劳动是稀缺的基础之上，其实其他经济资源也是稀缺的，因而得出了商品的价值量不仅由劳动来决定，还要由其他生产要素投入量来决定，因此在分配上应按萨伊的三位一体公式"劳动—工资、资本—利息、土地—地租"来进行分配。

建立科学的劳动经济学理论关于"资源"的前提假设，就必须结合我国的实际情况来确定。在我国所有的物质资源都是稀缺的，但人力资源——劳动力是相对过剩的。相对于资本和自然资源来说，人口如此众多，以至于在这种经济的较大部门里，劳动的边际生产率很小。这与诺贝尔经济学奖获得者威廉·阿瑟·刘易斯（William Arthur Lewis）在《劳动力无限供给条件下的经济发展》（1954 年）一文中对劳动力供给的假设相类似。

我国传统的计划产品经济体制使劳动力流动过于僵化，造成企业冗

员积压，隐性失业严重，经济效益低下。现在我们进行的市场取向改革，试图通过缩减企业冗员，提高企业经济效益，增加投入单位资本的边际产出率，形成更多的资本增量，创造更多的产业部门或使原有的产业部门的规模扩大，吸收更多的劳动力，解决就业问题，求得经济发展。这种改革，必须要以企业冗员缩减为前提，而缩减出的劳动力的就业又成为我们面临的难题之一。难题的解决，人们寄希望于社会保障制度的确立和完善，而社会保障制度的确立和完善目前又受资金短缺的约束，所以难题的解决可能最终会落在乡镇、个体、私营经济的发展上。乡镇、个体、私营经济的充分发展，可以为扩大就业门路，吸收剩余劳动力，提供必要的社会保障基金创造一定的条件。

可见，劳动力资源相对过剩构成了确立科学的劳动经济学理论的第三个基本前提假设。

4. "信息"的前提假设

在经济学中，假定人是具有完全信息的人，即消费者和厂商知道全部市场上的行情，以及与商品有关的知识，对所有的商品性质、质量特点等均有充分了解。正如诺贝尔经济学奖获得者乔治·施蒂格勒（George Stigler）在《信息经济学》（1961 年）一文中所说："传统的经济理论在假设知识完全的框架中进行经济分析，即假定获得信息无须支付成本—信息是'免费财货'。"

实现信息的完全性，不要说作为发展中国家的我国，就是发达的西方国家也不可能。在此情况下，作为合乎理性的人，使一项交易花费较小，取得效用较大，一般是在搜寻信息的边际成本等于获得信息的边际收益时，才有可能完成交易。搜寻信息的边际成本等于获得信息的边际收益，在经济、文化、通信、交通发达程度不同的国家都是如此。但在经济、文化、通信、交通发达的国家，消费者和厂商会拥有较多数量的信息，他们会在较多数量的信息中进行选择、判断和决策，从而获得的经济效益大于欠发达国家的经济效益。我们的任务在于如何尽快发展经济、文化、交通、通信，获得尽可能多的信息，达到花费更小，取得效用更大，节约社会资源，提高经济、社会效益，增进全社会福利的目的。

五　劳动经济学的理论基础

（一）马克思主义政治经济学

马克思主义政治经济学以劳动价值论为基础，以揭示人类社会发展规律和基本矛盾为目的，认为商品的价值由生产这种商品的社会必要劳动时间来决定，人类社会的发展一般要经过原始社会、奴隶社会、封建社会、资本主义社会、社会主义社会到共产主义社会。随着苏联解体东欧剧变，有些人对马克思的这一理论产生动摇，认为 20 世纪 80 年代，社会主义遭到失败。其实我们的社会主义实现条件与马克思设想的未来社会主义实现条件有所不同。马克思所预见的未来社会主义是建立在生产力高度发达、物质财富极大丰富、人们的思想觉悟空前提高的基础上的，而苏联、东欧及我国的社会主义脱胎于经济落后的社会。所以，说社会主义失败，否定马克思主义是站不住脚的。

马克思对未来社会主义的描述是不存在商品、货币关系的社会主义。今天我们的社会主义是存在商品、货币关系的社会主义。在《资本论》中，马克思对资本主义商品、货币、资本等概念及它们的运行描述，对于我们在社会主义市场经济条件下建设有中国特色社会主义仍有重要的理论和实践意义。所以在社会主义市场经济条件下，学习研究劳动经济理论需以马克思主义政治经济学理论为基础。

（二）现代西方经济学

现代西方经济学以效用价值论为基础，以解决资本主义经济发展中的现实问题为目的。所谓效用价值论，就是认为商品的价值大小由商品的效用和稀缺性决定。效用是商品或劳务能够给人们心理带来的满足程度。西方经济学假设所有资源（包括劳动力、资本、土地）都是稀缺的，因而劳动力、资本、土地都决定商品价值的大小，在分配上坚持要素分配论，即所谓的要素价值论，这与马克思的劳动价值论及物化劳动只转移价值形成鲜明对比。在这一要素价值论的基础上，在人都是合乎理性的人，资源是稀缺的，信息是完全的前提假设下，西方微观经济学证明亚当·斯密"看不见的手"的原理，构成西方经济学论证和引用的核心，被认为是经济学领域最为伟大的发现。萨伊"供给会创造需求"的定理，说明一种产品一经生产出来，就会立即为其他产品提供一个和它自身价值完全相等的市场。有一个供给量，就会产生一个相应的需求量，即资本主义经济永远处于一个充分就业的状态。此定理是传统西方经济学的一个非常重要的部分，构成了宏观经济学论证的主要论点。

六　劳动经济学的体系与方法

（一）劳动经济学的体系

所谓体系是指若干有关事物互相联系互相制约而构成的一个整体。体系不仅包括构成体系的基本要素，还包括各要素之间相互作用的机制。

由于劳动经济学是以研究劳动力为中心的资源利用效率的科学，涉及劳动力供给与需求、劳动力配置与再配置、劳动力的成本与追加投资，以及劳动管理等诸多问题。因此，以劳动力市场为中心讨论劳动经济学的科学体系是比较恰当的。

1. 劳动力市场

在市场经济条件下，资源的配置是通过市场实现的。劳动力市场包括两层含义：一是指劳动力供求双方双向选择和进行劳动力交换的场所；二是指运用市场机制调节劳动力供求关系的组织形式。这里，我们采用前一种狭义理解。同其他商品市场一样，作为一种交换场所既可以是有形的也可以是无形的。有形的市场如职业介绍所，人才市场；无形的市场如劳动力信息中心，劳动就业法律服务中心，"因特网"职业介绍服务等。

2. 劳动力市场主体

在劳动力市场体系中，家庭（个人）、企业组织、政府、工会共同构成了其主体。家庭（个人）是劳动力的供给方，企业组织则是劳动力的需求方。从生产要素投入的视角观察，劳动市场供求双方的行为调节着劳动资源的配置；从收入的视角观察，劳动力市场的供求运动决定着工资。需要指出的是，劳动力供求方的利益既有一致性又存在对立面，因而劳资关系也呈现出缓和与冲突并存的状态。这种关系既受市场机制的制约，又有弱化市场机制的作用。前面我们已经提到过劳动力资源的"能动性"，在充分市场经济条件下，工会的产生可以看作是这种

"能动性"的结果。它不仅对劳动者本身的权益有着举足轻重的影响，而且对劳动力市场乃至整个经济都有十分重要的作用。

3. 劳动力市场的基本要素

劳动力市场的基本要素是价格，即工资。一般说来，劳动者以劳动力在市场上交换，都是希望换取尽可能多的经济回报，即高工资和高福利。工资与福利不仅直接影响着劳动者劳动投入的数量、质量、积极性，而且与企业的生存发展休戚相关。如何制定合理的工资与福利制度，在劳动者和企业的利益之间找到平衡点，工资与福利受哪些因素的影响，都是劳动经济学所要研究的。

4. 劳动力市场的规则

市场规则主要包括市场进出规则、市场竞争规则、市场交易规则和市场仲裁规则。完善的市场规则是市场有效运行的必要条件。政府通常通过制定各项政策来管理劳动力市场的运行。尽管在市场经济条件下，政府的具体职能应该弱化，但一定程度的宏观调控和管理是不可或缺的。

5. 劳动力市场信息

"完全信息"只存在于经济学的假设中，实际上，我们生活在一个充满不确定性的世界里。而获取信息则是消除不确定性的主要途径。充分的劳动经济信息不仅使劳动力资源达到最合理的配置，而且能优化劳动力资源。劳动者通过与信息的接触，不断深化认识，提高自身的生产技能和管理水平，极大地提高了生产率。在人类已经进入信息时代的今天，信息已经成为一种重要的生产资源。因而，我们在研究劳动经济学的时候，应对劳动经济信息给予充分关注。

（二）劳动经济学的方法

1. 研究劳动经济学应遵循的总原则：辩证唯物主义和历史唯物主义

辩证唯物主义和历史唯物主义是我们认识世界和改造世界的有力武器。我们在研究劳动经济学的时候，要用辩证唯物主义对立统一的观点认识、分析和处理劳动经济活动中的矛盾及问题。同时，还要运用历史唯物主义的观点和方法，从特定的经济形态和历史发展阶段出发研究本国的劳动经济问题。总之，坚持辩证唯物主义和历史唯物主义是学习和研究劳动经济学的总原则。

2. 研究劳动经济学的一般方法

（1）实证研究方法

实证主义方法是认识客观现象，向人们提供实在、有用、确定、精确的知识的方法，其重点是研究现象本身"是什么"的问题。实证研究方法试图超越和排斥价值判断，只揭示经济现实内在的构成因素及因素间的普遍联系，归纳概括现象的本质及其运行规律。实证研究方法具有以下两个特点：其目的在于认识客观事实，研究现象本身的运动规律及内在逻辑；实证研究法对经济现象研究所得出的结论具有客观性，并可根据经验和事实进行检验。

运用实证研究方法分析研究经济现象，目的在于创立用以说明经济现象的理论。因此，运用实证研究法研究客观现象的过程即形成经济理论的过程。这一过程可简单地概括为如下步骤：确定研究对象，搜集相关资料；设定分析所需的假设条件；研究分析得出理论假说；验证。

实证研究方法实际上是一种行为理论，它虽然回答了研究对象本身"是什么"的问题，但它不能回答这种现象及其后果的好坏问题。对结果的好坏进行评价则须用规范的研究方法。

（2）规范的研究方法

规范的研究方法以某种价值判断为基础，说明现象"应该是什么"的问题。其目的在于提出一定的标准作为经济理论的前提，并以该标准作为制定经济政策的依据，以及研究如何符合和实现这些标准。

规范研究方法具有如下特点：规范研究方法以某种价值判断为基础，解决客观经济现象"应该是什么"的问题，即说明其对于社会的意义是积极的还是消极的；其研究经济现象的目的，主要在于为政府制定经济政策服务，往往成为政府制定社会经济政策服务的工具。

通过对实证研究方法和规范研究方法的对比，可以知道，实证研究方法排斥价值判断，规范研究方法却以价值判断为基础。然而，这并不表示两种研究方法是完全对立的。科学研究的目的在于获取真理性知识并用于指导我们的实践活动。尽管人们在追求真理的总目标上具有一致性，但由于对真理追求的侧重点不同从而导致了方法的差异。在研究劳动经济学时，我们要把实证研究与规范研究结合起来运用。

3. 研究劳动经济学的具体方法

劳动经济学研究中的一般方法不能代替各种具体方法。下面做简要介绍。

（1）社会调查法

任何科学研究都必须占用足够数量的数字和事实材料，开展社会调查是取得这类材料最重要的方法。对于劳动经济问题的研究必须联系目前的实际，重视对客观事物进行系统周密的社会调查，掌握丰富的实际材料，在此基础上进行理论的抽象和概括，使理论植根于现实生活的土壤之中。

（2）实验方法

实验方法又叫试点的方法。劳动经济问题，反映的是劳动者在劳动中所结成的社会关系，它不能像自然科学的研究那样利用物理、化学等方法，完全排除与研究对象无关的因素在纯净的实验室中进行，得出假设的结果，而只能进行社会实验。社会实验又受许多无法消除的社会、心理、文化、宗教等因素的影响，必须经过较长期的调查、分析、研究和试验，才能得出大体近似其发展规律的理论结论。所得的结论可能是劳动经济关系最一般的内部必然联系的概括，长期起作用的规律性，也可能只是一定时期、一定条件下产生的相互联系、暂时起作用的形式。因此，实验得出结论必须不断在实验中检验，发现更本质的关系，进行新的概括和总结，以便充实、完善和发展。

（3）定性分析与定量分析相结合

劳动经济学既有质的规定性又有量的规定性，并且是发展变化的。在其发展变化中，劳动关系的性质规定着它们的数量，其数量的多少制约着它的性质。要重视劳动、劳动关系性质的分析，因为它反映事物的本质，使不同的劳动及劳动关系相互区别，并呈现出其发展的阶段性。但是，质的变化是由量的积累达到一定程度引起的。抛弃量的分析，质就失去了依据。然而，劳动关系数量分析也要一个限度，要在一个能够说明问题的范围内进行，超越一定的界限，它就会脱离劳动关系，变成数量关系本身，或是数学科学分析的内容，抑或是数学游戏。

（4）比较分析法

劳动经济学的研究还应该运用比较分析的方法，包括纵比和横比两个方面。所谓纵向比较，即从时间序列的角度，从对历史的反思、比较中，寻求合乎规律性的东西。所谓横向比较，即从地理空间的角度，通过国与国之间的比较，发现别人的长处和自己的短处，取长补短，借鉴别国的经验，吸取他们合理的有价值的东西，以提高自身的劳动经济理论水平。

（5）统计方法

统计方法是收集和整理科学研究资料，使之系统化的一种重要方法。人们通过社会调查方法所获取的资料往往是零散的、不系统的，借助于统计方法，就可以把这些原始资料加工成有明确时空界限的、可比较的资料。

第三节　制度创新与变迁理论

本书的落脚点在于实现国有企业用工制度的制度变迁与创新，因此，制度变迁与创新理论是本书研究重要的理论基石。

一　制度创新理论

创新的概念及理论是由奥地利经济学家熊彼特在《经济发展理论》中提出的。他认为，创新是创造一种新的生产函数，将原有的生产要素与条件的重新排列组合，并将创新要素引入到生产体系当中。之后，创新理论与新制度经济学相结合，出现了制度创新理论。

（一）制度创新的概念

制度创新是对原有社会制度体系进行修正、选择、摒弃、优化、重新设立等一系列活动的统称，是制度主体追求更高利益的措施。一般来说，制度创新包括制度更新、制度升级、制度深化、制度调整、制度涉及范围的重新界定等方面。在新制度经济学中，制度创新的含义主要有以下几方面的内容：

1. 制度创新一般是指制度主体通过建立新的制度以获得追加利润的活动，它包括以下三方面：第一，是反映特定组织行为的变化；第二，是指这一组织与其环境之间的相互关系的变化；第三，是指在一种组织的环境中支配行为与相互关系规则的变化。

2. 制度创新是指能使创新者获得追加利益而对现行制度进行变革的种种措施与对策。

3. 制度创新是在既定的宪法秩序和规范性行为准则下制度供给主体解决制度供给不足，从而扩大制度供给的获取潜在收益的行为。

4. 制度创新是由产权制度创新、组织制度创新、管理制度创新和约束制度创新四方面组成。

5. 制度创新既包括根本制度的变革，也包括在基本制度不变前提下具体运行的体制模式的转换。

6. 制度创新是一个衍进的过程，包括制度的替代、转化和交易过程。

综合观之，所谓制度创新是指社会规范体系的选择、创造、新建和优化的统称，包括制度的调整、完善、改革和更替等。

（二）制度创新的动力

1. 动力：从一般意义上讲，制度创新的终极动力在于追求个人利益最大化，如出现预期的净收益超过预期成本的现象，一项制度就会被创新。可以说，制度创新是制度主体根据成本效益分析进行权衡的结果。制度创新只有在这样两种情况下发生：①创新改变了潜在利益；②创新成本的降低使制度的变迁变得合算。

制度创新的原动力在于：作为国家和社会主体的个人、社团和政府都企图在这一过程中减少实施成本和摩擦成本，从宏观上谋取经济、政治和社会的最大收益，从微观上对不同主体的行动空间及其权利、义务和具体责任进行界定，有效约束主体行为，缓解社会利益冲突。

2. 制度创新的成本主要由这几部分构成：①规划设计、组织实施的费用；②清除旧制度的费用；③削除变革阻力的费用；④制度变革带来的损失及变革的机会成本等。

3. 制度创新的成本—收益比较：①某制度设立与该制度缺位在成本效益方面的比较；②把同一制度安排和制度结构的运行效益与运行成本加以比较；③对可供选择的多种制度的成本收益进行比较，选择净收益最大的一项制度。

从成本收益的视角看，制度创新的动力源于制度主体对创新收益的追逐。面对一项制度创新活动，制度创新主体会面临大量的成本，预期成本一般包括制度设计和实施费用、清理旧制度的费用、协调费用、纠错费用及相关机会成本。当制度创新主体人物预期收益大于预期成本，即预期纯收益大于零时，就会进行制度创新活动。

戴维斯和诺思将制度创新看作是一个长期的渐进过程，把其分为了五个阶段：（1）形成"第一行动集团"，由那些能够预测到潜在市场收益，愿意进行制度创新来获取这些收益的人构成；（2）"第一行动集团"提出制度创新的方案；（3）对提出的各项制度创新方案进行选择；（4）形成"第二行动集团"，即帮助"第一行动集团"获取经济收益的组织和个人，可以是政府机构，还可以是组织和个人；（5）"第一行动集团"与"第二行动集团"通过协同将制度创新方案付诸实施。①

二　制度变迁理论

制度变迁理论是新制度经济学的核心理论之一。所谓制度变迁，是指新制度对旧制度的替代过程，实质上是一种效率更高的制度对效率低的制度的替代。

（一）制度变迁的动因

戴维斯和诺思认为，制度变迁之所以发生，是因为人们对其预期收益大于预期成本。通过制度变迁能够实现规模经济、将外部性内在化、规避风险和降低交易成本，使人们的净收益增加。进一步说，制度变迁的原因表现在以下几个方面：

第一，制度的稳定性。制度的稳定性虽然容易造成路径依赖，但也是制度变迁的动因之一。原因在于，制度是规范行为主体的行动准则，人们对稳定的制度具有很强的需求，害怕因制度不稳定造成不确定性。当内外部环境发生变化，旧制度已经无法满足人们的需求时，人们会需要实现制度变迁，建立新的稳定性。

第二，环境的不确定性。社会经济环境始终处于不断变化中，工业化之后，这种变化速度越来越快，尤其是进入到互联网时代后，发展速

---

① 戴维斯、诺思：《制度变迁理论》，《财产权利与制度变迁》，上海三联书店1994年版，第271—274页。

度已经超乎人们的想象。在这种条件下，之前再完备的制度也可能随着时代的变迁而变得低效，此时就要求人们不断地调整行为来促进自身收益的最大化。

第三，追求更高的收益。人们对于利益追求具有天然的动力。制度变迁可以帮助人们实现技术进步、效率提升及交易成本的大幅降低，这些都成为人们追求更高效制度的内在动力。

第四，实现制度均衡。制度非均衡是制度普遍存在的状态，是指制度供给与需求出现了不一致。当现有制度安排设计和制度构成的净收益小于另一种可选择的制度构成与设计，那么就会产生新的潜在的制度需求，进而出现了制度变迁的动机。

产权结构是制度体系的核心制度之一，产权结构变迁对于整体的制度体系变迁具有很强的推动作用。市场的有效性意味着充分界定边际和行使产权，需要创造一套促进生产率提高的约束变量；高效的产权制度有助于降低交易的不确定性，从而提高市场效率，因此产权结构的创新至关重要。此外，产权结构的完善有助于保护发明者的积极性，应当依靠鼓励技术变革与产权结构创新去推动技术进步。

（二）制度变迁的类型及方式

按照不同的标准，制度变迁可以划分为不同的类型。

第一，依据目标实现的途径，按照布罗姆利的观点，制度变迁可以分为提高生产效率的制度变迁、重新配置资源的制度变迁、重新分配收入的制度变迁和重新分配经济优势的制度变迁。[①]

第二，按照变迁速度，可分为激进式制度变迁和渐进式制度变迁。

激进式制度变迁也可以称为突进式制度变迁，还被比喻为"休克疗法"。激进式制度变迁是相对于渐进式制度变迁而言的，也就是在短时间内、不顾及各种关系的协调、采取果断措施进行制度变迁的方式。一般是强制性废除或破坏制度，制定和实施新制度。不能把激进式制度变迁简单地理解为制度变迁的全部任务都在极短的时间内完成。突进式制度变迁意在变迁的果断性，从变迁主题看来，必须抓住关键。激进式制度变迁可以减少交易成本，尤其是时间成本，但是风险高，无法对不适

---

① 布罗姆利：《经济利益与经济制度》，上海三联书店 1996 年版，第 153—127 页。

应的制度进行有效修正，易造成社会经济动荡，例如苏联的"休克"疗法。

渐进式制度变迁，就是变迁过程相对平稳、没有引起较大的社会震荡、新旧制度之间的轨迹平滑、衔接较好的制度变迁。这种制度变迁是假定每个人、每个组织的信息和知识存量都是极其有限的，不可能预先设计好终极制度的模型，只能采取需求累增与阶段性突破的方式，逐步推动制度升级并向终极制度靠拢。这种变迁方式的特征决定了从启动变迁到完成变迁需要较长的时间。当然，时间长短是相对的。不同层次、不同种类制度的变迁所需时间是不同的。

渐进式制度变迁和突进式制度变迁都有被采用的价值，人们可以根据具体情况选择。有些条件下可以采取突进式，而另一些条件下却只能采取渐进式。两者各有利弊和适用条件，不能凭主观好恶简单判断和取舍。渐进式变迁所需时间长，新旧制度对峙、摩擦大，而且，本来为了缓和或不激化矛盾，协调好各方关系，却也可能使矛盾悬而未决，而且，还可能增加新矛盾。但是，它毕竟不会引起大的社会动荡，见效虽然慢一些，但成功率较高，风险也较小。突进式制度变迁确实可能短时间解决关键性问题，但是风险大，不成功就是失败，就可能造成大的社会震动，如果缺乏较强的社会承受力，就会引发社会动乱。所以，人们应该从实际出发，谨慎选择，要充分考虑两种方式的预期成本收益和风险。

第三，按照制度变迁主体，制度变迁可以分为诱致性与强制性两种方式。诱致性制度变迁和强制性制度变迁是新制度经济学两个典型的变迁方式，受到理论界的关注。

诱致性制度变迁的主体主要是组织或个人，程序是自下而上，是为了获利而进行的自觉活动。在改革中，往往表现为先易后难、试点先行、由外而内的渐进路径。这种方式虽然是自发的，具有自动稳定性和内在的演化机制和修正机制，有助于降低风险，保证了改革的动力。但是，会遇到外部性搭便车问题，时间较长，相对滞后，产生高昂的交易成本。

诱致性制度变迁，是指现行制度安排的变更或替代，或者是新制度安排的创造，它由个人或一群人，在响应获利机会时自发倡导、组织和实行。

制度变迁的需求理论中，包含了外部利润（或潜在利益）的形成问题。这里"外部""潜在"的含义是指，这些利润存在于尚未形成的新制度里，在现有制度的范围内，人们是不可能获得此利润的。外部利润内在化的过程实质上就是制度变迁的过程。外部利润内在化的过程涉及一系列环节：首先，要有外部利润和新制度安排的"发明者"。其次，还要看制度环境和其他外部条件给新的制度安排留下的空间和边界。即使制度变迁的预期收益大于预期成本，如果新的制度安排可能超过制度环境所允许的边界，那么新的制度安排就难以实现。历史上这类例子并不少见。

诱致性制度变迁的发生必须要有某些来自制度非均衡带来的获利机会。关于制度非均衡的原因，上一章已经做了较详细的分析。我们已经知道，当影响制度变迁需求或供给的因素中有一个变动，制度就会处于非均衡中。制度非均衡则意味着获利机会的形成，就可能诱致制度的变迁。

诱致性制度变迁的许多特征都与其制度变迁主体有关。诱致性制度变迁的主体是一群人或一个团体。如果人的理性是无限的，且建立制度安排是不花费用和时间的，那么在出现制度非均衡时，社会会立即反应并消除非均衡。然而，人的理性是有限的。领会所有的制度变迁并在同时设计所有最佳的制度安排，已超出人心理容量的范围。而且，具有不同经验和在团体中具有不同作用的个人，他对制度非均衡的程度和原因的感知也不同。他还会寻求分割变迁收益的不同方式。在这种情况下，要使一套新的行为规则被接受和采用，个人之间就需要经过讨价还价的谈判并达成一致的意见。在诱致性制度变迁过程中，谈判成本是至关重要的一个制约因素。谈判成本过高往往使一些诱致性制度变迁无法产生。

作为一个整体而言，社会将从抓住获利机会（由制度非均衡产生）的诱致性制度安排创新中得到好处。然而，这种创新是否发生却取决于个别创新者的预期收益和预期成本的比较。制度安排包括正式的和非正式的两种，对于创新者而言，正式和非正式制度安排的预期收益和预期成本是不同的，而这又会反过来深刻地影响诱致性制度变迁的发生。

正式制度安排指的是这样一种制度安排，在这种制度安排中规则的变动或修改，需要得到其行为受这一制度安排管束的一群人的准许。也就是说，没有异议是一个自发的、诱致的正式制度安排变迁的前提条件。因此，正式的制度安排变迁，需要变迁者花时间、精力去组织、谈判并得到这群人的一致性意见。这就涉及组织成本和谈判成本。其次，正式制度变迁中的一个突出问题是会碰到外部效果和"搭便车"问题。外部效果产生的原因是因为创新的制度安排并不能获得专利。当一种制度安排被创造出来后，其他人可以模仿这种创新并大大降低他们的组织和设计新制度安排的费用。因此，创新者的报酬将少于作为整体的社会报酬。"搭便车"问题可能会因为制度安排是一种公共品而产生。一旦制度安排被创新和被建立，每一个受这个制度安排管束的个人，不管是否承担了创新和初期的困难，他都能得到同样的服务。制度变迁中的外部效果和"搭便车"问题导致的一个严重后果是，正式制度安排创新的密度和频率将少于作为整体的社会最佳量。正如林毅夫所说："经济增长时会出现制度不均衡。有些制度不均衡可以由诱致性创新来消除。然而，有些制度不均衡将由于私人和社会在收益、费用之间有分歧而继续存在下去。""如果诱致性创新是新制度安排的唯一来源的话，那么一个社会中制度安排的供给将少于社会最优。"①

非正式制度安排指的是这样一种制度安排，在这种制度安排中规则的变动和修改纯粹由个人完成，它用不着也不可能由群体行动完成。起初，个别创新者被其他人认为是违反了现行规则。只有当这个社会中的大多数人放弃了原来的制度安排并接受新制度安排时，制度安排才发生转换。这种制度安排的例子有价值观、伦理规范、习惯等。非正式制度安排的创新不包含集体行动，所以尽管它还有外部效果，但却没有"搭便车"问题。新规则的接受完全取决于创新所带来的效益和成本的计算。个人认为新规则对自己有利就接受，否则就不接受。因为非正式制度安排的执行主要取决于社会的相互作用，所以创新者的费用主要来自围绕着他的社会压力。新制度经济学家认为，由于一系列原因，非正式

---

① 林毅夫：《关于制度变迁的经济学理论》，上海三联出版社 1994 年版，第 394—396 页。

制度安排显示出一种比正式制度安排更难以变迁的趋势。即使有政府行动，发生这种变迁也不容易。但是，当制度非均衡所带来的预期收益大到足以抵消潜在成本时，个人便会努力接受新的价值观、伦理规范和习惯等。

强制性制度变迁是由国家凭借政治权利，为了获取最大收益，自上而下，通过法律和行政命令强制推行的制度变迁。

除了诱致性制度变迁外，还需要国家的强制性制度变迁的主要原因在于：①弥补制度供给不足，诱致性制度变迁会碰到外部效果和"搭便车"问题。由此使制度安排创新的密度和频率少于作为整体的社会最佳量，即制度供给不足。在这种情况下，国家的强制性制度变迁就可以在一定程度上弥补制度供给不足。②国家的基本功能是提供法律和秩序，并保护产权以换取税收。统治者至少要维持一套规则来减少统治国家的交易费用。这些规则包括统一度量衡、维持社会稳定、安全的一系列规则。统治者的权力、威望和财富，最终取决于国家的财富，因此统治者也会提供一套旨在促进生产和贸易的产权和一套执行合约的程序。③制度是一种公共品，而公共品一般是由国家"生产"的，按照经济学的分析，政府生产公共品比私人生产公共品更有效，在制度这个公共品上更是如此。

作为强制性制度变迁主体的国家在供给制度时也必须遵循经济原则。国家尽管可以通过税收等手段克服制度变迁中的外部效果和"搭便车"问题，但是国家最终还是要对自己的行动从总体上进行成本—收益的比较。就制度变迁而言，只有在以下条件下才会发生强制性制度变迁：只要统治者的预期收益高于他强制推行制度变迁的预期成本，他将采取行动来消除制度非均衡。在这一点上，作为制度变迁主体的国家与作为制度变迁主体的其他个人或团体是一样的，即制度变迁的预期收益必须高于预期成本。

然而，在制度变迁问题上，个人或团体的成本—收益计算与国家的成本—收益计算还是有差别的。国家预期效用函数毕竟不同于个人预期效用函数，国家的成本—收益计算比个人的成本—收益计算更复杂。这是因为，在国家的预期效用函数中除了经济因素以外，还有非经济因素。例如，如果制度变迁会降低统治者可获得的效用或威胁到统治者的生存的话，国家可能仍然会维持某种无效率的制度非均衡，制度供给不足就不能得以消除。因此，我们要对国家或统治者的强制性制度变迁的诱因进行修正：即按税收净收入、政治支持以及其他进入统治者效用函数的商品来衡量，强制推行一种新制度安排的预计边际收益要等于统治者预计的边际费用。在这种情况下，统治者的效用最大化与作为整体的社会财富最大化可能并不一致。

在社会实际生活中，诱致性制度变迁与强制性制度变迁是很难划分开的，它们相互联系、相互制约，共同推动着社会的制度变迁。诱致性制度变迁与强制性制度变迁有许多共同点，如两者都是对制度非均衡的反应；都是遵循成本—收益比较的基本原则等。但是，这两种制度变迁方式又存在一些差别。主要表现在：①制度变迁的主体不同。诱致性制度变迁的主体是个人或者一群人、或者一个团体，而强制性制度变迁的主体是国家或其政府。②制度变迁的优势不同。诱致性制度变迁主要依据的是一致性同意原则和经济原则。所以，诱致性制度变迁的遵从率较高，人们一般都能自觉遵守。强制性制度变迁的优势在于，它能以较短的时间和速度推进制度变迁，还能以自己的强制力降低制度变迁成本。③制度变迁面临的问题不同。诱致性制度变迁面临的主要问题是外部效果和"搭便车"问题。强制性制度变迁面临的问题主要在于违背了一致性同意原则。一致性同意原则并不仅仅是一个政治范畴，而且还是一个经济范畴。在某种意义上讲，一致性同意原则是经济效率的基础。某一制度尽管在强制运作，但它可能损害了一些人的利益，这些人可能并不按这些制度规范自己的行为，因而这类制度的效率就会受到影响。

第四，按照制度变迁层次，制度变迁可以分为基础性制度变迁和次级制度变迁。基础性制度安排是一个国家或地区的基本制度，相当于制度环境，包括一系列的政治、社会和法律准则，宪法和法律结构尤其关键。次级制度是指制度环境下的各项具体制度安排，层次低于基础性制度。

第五，按照制度变迁范围，制度变迁可以分为局部制度变迁和整体制度变迁。前者是指一个国家或地区某种制度早于其他制度安排，或一个地区的制度变迁早于其他地区的单个变迁。后者是指一个国家或地区整个制度体系的协调变革。

制度变迁的方式是多种多样的，不同类型之间是对立统一的。以上几种制度变迁类型或方式之间可以相互结合使用，形成特定的组合模式。一般来说，制度变迁组合有强制性制度变迁＋激进式制度变迁模式，是以政府为变迁主体，自上而下，短时间内完成变革；强制性制度变迁＋渐进式制度变迁模式，是以政府为主导，但采取了渐进的方式，使改革具有一定的弹性与余地；诱致性制度变迁＋激进式制度变迁方式，是在有充足的制度需求与核心制度的情况下，单个制度安排具有激进性质，实施阻力较小，但变迁时间较长；诱致性制度变迁＋渐进式制度变迁模式，是以市场微观主体为主体，渐进、缓慢地推动改革，变迁速度较慢，是最温和的制度变迁组合。这几种组合没有绝对的优劣之分，其效果取决于当时的改革环境，需要因地制宜，把握好变迁时机与强度以完成改革目标。同样，国有企业用工制度是一个复杂的体系，在选择制度变迁方式时，需要十分谨慎，相机选择高效的制度组合模式。

（三）制度变迁中的主要现象

（1）时滞

当制度变迁需求或供给发生变动，制度就从均衡变成了非均衡。制度非均衡意味着制度变迁潜在利润的存在，从而产生了制度变迁的可能性。但是，从认知制度非均衡、发现潜在利润的存在到实际发生制度变迁之间存在一个较长的时期和过程，这就是制度变迁过程中的时滞现象。时滞是制度变迁过程中普遍存在的问题，即从认知到制度非均衡，然后到设计，再到实施，最后完成的过程中需要耗费一定的时间周期，造成制度变迁滞后于潜在利润的出现。时滞问题直接影响了一个国家或地区或组织的制度变迁速度，使高效的制度难以尽快建立起来，潜在的收益无法尽快获得，从而影响了社会经济发展。对于国企用工制度改革来说，自认识到改革的必要性，到出台方案，再到实施的整个过程需要耗费大量的时间，而且还远未达到目标，实质上是时滞问题，是一个非常具有现实意义的问题。

新货币主义者曾探讨过从货币供给到货币对经济和物价的影响之间存在的时滞问题。新制度经济学家中最早揭示制度变迁中存在时滞现象的是戴维斯和诺思。在1971年出版的《制度变迁与美国经济增长》一书中，他们提出了一个制度变迁的"滞后供给"模型并分析了制度变迁时滞的构成和影响制度变迁时滞的因素。具体来说，制度变迁中的时滞由以下四个部分构成。

一是认知和组织的时滞。这是指从辨识潜在利润的存在到组织初级行动团体所需要的时间。这个时滞的长短主要取决于：潜在利润的大小；合法的制度安排选择单子的多少；组成有关行动团体的成员数量；原型组织是否存在；通信和交通条件好坏等多方面的因素。一般来说，一种制度安排创新中得到的潜在利润越大，时滞就越短；已知的合法制度安排选择单子越长，时滞越短；组成有关行动团体的成员越少时滞越短；通信和交通条件越好，时滞越短；组成有关行动团体的成员的原型组织已经存在也会缩短时滞。

二是发明时滞。从事制度变迁的人们组织起来后，如果存在既定的制度安排方案则所要求的只是对这些既定方案的选择。但是，如果没有现成的制度变迁方案，或者现成的制度变迁方案的预期收益都是负数，那就需要一个等待新制度发明的时间。发明时滞的长短主要取决于：从新安排中得到的利润；可以借用的创新方案；法律和政治环境的可靠性；经济环境对可选择方案的制约等因素。一般来说，从新制度安排中能够实现的利润越大越确定，发明时滞就越短；以完整的形式被借用或修正了的形式运作于其他行业或经济中的相似安排数目越多时滞就越短；基于法律和政治环境的经济安排越可靠，能为将来安排的广延性提供基础的现存安排数目越多，发明的时滞就越短；经济环境对可选择方案的制约越少，时滞就越短。

三是菜单选择时滞。菜单选择时滞是指搜寻已知的可替换的单子和从中选定一个能满足初级行动团体利润最大化的安排的时间。一般来说，在已知菜单上可行的安排选择数目越多，时滞就越长；显现在菜单上的选择方案的现值分布（即方案之间的差距）越大，时滞则越短；对外部利润内在化至少能起部分作用的现存安排的总成本中固定部分越大，时滞则越长。

四是启动时滞。启动时滞是指选择最佳的制度变迁方案和实际进行的制度变迁之间的时间间隔。启动时滞的长短与制度变迁供给主体有密切的关系。无论是个人安排的变迁，还是自愿团体或政府安排的变迁，都有一个共同的特点，即潜在利润越大越确定启动时滞越短；在自愿团体安排的变迁的场合，启动时滞还与初级行动团体成员间的意见一致程度和成员规模有关。一般来说，初级行动团体成员间的意见一致程度越高，而且成员间对潜在利润的分配越公允，启动时滞越短；初级行动团体的成员规模越小，启动时间越短。在政府安排变迁的场合，启动时滞还与选举频率和相互对立的政治联盟的力量对比有关。一般来说，选举频率越高，时滞越短；相互对立的政治联盟的力量越是平衡，在这一特定问题上受初级行动团体影响的代表的热情越少，时滞就越长。

戴维斯和诺思认为尽管影响制度变迁时滞的因素很多，但最重要的因素是现存法律和制度安排的状态。可以从以下三个方面来看：

第一，不管什么时候，现存法律（普通法和成文法）限制着制度安排的演化范围。尽管法是可以变化的但至少在短期里它制约了安排的选择。例如，由于谢尔曼反垄断法的限制，要创新一个从政府那里获得强制力量的类似卡特尔的安排，尽管不是不可能，但也是相当困难的。同时，居先的法律和其他安排结构的存在，不仅影响安排创新的形态，而且还影响安排创新需要酝酿的时间。人们可以预料，如果法律必须改变，或在一项新的创新之前已形成的原有安排仍能被采纳，那么，酝酿一种新安排的时间必定会延长。

第二，现存的制度安排可能还有残存价值。这就像某一台机器用了一段时间后，在物质和精神磨损的双重作用下会发生贬值，但只要这台机器还未彻底报废，其残余价值就存在，这种价值越大，抛弃它就越觉可惜，设备更新就越慢。制度变迁也适应此理，只不过一个是有形的（机器），一个是无形的（制度）。

第三，发明是一个困难的过程。如果变迁必须等新安排形式的发明，那么新制度安排的供给时滞一定很长。然而，如果在一种情况下被证明可行的安排形式稍作变动后也能适用于另一种情况，安排供给的时滞可能被缩短。

制度变迁的时滞直接影响了一个国家或地区制度变迁的速度，使一些有效的制度在一定时间内难以建立起来，自然也就不能满足人们的某些制度需求，这意味着一些潜在利润短时间内难以实现，从而影响了经济发展的步伐。由于人的有限理性及信息不对称，时滞不可能完全地消除，但是人们可以通过自身努力尽可能地缩短制度变迁过程中的时滞。

随着技术的不断进步及人们知识水平的持续提高，制度变迁的时滞已经呈现不断缩小的趋势。因此，如何采取有效的措施，缩短制度变迁的时滞，具有重要的现实意义。

（2）路径依赖

路径依赖（path dependence）是新制度经济学里的一个重要概念，是指制度变迁过程中，旧制度具有自我积累、自我强化的性质，是过去的制度选择对当前新制度建立的一种约束。路径依赖性越强，制度变迁遇到的阻力越大。路径依赖也是制度变迁过程中的一种重要现象，它是描述过去对现在和将来产生强大影响的术语。路径依赖不仅意味着现在的选择要受到过去积累而成的制度传统的约束，"更全面的理解路径依赖含义的一个步骤是认识到积累而成的制度产生了一些组织，它们能否持续下去依赖于那些制度的持久力，因此这些组织会动用资源来阻止那些威胁它们生存的变革"。

制度变迁具有该性质的原因在于：（1）规模经济。设计并建立一项制度的初始成本很高，但是随着时间的推移，这种成本越来越低，也就是规模报酬递增；（2）学习效用。在过去的制度框架下，人们会对制度进行学习，产生明显的学习效应，来适应大量制度下的各项组织。这种适应性强化了人们对旧制度的依赖；（3）协同效应。在原有的制度框架下，组织间、个人与组织间已经形成了一种相互协同的习惯或效应，这会强化制度本身；（4）适应性预期。原有的制度框架下存在大量的正式与非正式制度规制，人们在这些制度安排的影响下已经形成了较为稳定的预期，按照预期行事，必会强化制度本身。

制度变迁是制度的替代转换与交易过程。根据达尔文优胜劣汰、适者生存的理论和有效竞争原理，社会政治和经济的长期演进会朝着一个方向收敛，所有的国家，会在一条跑道上，尽管有先有后。然而，实际的途径却大相径庭，在经济发展过程中，有的国家很快走上了经济高速增长的道路，而有的国家却长期陷入贫穷的恶性循环的泥潭；同样的制度变迁，在有的国家促进了经济发展而有的国家却导致了动乱和衰退。这其中的原因是什么？诺思认为，这主要是由制度变迁过程中的路径依赖性决定的。

揭示制度变迁过程具有路径依赖性是诺思对新制度经济学的一个重

大贡献。当然，路径依赖思想最早并非由诺思提出。路径依赖思想最早是从技术变迁分析中产生的，由大卫和阿瑟在 20 世纪 80 年代后期先后提出。

大卫（1985 年）以 QWERTY 键盘的历史发展为例（尽管 QWERTY 键盘与 Dvorak 于 1936 年发明的 DSK 键盘相比效率较低，但仍在市场上占据了支配地位），用三种机制解释了技术变迁中的路径依赖。他提出的三种机制是：①技术的相关性，技术的相关性与键盘技术和打字者的能力之间的相容性需要有关，因为按 QWERTY 顺序安装的键盘越多学会按 QWERTY 键盘打字的人就越多，拥有这种能力的打字者就越多，购买这种技术的雇员就越多；②规模经济，采用这种技术的报酬递增，来自使用 QWERTY 键盘的成本递减，这种技术增加了打字者拥有所需能力的可能性；③投资的准不可逆性，重新训练打字者使他们由一种标准转向另一种标准的成本过于高昂，导致了在专用键盘技术上的投资的准不可逆性。由于技术不是根据效率选择，而是由递增报酬和偶然事件决定的，因此缺乏效率的技术可能流行。

阿瑟（1989）提出了与之相似的观点：一种技术的市场份额不是依赖偏好和技术的可能性，而是由于报酬递增导致"锁住"的历史小事件。所谓"历史小事件"，是指"那些在观察者的事前知识之外的事件或条件"，它们决定几种可互相替代的方案中哪一种可能产生。某些小的事件可能会使一种技术比另一种技术更有优势。因此，一种技术将获胜并维持一种垄断地位尽管它同被废弃的可选技术相比处于劣势。阿瑟论述了四种自我强化机制：①大量的初始组织成本或固定成本，随着产量的增加，会出现单位成本下降的优势；②学习效应，随着它们不断处于支配性地位，会使产品改进或生产它们的成本降低；③协作效应，由于其他经济当事人采取相配合的行为，会产生合作利益；④适应性预期，这种技术在市场上不断处于支配性地位，从而增强了进一步处于支配性的信念。在阿瑟看来，这些自我加强机制会导致四种特性：①多重均衡，即可能会有多种解决方案，所以结果是不确定的；②锁定，即一旦偶然性因素使某一方案被系统采纳收益递增机制便会阻止它受到外部因素的干扰或被其他方案替代；③可能非高效率，即由于其他方案的开发利用和动态认识被阻止，使陷入锁定的方案并非最优；④路径依赖性，小的事件和偶然情形的结果可能使解决方案一旦处于优势，它们就会导致一个特定的路径。

诺恩 1990 年在所著的《制度、制度变迁与经济绩效》一书中，借鉴大卫和阿瑟的路径依赖思想，并把它拓展到制度变迁的分析中，形成了制度变迁的路径依赖观。诺思指出，有两种力量对制度变迁的路径起规范作用：一种是报酬递增；另一种是由显著的交易费用所确定的不完全市场。在一个不存在报酬递增和不完全市场的世界制度是无关紧要的。因为报酬递减和市场竞争会使制度选择上的初始错误得到纠正。但是，在存在报酬递增时，制度是重要的，阿瑟所说的四个自我增强机制也适用于制度变迁：①当制度的创立是重新开始的时候，初始建立的成本就很高，而随着这项制度的推行，会使这种成本逐渐下降。②学习效应，对制度的学习效应使得制度的适应变得容易，产生了适应效应。③协调效应，一项制度的实施将会产生一些与此制度相适应的大量正式和非正式制度，形成新的制度连接体，最终形成系统的、具有互补性的制度体系。④适应性预期，随着某一制度不断居于支配地位，人们对制度会持续下去的预期普遍化，反过来会强化对制度的预期。简单地说，这种制度矩阵的相互依赖的构造会产生巨大的报酬递增，而报酬递增又成为阻碍制度框架变革的保守力量。不过，如果相应的市场是竞争性的，即政治市场是竞争性的，或即便是大致接近于零交易费用，报酬递增造成的对低效率路径的依赖，是容易得到矫正的。这时，制度变迁的轨迹将是有效的，经济长期运行的轨迹也是有效的，即经济总会保持增长的势头，也就不会出现发散的轨迹和持久的贫困。但是，一旦市场是不完全的，信息的反馈又是分割的，且交易费用也是十分显著的，那么，当事人根据不完全的信息建立的主观模型不仅是不完全的，而且还是多种多样的，从而会使制度变迁的轨迹呈现发散的状态，并使无效的制度保持下去，从而贫困不可避免。

诺思列举了历史上两条形成鲜明对照的路径：一条是成功的路径；另一条是持续失败的路径，成功路径的例子就是美国经济史中的故事。美国 19 世纪的经济增长。它的基本制度框架于 19 世纪初就开始演进（宪法和西北法令以及给辛劳工作付酬的行为规范），它们极大地诱使了经济和政治组织的发展（议会地方政治团体、家庭农场、商人协会和造船企业），这些组织的最大化活动直接和间接地诱致了对教育投资的需求，从而促使生产率提高和经济增长。教育投资不仅导致免费公共教育体制的建立，而且也导致了有利于提高农业生产率的农业试验站的建立；摩利尔法则产生了土地赋予的公立大学。由于经济组织的演进是为了捕捉这些机会，它们不仅变得更加有效了，而且还逐渐改变了制度框架。不仅政治和词法框架改变了（第十四修正案），产权结构在19世纪末被修正（谢尔曼法），而且许多行为规则和其他非正规制约也发生了变化（它们反映在对奴隶妇女的作用等问题的态度的变化以及行为规范上的变化）。无论是政治与经济交易费用，还是行动者的主观主义观念，它们所导致的肯定不是与生产率的提高及经济福利增长背道而驰的选择。从19世纪美国经济史的平衡来看，它是一个经济增长的故事，因而其所依赖的制度框架尽管同时混杂着某些相反的结果，但总的来讲它是不断增强了对从事生产活动的组织的激励。

持续失败的路径可以用近似于许多第三世界国家今天的条件来说明。在这些国家，提供给政治和经济企业家的机会是一个混合物，他们所从事的活动更多的是有利于促进再分配，而不是促进生产活动；他们所创造的是垄断而不是竞争性条件；他们限制机会，而不是增加机会。他们很少进行有利于生产率提高的教育投资。在这一制度框架下发展起来的组织也变得更为有效，但是他们却是在使社会更具非生产性上更为有效，基本的制度结构选择很少有利于生产活动。这路径可能会持续下去，因为这些经济中政治与经济市场的交易费用加上行动者的主观。

显然，历史上的路径依赖，即成功的路径依赖和持续失败的路径依赖各有不同的特点和特征：

首先，成功的路径依赖。一旦一种独特的发展轨迹建立以后，报酬不断增加，制度变迁不仅得到了支持与巩固，而且在此基础上，各种因素如外在性、组织学习过程、主观模仿等相互依存，相互促进，将允许组织在环境的不确定性条件下选择最大化的目标，允许组织进行各种试验，允许组织建立有效的反馈机制，去识别和消除相对无效的选择，保护组织的产权，从而形成长期经济增长。这条轨迹的特点是：增加了资本流动性；减少了信息成本；分散了风险；有一个稳定的政府并致力于规范的市场秩序和法律制度的建设。

其次，持续失败的路径依赖。一旦在起始阶段带来报酬递增的制度，在市场不完全组织无效的情况下，阻碍了生产活动的发展，并会产生一些与现有制度共存共荣的组织和利益集团，那么这些组织和利益集团就不会进一步投资，而只会加强现有制度，由此产生维持现有制度的政治组织从而使这种无效的制度变迁的轨迹持续下去。这种制度只能鼓励进行简单的财产再分配，却给生产活动带来较少的报酬，也不鼓励增加和扩散有关生产活动的特殊知识。结果往往像泥牛入海一样在痛苦的深渊里越陷越深。其主要特点有：①市场交换依赖于社会关系，受一种脆弱的权力平衡的统治，是人治不是法治。②有大量的小型企业，存在大量的小额交易，没有用来收集和分配市场信息的制度，存在的是一种以人情为纽带的贸易关系，缺乏普通的竞争和法律准则。③产权没有正式的法律制度的保护，产权的界定和保护带有个人偏好的性质。④缺乏一个强有力的稳定的政府，政府财力不足无力从事法律建设。政府官员出于私利，处于复杂的社会关系网络中，追求权势和金钱，任意侵犯产权，使规模经济得不到发展。市场交换个别化，商业中欺诈、机会主义盛行，偷税漏税，反过来又使国家税收减少，市场发育更加不规范，政府和经济组织或社会成员处于报酬递减的恶性循环之中。

诺思认为，路径依赖是对长期经济变化做分析性理解的关键。路径依赖理论能较好地解释历史上不同地区、不同国家发展的差异。诺思对为什么一些国家富裕而另一些国家贫穷进行了分析，他的结论是：由于缺少进入有法律约束和其他制度化社会的机会，造成了现今发展中国家的经济长期停滞不前。

路径依赖理论对于处于经济体制转型过程中的国家来说显然具有重要的现实意义。我国现阶段正处于从计划经济向市场经济的转轨的过程中，这是一个巨大的制度变迁过程，整个过程具有路径依赖特征是不言而喻的。首先，初始的体制选择会提供强化现存体制的刺激和惯性，因为沿着原有的体制变化路径和既定方向往前走，总比另辟蹊径要来得方便一些。其次，一种新的体制形成以后，会形成在该种体制中有既得利益的压力集团。即使下一步改革有利于整体效率的改进，这些压力集团也会阻挠改革或者使改革朝着有利于他们既得利益的方向发展。于是，初始的改革倾向在有意无意之间为下一步的改革划定了范围。由此看来，改革能否成功，除了改革方向要正确以外，还取决于一开始所选择的路径。因此，我们在做出任何一项改革决策时，都要慎之又慎，不仅要考虑将要采取的决策的直接效果，还要研究它的长远影响；要随时观察改革是否选取了不正确的路径。如果发现了路径偏差要尽快采取措施加以纠正，以免出现积重难返的局面。

（3）连锁效应

在制度变迁过程中，还有一种非常重要的现象，这就是连锁效应。连锁效应本来是著名经济学家赫希曼为了分析经济发展的过程而提出的概念。所谓连锁效应是指国民经济中各个产业部门之间相互联系、相互影响和相互依赖的关系机制。产业部门之间的这种关系可以分为前向连锁和后向连锁两种形式。前向连锁是指一个产业部门同以它的产出为投入的部门之间的联系，如钢铁工业的前向连锁指向的是机械工业和汽车工业等部门。后向连锁是指一个产业部门同向它提供投入品的上游部门之间的联系，如钢铁工业的后向连锁指向的是采矿业。一般来说，一个产业部门的后向连锁部门大都是农业、初级产品制造业、原材料加工业等，而前向连锁部门通常是制造业，最终产品生产部门等。产业部门之间的连锁效应强弱可以用该产业的需求价格弹性和收入弹性来测量，价格弹性和收入弹性大，表明该产业部门连锁效应大，反之则连锁效应小。

一个制度结构意味着它是由许多正式和非正式的制度安排构成。制度结构有一个重要的特点：制度结构中的制度安排都是相互关联的。任何一项制度安排的运行都必定内在地联结着制度结构中其他的制度安排，制度安排是共同"镶嵌在"制度结构中的。从制度均衡理论来看．在制度均衡状态下，各项制度是严格互补而非互替的。一项制度的存在和作用是因为它为其他制度所需要。与关键制度发生抵触、冲突的制度是不可能存在的。但是，在现实情况里，制度之间发生抵触、冲突的情况是经常发生的。制度冲突给制度变迁提供了潜在利润，针对制度冲突而产生的制度变迁必将使得该项潜在利润趋向于消失。

无论在何种情况下，制度变迁都会存在着某些外部性，同时它也受到其他制度变迁的外部性的影响。这种制度之间的相互关系形成的是一种称之为"制度连锁"的机制。在既定的制度结构中，一项制度被变迁必然导致一种连锁效应，导致其他制度发生变迁，至少是创造出新的制度变迁的可能。这里，制度连锁也有前向连锁和后向连锁两类。所谓制度变迁的前向连锁，就是指一项制度的变迁将对以该项制度为基础和依托的其他制度安排产生促进或制约的影响。后向连锁则是指项制度的变迁对该项制度赖以产生的其他制度安排的创新所产生的拉动或限制的影响。

制度变迁的前向连锁的一个典型例子是宪法的修订对其他制度安排产生的影响。它的连锁效应主要是通过改变（扩张或收缩）制度选择的空间或集合来实现的。如一部保护私产不受侵犯和一部不主张保护私产的宪法所提供的制度选择空间是不同的。前向连锁的效应是扩散的，一项根本性的法律制度的变革会造成全面和深刻的影响，会造就一个新的制度结构。即使是在次级制度安排上发生的变迁也会造就这种新的制度系列。制度的前向连锁不仅具有重大的影响，而且会对社会造成巨大的冲击。

制度变迁的后向连锁则主要是通过特定的拉动作用实现其效应的。具体来说，次一级制度的变迁对初级制度提出了变迁的必要性。这种必要性的实现往往也是强制性的。对它的抗拒所导致的后果要么是已经变迁的次级制度安排的废除，要么是对新的次级制度安排功能的损害。这种后向连锁必然把问题以尖锐的方式提到人们面前：是保留旧的无效的初级制度安排，还是对该制度安排进行适合于次级制度安排变迁要求的变迁？

前向连锁和后向连锁两者的作用往往是难以明确区分的密切联系在一起的，任何前向连锁效应的发生往往都是有关后向连锁效应累积起来导致的，而后向连锁的效应之所以现实地存在总是要以隐含的某种事实上的前向连锁效应为依据的。因此，不存在彼此完全隔离的后向连锁和前向连锁。但是，当具体到某种制度安排的变迁时，变迁效应的作用方向又是可以也有必要加以界定的。这一点，在分析考察制度变迁的方式、确定制度变迁的先后次序、比较制度变迁的成本效益时是很重要的。

制度之间的连锁效应大小应该如何衡量，这是一个尚未在经济学界展开研究的问题。能否用弹性分析方法去衡量制度之间的连锁效应？能否以弹性大小作为决定制度变迁的优先次序的标准？这些问题有待进一步深入研究。潜在利润或许是衡量制度变迁连锁效应的重要依据。潜在利润大的制度变迁，其连锁效应大，反之则小。但问题是制度变迁的潜在利润大小很难直接加以衡量，往往只能从变迁者的变迁动力大小来简单地加以判断。如果潜在利润是衡量制度之间连锁效应的主要标准，那么，潜在利润最大的制度变迁必然是最有必要加以变迁的制度。

第四节　劳资关系理论

劳资关系是指劳动方与雇佣方（资方）之间的各种权利与义务关系，一般是通过劳动契约来建立。劳资关系涉及两个主体，一个主体是劳动方，受雇主雇佣以获取工资；另一个主体是资方，通过雇佣获取对方的劳动力，以付出工资为代价。当劳资关系发生矛盾时，还需要第三方（一般是政府）进行协调。劳资关系是一种极其复杂的社会经济关系，可以看作是劳资双方之间的合作与冲突关系，其关系好坏影响到资本与劳动力之间能否实现高效结合，坏的劳资关系会诱发大量的交易成本，例如罢工、冲突等，会扰乱社会经济秩序。良好的劳资关系则会降低交易成本，提高企业的经济效益。正因为如此，劳资关系一直以来都是理论界研究的热点问题。基于意识形态的差异，当前的劳动关系理论可以分为西方劳资关系理论与马克思劳资关系理论。

一　马克思主义劳资关系理论

马克思主义劳资关系理论是通过大量调查在实践中产生的，是马克思、恩格斯在工业化时代的特殊背景下，对当时欧洲劳资关系进行大量实践调查及研究的基础上提出的。19世纪初，马克思创造性地提出劳动从属于资本的观点，马克思、恩格斯的传世之作《资本论》对该理论进行了深入解读，标志着马克思主义劳资关系理论的成熟，有学者就将《资本论》看作马克思的劳资关系理论。

（一）马克思主义劳资关系理论的产生

17、18 世纪欧洲的资产阶级革命使资本主义生产方式逐步取代了传统的封建生产方式，工场手工业发展迅速，并随着技术的不断进步，生产方式由工场手工业过渡到机器大生产。在这个过程中，大量的劳动者被机器所取代，出现了大批的失业工人，而资本家追逐利润的天性使其尽可能地剥削压榨劳动者，无产阶级生活状况十分困苦。为了改变这一状况，工人们开始反抗不公平的待遇，展开了各种形式的反抗活动。起初，工人们认为是机器侵占了他们的工作机会，出现了破坏机器的活动，后来工人们认识到需要由分散对抗变成联合对抗，才能真正地保护自己的权益，因此出现了大量的罢工与示威活动，成立了大量的工会组织。当时劳动立法不完善，尤其是对工人阶级的法律保护明显不够，助长了资本家的剥削行为，所以当时的劳资关系矛盾十分尖锐。工人阶级十分希望有一套保护自身权益，对抗资本主义剥削的理论。而马克思、恩格斯敏锐地观察到了当时的这种政治和经济状况，通过大量的理论研究与实践调查，对资本主义劳动关系进行了深入、抽象的研究，形成了马克思主义的劳资关系理论。

（二）马克思主义劳资关系理论的基础

马克思主义劳资关系理论以劳动价值论为理论前提。马克思在吸收及批判西方古典经济学劳动价值论的基础上，丰富了劳动价值的内涵，提出了科学、系统的劳动价值论。劳动价值论解释了价值如何被创造以及谁来创造的关键问题，为马克思主义政治经济学理论奠定了坚实的理论基础，也是马克思主义劳资关系理论的基石。

第一，劳动二重性理论。英国经济学家配第首次提出劳动决定价值，亚当·斯密和大卫·李嘉图对劳动价值论进行了进一步的发展，但是在科学性与系统性上存在不小的缺陷，尤其是没有提出劳动二重性的问题，无法解释为何不同的劳动可以相互比较。劳动的二重性理论是马克思主义政治经济学的枢纽，剩余价值理论、资本有机构成理论、再生产理论等理论都以其为理论基础。这也是理解马克思主义劳资关系理论的基础。

第二，商品二因素理论。马克思认为，任何商品都是价值与使用价值的有机统一。使用价值是商品的自然属性，是价值的物质承担者，是商品就一定有使用价值。价值反映了商品的社会属性，是凝结在商品中无差别的人类劳动，只有使用价值而无价值便无法成为商品。劳动二重性是商品二重性的根源。

第三，价值规律理论。马克思揭示了商品经济的一般规律——价值规律，认为商品的价值量取决于生产该商品所耗费的社会必要劳动时间，商品交换依据的是等价交换原则。价值通过价格表现，两者之间不是始终一致的。价格围绕价值上下波动，并不是价格对价值的违背，反而是价值规律在受众多因素影响的情况下产生的必然现象。从长期来看，商品价格必然与其价值相符。价值规律可以调节生产资料和劳动力在不同部门间的分配，刺激劳动生产率的提高，优化资源配置，实现优胜劣汰。

（三）马克思主义劳资关系理论本质内涵

在马克思经典著作中，马克思主义劳资关系理论一步一步走向成熟。接下来我们在马克思在揭示资本的秘密过程中，从资本主义劳资关系形成的流通领域和生产与再生产领域视角去挖掘马克思主义劳资关系的本质内涵。

（1）流通领域

在商品—货币—商品的公式中，在第一次流通过程中资本占有者持最初占有的货币购买商品，然后将买来的商品放入市场卖出，进行第二次商品流通。前后两次流通的结束后，最初占有的货币发生了"蛹变"，资本占有者获取利润，变为了包含剩余价值从而超过原初货币价值的"美丽的蝴蝶"，实现了货币到资本的根本转变。从形式上来看，市场中，一方愿卖，一方愿买，两次流通过程在市场交换时都遵循了等价交换原则。那么货币到资本的这个飞跃是从何而来的呢？秘密就发生在资本家原初货币购买到的商品中，它并不是一般的商品，而是劳动力这种特殊商品，这种特殊商品的使用价值，与一般商品使用价值伴随消费的结束而消失不同，在使用过程中它不仅能够创造相当于劳动力自身价值的价值，而且还能创造出超过劳动力自身价值 W 上的剩余价值。马克思用犀利的笔锋描绘了这个过程："劳动力的买与卖是在流通领域和商品交换的界限以内进行的，这个领域确实是天赋人权的真正伊甸园。那里占统治地位的只是自由、平等、所有权和边沁。"但是，"一离开这个简单流通领域或商品交换领域，就会看到，我们的剧中人的面貌已经起了某些变化。原来的货币占有者作为资本家，昂首前行；劳动力占有者作为他的工人，尾随其后。一个笑容满面，雄心勃勃；一个战战兢兢，畏缩不前，像在市场上出卖了自己的皮一样，只有一个前途让人家来鞣"。从而揭示出掩盖了资本家剥削雇佣劳动者的不平等关系的本质在这两次所谓等价交换的流通过程中。

（2）生产与再生产领域

而马克思认为，揭示马克思主义劳资关系的内涵，必须进入生产领域。他在资本论中以价值及剩余价值的生产为基础展开了对资本主义制度的分析。马克思指出，"资本主义生产过程是劳动过程和价值增殖过程的统一，价值增值过程不外是超过一定点而延长了的价值形成过程。如果价值形成过程只持续到这样一点，即资本所支付的劳动力价值恰好为新的等价物所补偿，那就是单纯的价值形成过程。如果价值形成过程超过远一点而持续下去，那就成为价值增殖过程"。而"劳动过程只是价值增值过程的手段，价值增殖过程本身实质上就是剩余价值的生产，即无酬劳动的物化过程。生产过程的整个性质就是由这一点专门规定的。"这是一个资本与劳动零和博弈的理论模型，无论是剩余价值还是相对剩余价值生产，其前提都是：劳动者必要生活资料（个人及其家庭生存与繁衍必需的生活资料）是既定的量，即工人的生活水平不随着经济的增长而提高。伴随着资本主义再生产过程的周期性循环，劳资之间的剥削与被剥削关系也会不断地被再生产出来，从根本上说，生产资料资本家私人占有制决定了资本主义劳动过程的特点，以及价值形成过程向价值增殖过程的延展，从而决定了劳资之间不平等关系的实质是资本家无偿占有和继续无偿占有雇佣工人剩余劳动创造的剩余价值的剥削与被剥削关系。

总之在资本主义条件下，"劳资关系是一种阶级利益关系，反映的是资本家和雇佣工人之间剥削和被剥削的关系，由此决定了劳资双方必然是一种对立和对抗的关系，并且资本主义的发展只能增强这种对抗，而不可能弱化这种关系"。这种建立在财产和生产资料被占有基础上的劳资关系是最基本的社会经济关系，即马克思主义劳资关系理论的本质内涵。

（四）马克思主义劳资关系理论的主要内容

第一，资本和劳动是劳资关系的两种核心要素。劳动力的供给一般是较为充足的，而资本却具有稀缺性。在资本主义私有制的条件下，资本占用劳动，劳动处于从属地位。一方面，工人创造的价值一部分是自己的工资，另一部分被资本家无偿占有，即剩余价值。此时，便形成了资本家无偿占有个人剩余价值的剥削关系；另一方面，工人将劳动力出让给资本家后，对劳动力不再具有所有权，需要按照资本家的要求去劳动。而且，资本家为了获取更多的剩余价值，强制工人增加绝对的剩余劳动时间，为资本家创造更多的剩余价值。虽然工人可以选择不同的资本家，但是最终却无法摆脱受剥削的地位，因为一旦失去了所依附的资本，劳动力就无法生存下去。所以资本与劳动的不对等关系决定了劳资关系之间的对立与冲突。

第二，劳资关系实质上反映的是一种阶级利益关系。资本主义私有制条件下的资本家与工人之间的劳资关系是天然对立的。无论资本主义经济如何发展，这种对立关系是无法消除的，实质上是两大阶级与生俱来的利益矛盾。只要资本主义生产方式存在，这种矛盾就无法调和。

马克思主义劳资关系理论是马克思与恩格斯在工业化发展时期，在工人运动浪潮迭起的时代背景下为工人运动服务的，对之后资本主义经济发展做出了自己的预测。但是，受时代局限性，马克思主义劳资关系理论中的一些观点并没有得到之后资本主义经济发展的实践检验。第二次世界大战之后，垄断资本主义得到了快速发展，技术进步迅速，工人阶级的生活状况并非如马克思预测的那样越来越困苦，劳资关系也未不断恶化，实际上当前欧美资本主义国家的工会制度已经十分完善，工人的话语权相当大，劳资关系也比之前缓和得多。但是马克思主义劳资关系理论的辩证思想和劳动价值观念仍对当前国有企业用工制度改革具有很强的借鉴意义。

（五）马克思主义劳资关系理论的主要特征

（1）理论形成的历史性

马克思的劳资关系理论是在资本主义经济条件下讨论，我们都知道，19世纪中叶，随着工业革命的展开，资本主义国家的建立，欧洲工人运动风起云涌。思想是行动的先导。工人运动的兴起，无产阶级的产生，此情景迫切需要先进理论的指导。马克思运用历史唯物主义和辩证唯物主义的历史观，对劳资关系进行探索，劳资关系理论就因此应运而生，这一理论通过揭示资本占有者与雇佣劳动力之间剥削与被剥削的关系资本主义经济的实质，揭露了资本的秘密，使得工人明白自身的地位，找出被剥削、被压迫的真正原因。在19世纪资本主义经济条件下产生的马克思主义劳资关系理论，抽象概括了当时的法国、德国、英国等主要资本主义国家早期的资本家与雇佣工人关系状况，描述了资本主义社会特有的劳资关系，具有历史性的特征。

（2）理论演进的开放性

马克思唯物辩证法认为人的认识是不断发展的，虽然马克思在研究劳资关系理论是站在资本主义特有的经济条件下，劳方与资方这种对抗型的关系在当时的资本主义条件下是会越来越强化的。但是随着政府角色的进入劳资关系里，马克思也表明劳资双方存在合作的可能性。几百年过去了，马克思经济学的观点虽然也在当代面临一定的挑战，但马克思也和其他资本主义的批判者一样，期待着和谐社会的来临，马克思主义劳资关系理论也在不断地与时俱进着，后来苏联斯大林的劳资关系理论、毛泽东劳资关系理论等都在丰富着马克思主义劳资关系理论。马克思主义劳资关系理论具有开放性。

（3）理论内容的科学性

马克思在揭示劳资关系理论本质内涵时，从流通领域来看，在市场中，劳动力与资本占有者未产生关系前并没有产生一定的生产力，所以原初，在形式上劳资双方的交换遵循了价值规律，然而这只是形式上，实质上马克思在描述资本占有者与劳动力这种剥削与被剥削的失衡劳资关系时，就看到雇佣劳动力与资本家的从属关系。雇佣劳动力因不占有资本，在经济上属于从属地位，政治上处于压迫地位。"从社会角度来看，工人阶级，即使在直接劳动过程外，也同死的劳动工具一样是资本的附属物。"[①] 我们就可看到资本占有者与雇佣劳动之间结成的不平等的劳资关系，为我们揭示资本主义生产过程的秘密，研究企业与员工之间关系提供了科学的指导，马克思主义劳资关系理论具有科学性。

---

① 参见《资本论》第一卷，人民出版社2004年版。

（4）理论渊源的对立统一性

马克思主义劳资关系理论渊源发现于生产过程中劳动者与资本占有者之间不平等的互动；劳动者与资本占有者之间在生产过程中既对立又统一的特征：首先无产阶级革命就是推翻资本家压迫、消灭资本家剥削的革命。虽然雇佣劳动力从属于资产阶级，但也不是任资本家宰割。自无产阶级登上历史舞台，他们对压迫与剥削的反抗就在不断升级，特别是随着机器化大生产时代的到来，资本主义的生产方式让工人与劳动条件、劳动产品相独立，雇佣工人不仅仅像卓别林《摩登时代》里那样破坏机器，而且还在为工作日的长短做斗争，资本占有者与劳动者本质上是对立的。然后在马克思劳资关系理论里，我们发现资本占有者与劳动力之间存在价值上的统一性：首先体现在资本对于劳动的价值，马克思在论述分工时指出："起初，工人因为没有生产商品的物质资料，把劳动力卖给资本，现在，他个人的劳动力不卖给资本，就得不到利用。它只有在一种联系中才发挥作用，这种联系只有在它出卖以后，在资本家的工厂中才存在。工场手工业工人按其自然的性质没有能力做一件独立的工作，他只能作为资本家工场的附属物展开生产活动"；其次，劳动对于资本的价值，在资本论中揭示资本主义劳动过程时，他写道："活劳动必须抓住这些东西，使他们由死复生，使他们从仅仅是可能的使用价值转化为现实的和起作用的使用价值。……它们投入劳动过程，从而与活劳动相接触，则是使这些过去劳动的产品当作使用价值来保存和实现的唯一手段。"资产占有者与雇佣劳动力本质是一种对抗型的阶级利益关系，但同时也是相互依赖型的利益关系。所以马克思主义劳资关系理论渊源存在对立统一性。

二　西方劳资关系理论

西方的劳资关系产生于自由资本主义发展时期，是理论界的研究重点。随着社会经济的不断发展与技术的不断进步，劳资关系越来越复杂，学者们对它的研究也越来越多，越来越深入。古典经济学、新古典经济学、新制度经济学、管理主义学派、自由改革主义学派等也都从不同的视角对劳资关系进行了诠释。主要的相关著作有：亚当·斯密的《国富论》、米尔顿·弗里德曼的《资本主义与自由》、彼得·德鲁克的

《有效的管理者》、约翰·R. 康芒斯的《新制度经济学》、保罗·A. 萨缪尔森的《经济分析的基础》，等等。

西方劳资关系理论最早可以追溯到古典经济学时期，亚当·斯密在《国富论》中讨论社会分工与劳动分工时，已经认识到劳资双方之间是对立与统一的关系，"两方的利害关系绝不一致（劳动者盼望多得，雇主盼望少给）劳动者都想为提高工资而结合，但雇主却想为减低工资而结合"①。同时，斯密也看到了劳资关系统一的一面，认为自由竞争有助于劳资双方进行更为公正的收入分配。古典经济学时期，秉承的是自由主义的经济发展思想，认为政府是无关紧要的，无须干预经济，因此政府对劳资关系的干预不够，助长了机会主义行为，劳资关系变得十分尖锐，同时也缺乏有效的解决措施。

当西方经济学过渡到新古典经济学阶段后，新古典的边际分析与均衡分析法被广泛地应用于劳资关系的研究中，不再是之前单一的长篇描述，在科学性、系统性与精密性上取得了长足的进步。新古典学派认为，劳资关系应当置于市场均衡的分析框架之下，作为供求双方，劳资双方可以通过市场价格机制来相互博弈，雇主有权根据市场选择工人，工人同样可以选择雇主。当劳资双方发生冲突时，双方可以选择辞退或辞职等方式重新进行选择，如此一来，在市场机制的作用下，劳动力市场会自然实现资源的优化配置与双方共赢。对于政府与工会的作用，新古典经济学派认为会扰乱市场，应当减少他们对市场的干预，让市场价格机制来实现劳资关系的动态均衡。

大萧条之后，人们开始认识到自由放任的经济政策的危害，政府对社会经济的干预越来越多，秉承的是凯恩斯的干预经济思想。政府通过各项制度，包括劳动立法、兴建公共工程、最低工资法、社会保障等措施一定程度上维护了工人阶级的权益，也缓和了大萧条对社会经济的冲击和劳资关系。可以说，该时期政府在劳资关系中的角色发生了根本性的转变。劳资关系不再是简单的劳动力与资本家之间的博弈，而是劳动力、政府与资本家的三方博弈。但是，政府对劳资关系的介入受到了很

---

① 亚当·斯密：《国民财富的性质和原因的研究》（上卷），商务印书馆 1974 年版，第 108 页。

多质疑，原因在于政府失灵带来的效率损失，例如最低工资法等直接干预措施会干扰市场价格信号，造成劳动市场低效。随着实践的不断发展，人们认识到政府过多干预的弊端，并逐步转变政府行为，放宽政府约束，更多地强调立法。

新制度学派也是西方劳资关系学说的重要一支，它认为劳资关系之间并不是激烈的阶级矛盾关系，双方之间的利益是一致的。劳资冲突其实只是对于收入和保障条件的具体问题的冲突，但由于劳资关系的不对等，劳动方势单力薄，不可能完全通过市场来解决。对此，应当由政府介入，通过制度完善来优化雇佣关系，消除双方之间的矛盾。政府可以通过制定相关的法律法规来保障工人权益，工人可以建立工会，增强与资本家的谈判力量。

劳资关系问题也是管理学研究的领域之一，管理学派认为劳资矛盾源于职工对自身薪酬及地位的不满，应当采取高效率的人力资源管理制度，也就是说，管理学中的劳资关系理论属于人力资源管理理论的范畴。企业采用高绩效模式下的管理策略，例如高福利、公平竞争及轮岗制度，有助于避免冲突，提高企业的劳动生产率。但是对于政府与工会的作用，管理学派并没有明晰的态度，认为政府可以间接干预，但是不应当直接干预；工会可以存在，但必须是愿意与企业管理方合作的工会，而不是传统的工会主义。

西方劳资关系理论有很多流派，出现了很多有影响力的观点及研究方法，丰富了人们对劳资关系的理解，对于促进资本主义市场经济发展，缓和劳资关系具有一定的积极作用。但是，这些理论基于的是资本主义私有制的意识形态，没有像马克思主义那样真正地深入到本质来解释劳资间的冲突，更多的是表面修正性的调整。

第五节　交易成本理论

国有企业用工制度是约束及规范用工双方关系的体制机制，有助于降低双方之间交易成本。要想设计出高效的用工制度，必须要对国企用工中的各项交易关系进行清晰梳理，弄清交易成本的存在范围及程度，以便于为制度设计提供依据。因此，交易成本理论也是本书重要的理论研究基础之一。

一　交易成本的性质

交易成本是新制度经济学中的基本理论。传统的新古典经济学以完全竞争为前提条件，认为交易不存在任何成本。零交易成本的假设直接决定了制度也是无关紧要的，因为市场机制是完美的。直至科斯的《企业的性质》，人们才发现了市场价格机制运行是存在成本的。虽然当时科斯没有提出交易成本的概念，但是提出了交易成本问题，并在随后的1960年的《社会成本问题》中提出了交易成本的概念。

"性质"一词的含义是指事物所具有的属性、特点。从新制度经济学家们对交易费用的分析中，可以将交易费用的性质归结为以下三点。

首先，交易费用是对人类社会财富和稀缺资源的损耗。如前所述，发现交易存在费用是科斯的伟大贡献。在科斯之前的古典和新古典经济学中，人们只认识到生产成本是对人类稀缺资源的损耗，也只看到专业化和劳动分工对生产成本降低的重要作用，却没有发现由此导致的交易费用的成倍增长。正如诺思指出的："承认经济交换的代价高昂，则将交易费用方法与经济学家从亚当·斯密那里继承而来的传统理论区分了开来。200多年来通过专业化和劳动分工以从交易中获取收益一直是经济理论的基石。专业化可以经由市场规模的日益扩大来实现，正如世界经济的成长和劳动的分工变得更为专业一样，经济绩效中所含的大量交换也扩大了。但是经济学家在将这一方法纳入经济理论整体的长期探索中，确实没有考虑到交换过程是代价高昂的这一点。"①

作为人类稀缺资源损耗的交易费用又可以分为两种类型：一类是交易所必需的；另一类则纯粹是浪费。一般来说，为达成交易总是需要信息搜寻，由此引起的费用显然是必需的。另外由于人的机会主义行为引起的交易方的损害和由此引起的诉讼费用等则很大程度上是人类稀缺资源的浪费。在政治交易中，一些人和企业的寻租行为完全是人类稀缺资源的浪费。杨小凯（2003）用外生交易费用和内生交易费用两个概念

---

① 诺思：《制度、制度变迁与经济绩效》，上海三联书店1994年版，第38页。

区分了这两种交易费用。所谓外生交易费用是指交易过程中直接或间接产生的那些费用，它不是由于决策者的利益冲突导致经济扭曲的结果；而内生交易费用则是指市场均衡同帕累托最优之间的差别，是由不同的参与者争夺分工好处的机会主义行为所致。内生交易费用还有广义和狭义两种。广义的内生交易费用是指凡是交易费用水平要在决策的交互作用发生后才能看到的交易费用；狭义的内生交易费用是指在交易中，由于人们争夺分工的利益，每个人都希望分得更多的利益而不惜减少别人从分工中得到的利益，这种机会主义行为使分工的利益不能被充分利用或使资源配置产生背离"帕雷托状态"的扭曲。显然，外生交易费用属于交易必需的费用，而内生交易费用则是浪费性交易费用。

其次，高额的交易费用可能减少或消除本来可能有利的交易，但对有害的交易则需要通过打击提高其交易费用，以达到阻碍其发生的作用。科斯就说过，任何定比率的（交易）成本都足以使许多无须成本的定价制度中可以进行的交易化为泡影。例如，当贸易受到第三方（一群海盗）威胁的时候。在高速通货膨胀时期，特别是不断变化的和不可预期的通货膨胀，会使交易费用提高，从而使许多有利于经济发展的投资受阻。在技术交易中，由于交易双方可能存在的逆向选择和道德风险行为导致高昂的交易费用，也使许多本来有利于交易双方的交易活动受阻，从而也抑制了技术创新活动。许多科技发明之所以未能转化为技术创新，其中一个重要的原因就是发明转让过程中的高额交易费用。据估计，我国"八五"期间共取得国家级科研成果16万项，但实际转化为现实生产力的仅占20%。这其中的原因当然很多，但技术交易过程中的高交易费用性显然是一个重要的阻碍因素。

需要注意的是，高额的交易费用并非总是具有不利的影响。对于有害的交易，如毒品交易、走私交易、野生保护动物交易、赌博交易、贩卖文物交易等，政府通过严厉的打击，以提高其交易费用，则具有减少和阻止有害交易发生的积极作用。正如埃格特森指出的："国家强制实施所有权会提高个人所拥有的资产价值，这种国家行为构成了市场交换的一个基石。在某些领域，契约执行得不到政府帮助或政府明确禁止占有资产或交换有关资产（如海洛因），高昂的交易成本会限制甚至完全阻止了交换。"①

第三，虽然交易费用无法彻底消除，但却是可以降低的。由于交易费用是由多种因素决定的，要彻底消除交易费用显然是不可能也不现实的。但这并不意味着交易费用不可以降低。在新制度经济学家看来，制度和技术就是降低交易费用的两种主要力量。

制度的一项重要功能就是降低交易费用。科斯关于企业对市场的替代的论述说明，当用市场方式组织生产费用高昂时，可以用企业这种制度方式代替市场制度方式，从而节省交易费用。诺思也研究了制度在降低交易费用中的作用。他指出，交易费用主要产生于：度量一种商品或服务的多种有价值的维度；保护个人的产权整合社会中分散的知识和实施合约。改善经济绩效意味着必须降低生产成本和交易成本，而其关键在于变更制度以实现这一目标。为实现这一目标，我们可以：发展统一的度量体系，进行技术研究以更好地度量改进对产权的界定；建立有效的司法体系以降低合约实施的成本以及构建制度去整合社会中分散的知识，去监督和度量协议并解决争议。②

二　交易成本的决定因素

对交易费用产生原因和决定因素的探讨是交易费用理论的核心，对此，新制度经济学家威廉姆森和诺思等都做过分析。威廉姆森主要是从人的因素、与特定交易有关的因素以及交易的市场环境因素三个方面来进行分析的。其中，人的因素是指他对人的行为的两个基本假设：有限理性和机会主义。与特定交易有关的因素则指他提出的决定交易性质的三个维度：资产专用性、交易的不确定性和交易频率。而交易的市场环境因素指的是潜在的交易对手的数量。对交易费用的决定因素，诺思提出了两个新的因素，即商品和服务的多维属性和交易的人格化特征。米尔格罗姆和罗伯茨则发现了交易的关联性对交易费用的影响。下面以威廉姆森提出的框架来综述上述学者的观点。

---

① 埃格特森：《新制度经济学》，商务印书馆 1996 年版，第 36 页。
② 参见诺思《理解经济变迁过程》，中国人民大学出版社 2008 年版，第 142—143 页。

（一）人的因素

影响交易费用的人的因素除了威廉姆森提出的有限理性与机会主义外，还包括诺思提出的交易的人格化特征。

（1）有限理性

威廉姆森认为，现实的经济生活中的人并不是古典经济学所研究的"经济人"，而是"契约人"。"契约人"的行为特征不同于"经济人"的理性行为，而具体表现为有限理性和机会主义行为。有限理性是说，主观上追求理性但客观上只能有限地做到这一点的行为特征。也就是说，通常人们经济活动的动机是有目的有理性的，但仅是有限的条件下的理性行为。威廉姆森认为有限理性这一定义的两个部分都应得到重视，其中的主观理性部分导出了最小化交易费用的动机，而对认知能力有限的认识则鼓励了对制度的研究。主观理性支持交易各方会努力抓住每一个机会以实现效率的假设，而对有限理性的重视加深了对各种非标准形式的组织的理解。既然人们的理性是有限的，交易当事人既不能完全搜集事前合约安排相关的信息，也不能预测未来各种可能发生的变化，从而在事前把这些变化讨论清楚写入合约的条款中，因此，合约总是不完全的。在这种情况下，交易当事人也许就要消耗资源选择某种仲裁方式，以便发生不测事件、双方出现分歧时合理地加以解决，而这必然增加交易费用。正如威廉姆森所说："理性有限是一个无法回避的现实问题，因此就需要正视为此所付出的各种成本，包括计划成本适应成本，以及对交易实施监督所付出的成本。"[1] 在现实的经济生活中，人们建立不同的经济组织，选择不同的合约形式都是为了弥补个人在外界事物不确定性、复杂性时的理性的不足。

（2）机会主义

威廉姆森指出，机会主义行为是交易费用研究的核心的概念，它对于涉及交易专用性的人力资本和物质资本的经济活动尤为重要。所谓的机会主义行为是指人们在交易过程中不仅追求个人利益的最大化，而且通过不正当的手段来谋求自身的利益，例如，投机取巧有目的和有策略地提供不确实的信息，利用别人的不利处境施加压力等。用威廉姆森的

---

[1]　威廉姆森：《资本主义经济制度》，商务印书馆2001年版，第70页。

话说："我说的投机指的是损人利己：包括那种典型的损人利己，如撒谎、偷窃和欺骗，但往往还包括其他形式。在多数情况下，投机都是种机敏的欺骗，既包括主动去骗人，也包括不得已去骗人，还有事前及事后骗人。"① 机会主义与牟求私利者的不同点在于：后者虽然也最大限度地追求自己的利益，但却不会食言或有意歪曲他掌握的信息；而机会主义者在有可能增加自己的利益时却会违背任何戒条，例如，他会不守信用，并会有意发出误导他人的信息，或者是拒绝向别人透露他持有的而别人需要却又缺少的信息。人的有限理性和机会主义行为的存在，导致了交易活动的复杂性，引起交易费用增加。也正因为人的有限理性与人的机会主义行为，严重的合约问题才会产生，从而使交易方式的选择成为必要。

（3）交易的人格化特征

除了人自身的原因外，人与人的关系特征也会影响交易费用。诺思就发现，交易费用的产生与交易的人格化特征具有较大的关系，而交易的人格化特征又与分工和专业化程度有关。

根据专业化和分工的程度，诺思把迄今为止人类社会经历的交易形式分为三种：第一种是简单的、人格化的交易形式。在这种交易形式中，交易是不断重复进行的，卖和买几乎同时发生，每项交易的参加者很少，当事人之间拥有对方的完全信息。用诺思的话说："人格化交易从本质上讲是将经济活动范围限制在熟人圈里，进行重复的面对面交易，"② 显然，人格化交易的交易费用（TC）不会太高。由于这种交易受市场和区域范围的局限，专业化程度不高，生产费用（PC）会较高，实际上这就是新古典经济学中的完全竞争状态。第二种是非人格化的交易形式。在这类交易形式中，市场得以扩大，长距离与跨文化交易得到发展，交易费用明显上升。由于交易市场范围的扩大，专业化程度有所提高，生产费用也有了下降。第三种是由第三方实施的非人际交易形式。在这种交易形式中，分工和专业化程度大幅提高，因而使生产费用下降，但由于交易极其复杂，交易的参与者很多，信息不完全或不对

---

① 威廉姆森：《资本主义经济制度》，商务印书馆 2001 年版，第 71—72 页。
② 诺思：《理解经济变迁过程》，中国人民大学出版社 2008 年版，第 65 页。

称，欺诈、违约、偷窃等行为不可避免，又会使市场的交易费用增加，交易费用的增加有时会抵消专业化程度提高带来的好处。

斯密在1776年出版的《国民财富的性质与原因的研究》一书中研究了交换引起分工和专业化，从而大大提高劳动生产率的情况。在此基础上还探讨了分工与市场范围的关系。他的基本观点是，分工受市场范围的限制。斯蒂格勒在其《分工受市场范围的限制》的论文中进一步发挥了他称之为"斯密定理"的观点。其具体含义是，只有当对某一产品或服务的需求随市场范围的扩大增长到一定程度时，专业化的生产者才能实际出现和存在。随着市场范围的扩大，分工和专业化的程度也不断提高。但是，斯密只是单方面地强调了交换的专业化水平提高对生产成本的节约，却没有权衡与此同时所增加的交易费用。诺思的分析表明，在历史上，分工与专业化的发展严重地受到交易费用提高的制约。斯密只是看到了分工及专业化与市场范围的关系，而没有发现分工及专业化与交易费用的关系这个更深层次的问题。

（二）与特定交易有关的因素

与特定交易有关的因素除了威廉姆森说的资产专用性不确定性和交易频率这三个交易的维度外，还包括诺思说的商品和服务的多维属性，米尔格罗姆和罗伯茨提出的交易的关联性。

（1）资产专用性

资产专用性是指在不牺牲生产价值的条件下，资产可用于不同用途和由不同使用者利用的程度，它与沉默成本概念有关。一项资产的专用性与这资产用于其他用途或由不同使用者利用时其生产价值的损失程度成正比，损失程度很大时，为专用性资产，反之，则为通用性资产。当一项耐久性投资被用于支持某些特定的交易时，所投入的资产就具有专用性。在这种情况下，如果交易过早地终止，所投入的资产将完全或部分地无法改作他用，因为在投资所带来的固定成本和可变成本中都包含了部分不可挽救的成本或沉入成本。由于签约人预测一旦进行专用性投资，他们可能被"套牢"在交易中，这种交易自然会产生较高的交易费用。如果当前条件发生变化，他们不能轻易终止交易，甚至可能会被迫同意更有利于对方的条件。故而，交易费用的上升就是因为双方都试图预测所有有关的偶然事件，并且达成一个有效的应对方式。换句话说，这个问题的严重程度取决于契约的不完全性。

在威廉姆森之前，已有一些学者认识到资产专用性问题，如马歇尔和贝克尔都曾谈到过劳动过程中会产生特有的人力资本，马尔沙克明确提到了员工、机关、工厂与港口不可替代的独特性，波兰依则通过对"个人性知识"的著名讨论进一步证明了专用知识和工作关系的重要性。威廉姆森的研究在三个方面推进了上述观点：①资产专用性可以有很多形式。例如，他进一步将资产专用性分为六种独特类型：场地专用性、物质资产专用性、在边干边学过程中出现的人力资产专用性、专项资产专用性、品牌资产的专用性和临时专用性。②资产专用性不仅引起复杂的事前激励反应，而且，更重要的是，它还引起复杂的事后治理结构反应。③对所有形式的经济组织进行的研究，成了交易成本经济学的主要研究内容。

（2）交易的不确定性

这里的不确定性是广义的，它既包括事前只能大致甚至不能推测的偶然事件的不确定性和交易双方信息不对称的不确定性，而且包括可以事先预料，但预测成本或在契约中制订处理措施的成本太高的不确定性。不确定性的意义在于使人们的选择成为必要。当交易受到不同的不确定性的影响，人们就会在交易成本尽量低的情况下对不同的合约安排进行选择。

对不确定性，库普曼斯把它分为两类：一是原发的不确定性，指的是由于自然无序行为和无法预测的消费者偏好的变化造成的不确定性；二是继发的不确定性，即由于缺乏信息沟通，使一个人在做出决策时，无从了解其他人同时也在做的那些决策和计划所带来的不确定性。威廉姆森则进一步强调了行为的不确定性对理解交易成本经济学问题的特殊重要性。行为的不确定性即由于人的机会主义行为以及这些行为的千差万别（人们往往无法预见）而产生的不确定性。

不确定性在不同的交易协调方式中所起的作用和约束交易的程度是不同的，这也就给交易的合约安排与协调方式的选择留下广阔的空间。而且它和有限理性密不可分，如果没有有限理性也不会存在不确定性。同样，如果没有机会主义，不确定性问题也可以根据有关协议加以调整。因此，当交易过程中的不确定性很高时，交易双方对未来可能发生的事件就无法预期到，因而也就很难把未来的可能事件写入合约中。在这种情况下，就必须设计一种交易当事人双方都能接受的合约安排，以便在事后可能的事件发生时保证双方能够平等地进行谈判，做出新的合约安排，这样就必然会增加交易费用。

（3）交易频率

交易频率和交易关系所持续的时间也会影响交易费用。交易关系所持续的时间是指交易双方同意事前承诺协议中的条款所持续的时间。持续时间越长，交易费用越高。这是因为交易双方在长期中比在短期中需要协商更多的详细信息。例如，原材料的长期供给合约需要协商供给商要采用新技术。否则，供给商对于改变他们的生产过程是不会在意的。

交易的频率是指同类交易的重复发生的次数。一般来说，交易频率越高，每笔交易的平均成本就越低。这是因为边际交易费用在下降。当厂商从同一个供应商那里第二次购买相同的原材料时，双方可以利用先前的信息，并比第一次检查较少的细节，从而节省了交易费用。可能在第三次交易时他们将投入更少的资源。

交易频率对交易费用的影响还与是否需要建立专门的治理结构有关。某项交易是否有必要建立一个专门的治理结构，除了考虑资产专用性和不确定性外，还应考虑交易的频率。虽然设立一个专门治理结构可以对交易关系做更加灵活的调整，但任何的合约安排和专门治理结构的设立和维护都需要费用。它能否得到充分利用与交易的频率有关。在一定的资产专用性和不确定性条件下，所进行的交易如果不是经常性重复发生的，这种成本就很难补偿。一般来说，资产专用性越强，不确定性越大，交易频率越高，则建立专门治理结构就越具有经济性。这里的道理与斯密所说的劳动分工受到市场规模限制的定理是相同的。

（4）商品和服务的多维属性和特征

商品和服务的多维属性和特征也是影响交易费用的与特定交易有关的因素。诺思认为，作为交易对象的商品、服务（代理人给购买者提供的服务）都具有许多属性和有价值特征，他们的层次在不同种类商品和不同代理人间是不同的。要对这些层次予以充分理解和精确计算是代价高昂的。举一个购买橙子加工橙汁的简单例子。我们真正要购买的是带有酸味和一定维生素 C 的橙汁，但是，橙汁的数量、口味和维生素 C

含量都是具有独立测度成本很高的属性和有价值特征的。再想一想买一辆汽车所要考虑的上百个质量方面的问题，这里的度量问题不仅涉及汽车的各个组成部分的潜在质量，而且还涉及特定的（也许用过的）汽车的确切状况。再举例说，当一位大学的经济系主任雇用助理教授时，不仅需要了解他从事教学的数量、质量以及研究成果，而且也包括受雇者其他方面的情况，如他们是否已做好准备，与上课时间相符，为同事提供外部收益，与系的事务合作，或用系里的费用给在外地的朋友打电话。显然，在交易之前，要对商品和服务的这些属性和有价值特征有较清楚的了解是需要付出高昂的信息费用的，而正是这种高昂的信息费用的存在使人们在交易中常常付出很高的代价。

（5）交易的关联性

米尔格罗姆和罗伯茨认为，交易依赖其与其他交易如何关联而不同。有的交易在很大程度上独立于其他所有的交易。例如，一个办公室什么时候购买新打字机、什么地方放置其文件，以及从哪家供应商购买一般办公用品，几乎不需要进行协作。有些交易则要相互依赖。例如，美国于 18 世纪引入铁路时，各个铁路公司没有对轨距的选择加以协作。由于适用于一种轨距的铁路车厢不能在其他轨距上行驶，结果，长途运输的货物在途中不得不数度装卸以倒换车厢。以实际所采用的各种轨距中的一种为标准进行轨距标准化将会大大提高效率。与此类似的代价颇大的情形目前在欧洲仍然存在，即西班牙的轨距与法国的轨距不配套。美国的轨距最终得以标准化，大大加快了货物的运输，并降低了交易费用，为该国西部地区的开发起了很大的作用。概而言之，在具有较强的关联性交易中，由于各方需要考虑更多的信息，并且必须达成一致，因此，这种相互依赖的交易具有更多的成本。当我们在处理具有较强互补性资产时也是如此。由于需要交易间的协调，因此，就产生了较高的交易费用。

（三）交易的市场环境因素

交易的市场环境是指潜在的交易对手的数量。威廉姆森指出，交易开始时有大量的供应商参加竞标的条件，并不意味着此后这种条件还会存在。事后竞争是否充分，依赖于所涉及的货物或者服务是否受到专用性人力或物质资产投资的支持。如果没有这样的专用性投资，最初的赢家就不能实现对非赢家的优势。尽管它也许会继续供应相当长的一段时间，这只不过是因为它一直在对付来自合格对手的竞争性叫价。相反，一旦存在了专用性投资，就不能假定竞争对手还处于同一起跑线上了。在这种情况下，最初的完全竞争市场就被垄断市场所代替，最初的大数目竞争条件就让位于事后的"小数目条件"，而这一个过程被他称之为"根本性转变"。这样如果持续交易关系终止就会造成经济价值的损失，并且使交易处于垄断一方的机会主义行为的可能性大增，非垄断一方将为此交易的继续维持付出相当大的成本代价。

三　交易成本产生的原因

威廉姆森（1985）认为，交易成本产生的原因表现在以下几个方面：一是人的本性。市场中存在大量的信息不对称，交易各方都要随时提防对方的机会主义行为。人们的这种机会主义倾向增加了市场交易的复杂性，产生了交易成本，导致了市场低效；二是资产专用性。资产专用性反映了某些资产在投入后被锁定的程度，资产专用性越高，被敲竹杠的几率越高，垄断程度也就越高；三是人的有限理性。人们在进行决策时，智力是有限的，认知能力也是有限的。

交易成本理论认为，市场与企业是相互替代的交易机制，两者可以相互替代；企业取代市场的原因在于减少交易成本，这也是企业存在的原因；企业内部也存在交易成本，表现为管理型交易成本；交易成本的降低是企业制度演变的动力。交易成本理论很注重微观分析，在人性假设上更贴合现实，例如，有限理性、机会主义行为等；注重利用交易成本来进行制度的比较分析；将企业作为一种治理结构，而不像新古典经济学那样作为一个生产函数。

四　交易成本的测量

（一）微观层次的交易成本测量

微观层次的交易费用测量即是指对每笔交易的交易费用进行测度。如前所述，新制度经济学家把交易分为市场型交易、管理型交易和政治型交易三种类型，因此，微观层次的交易费用测量又可以分为市场型交易费用测量、管理型交易费用测量和政治型交易费用测量。

1. 市场型交易费用的测量

市场型交易费用涉及的内容较多，为了降低测度的代价，学者们已经找到了一种方法，即只对市场型交易的双方——产品和服务的消费者和提供者——分别测度其各自承担的交易费用。

首先，对消费者承担交易费用的测量。众所周知，一个消费者在寻觅购买产品和服务的过程中，首先需要投入时间和精力获取有关产品质量的信息。然后，他必须寻找一个货真价实的供给。当然，对于类似或甚至相同的商品，价格可能会存在很大的差别。例如，对于一个特定的数码相机产品，其价格可能会在平均价格上下的 10% 范围之内波动。即使消费者知道某个产品的价格差异非常大，许多人并不会花时间和精力去寻找最低价格的供给者。否则的话，我们就不应该看到同样的产品会存在如此大的价格差异。我们所观察到的相对于平均价的价格差异，可以被理解为消费者的自身交易活动的费用（在这种情形中是搜寻费用）的近似度量。

对于购买如房子这样的贵重物品而言，消费者倾向于雇佣顾问，比如房地产经纪人、律师和金融专业人士，他们这些人提供的是"交易性服务"。消费者支付给这些个人或企业的费用体现在国民收入账户上，因而可以由此推出这些交易支出的（总）规模。

其次，对产品和服务提供者承担的交易费用的测量。从产品和服务提供者的角度来说，交易费用或销售费用是指，推销某一商品的费用减去由生产者将该商品送到最终消费者手中的运费。推销费用是用最终消费者支付商品的价格和生产费用之差来度量的。

2. 管理型交易费用的测量

管理型交易费用近些年来在被称为"作业成本"的会计核算中的重要性越来越大。以作业为基础的会计核算背后的目的就是寻找节省制造业中间接费用的方法。这些成本越来越高，已成为困扰现代工业的一大难题。大部分间接费用都与交易有关，管理间接费用的关键是控制导致间接费用的交易活动。交易上的"管理"需要仔细考虑哪一种交易更为合适，哪一种不合适。通过这种方法，可以达到减少间接费用的目的。

管理型交易费用的测量可以间接费用的测算为基础进行估计。间接交易费用包括生产费用（如折旧维修费和保险费）以及内部交易费用。间接费用与总成本或总价值之比在最近一个世纪的时间里增加的非常快。在美国，它已经升至 35%—60%。不幸的是，我们并不能够精确地知道交易费用在总间接费用中的比重。但是，如果假设交易费用的份额达到 50% 那么企业内交易费用将会介于 18%—30% 之间（包括企业的推销费用）。因此，对于一个代表性企业而言，与生产有关的交易费用在总成本中的比重可能会达到 10%—20%。研发费用在不同工业分支领域中差异很大，平均而言，可能会有 10%—15% 的比重。因此，与生产有关的管理型交易费用可能在总成本中占 20%—35% 的比重。

3. 政治型交易费用的测量

相比上面两种交易费用，政治型交易费用的测量难度更大。比如，制定和实施一项法律的成本到底有多大？一些人只看到直接成本，也就是立法过程中和实施过程中所消耗的资源，没有看到其中涉及的间接成本。一项特定社会法律，不论是新的，还是旧的，其成本不仅包括与法律有关的直接政府支出，还包括法律对社会造成的成本，如由于损害了自由交换而导致的资源损失。这种资源损失就可以看作实施法律的间接成本。显然，即便是法律的直接成本，也包括有形和无形两部分，有形的部分可以计算，而无形的部分就无法计算。至于制定和实施法律的间接成本就更加无法估计了。

还有就是公共选择的成本。比如每一次的政府选举，不仅要进行很多的宣传与广告活动，还要进行大量的规划与设计。这里不仅包括大量的货币支出，还包括巨额的实物和精神消耗。要想准确地估算一次选举的全部交易费用几乎是不可能的。如果不是通过选举来更换领导人，而是通过战争、政变等流血方式更换领导人，成本就更高了，而且更加难以估计。

当然，说政治型交易费用难以测量，不等于不能测量。目前，也有一些学者对政治型交易的某些方面的费用进行了测量。例如，McCann 和 Easter（1997）就估计了政府为减少明尼苏达河的非点污染源的污染所采取的四种不同政策的交易费用的大小。

（二）宏观层次交易费用的测量

宏观层次交易费用的测量即是对一国（或地区）总量交易费用的

测量。如前所述，一国（或地区）的总量交易费用既等于市场型交易费用、管理型交易费用和政治型交易费用三者之和，也等于制度交易费用与制度既定条件下各种交易的交易费用之和。

在对一国（或地区）总量交易费用的测度上，沃利斯和诺思 1986 年的《美国经济中交易行业的测量：1870—1970》一文提出的交易行业测量法具有一定的开创性。他们测算总量交易费用的方法虽然没有用到市场型交易费用、管理型交易费用和政治型交易费用的概念，但其实质与加总市场型交易费用、管理型交易费用和政治型交易费用来求总量交易费用的方法是一致的。

为了能对一国或地区的总量交易费用进行测量，他们首先把交易费用狭义地定义为与交易有关的成本，即执行所谓的"交易功能"的成本，以区别于执行"转换功能"的转换成本。所谓"转换功能"，就是把投入变成产出的生产活动。在沃利斯和诺思看来，与交易有关的资源的总和便构成了总量交易费用的大体估计。

依据"交易功能"和"转换功能"的概念，沃利斯和诺思首先将国民经济各部门区分为私人交易部门、私人非交易部门和公共部门三个部门，然后分别测算了美国自 1870 年到 1970 年的 100 年间这三个部门中投入与交易有关的资源总量得到了总量交易费用的估计。

首先，私人交易部门的测量。私人交易部门包括金融业、保险业、批发业和零售业等。这些部门的主要功能是为市场交易服务。沃利斯和诺思认为，投入这些部门的资源都可以看作是交易费用（市场型交易费用）。可以这样来理解他们的观点，即如果交易费用为零，这些为交易服务的部门可以不需要。正因为交易费用大于零，才需要这些部门，所以，投入这些部门的资源都可以看作是交易费用。

其次，私人非交易部门的测量。私人非交易部门包括农业、建筑业、采掘业、制造业交通业、仓储业及餐饮业等。虽然私人非交易部门主要进行产品的转换活动，但这些部门的企业内部同样存在交易活动，如购买投入品、协调监督生产要素活动、产品的推销等，这些活动都存在交易费用（市场型和管理型交易费用）。为了测算私人非交易部门企业的交易费用，沃利斯和诺思区分了企业内部的两种不同职业，即主要提供交易服务的职业和主要提供转换服务的职业，并以主要提供交易服务的职员的工资加总（即资源的耗费）来估计私人非交易部门中交易费用的大小。为什么可以以提供交易服务的职员的工资加总作为私人非交易部门企业内部交易费用测量的代理变量呢？理由是，如果市场型和管理型交易费用为零，企业内部就不需要提供交易服务的职员。正因为市场型和管理型交易费用不为零，才需要这些职员，故而可以用提供交易服务的职员的工资加总来反映私人非交易部门中交易费用的大小。

第三，公共部门的测量。从根本上说，政府的所有部门都可以看作是提供交易服务的。但从沃利斯和诺思对交易费用的狭义定义来看，仅有少量的政府部门（如法院和警察系统、国防和军队、邮政服务和金融管理等）可以看作是为交易服务的。法院和警察系统能够保证合约的执行、国防和军队可以保护产权，这些都是交易费用的重要组成部分。邮政和金融管理（财政部）这些活动方便贸易和交换，直接降低交易费用，也为交易服务。政府提供的商品和服务的非交易活动，包括教育、交通和市政服务，市政服务包括消防、公共设施、城市修缮、公共建房、公共保健体系。政府提供的这些非交易活动要完成转换功能，需花费大量的交易费用。这些花费必须在交易行业的计算之中。沃利斯和诺思采用了两种方法测量：第一种方法对公共交易部门和公共非交易部门分别计算。公共交易服务部门的交易费用的规模由政府的交易活动的支出价值来测量。非交易活动中的交易费用规模的计量与计算私人非交易部门的方法相同。第二种方法简单地把整个政府都视为非交易部门，然后计算与交易相关人员的酬金。第二种估算方法的结果比第一种估算方法的结果低。

最后，对私人交易部门、私人非交易部门和公共部门的三个测量结果进行合并即获得总量的或宏观的交易费用估计量。沃利斯和诺思计算的结果有两个：一是美国自 1870 年到 1970 年的 100 年间总量交易费用占 GNP 的比例由 26.09% 升至 54.71%。二是由 24.19% 升至 46.66%。其中，第一个结果使用的是第一种方法测算美国公共部门的交易费用。第二个结果使用的是第二种方法测算美国公共部门的交易费用。沃利斯和诺思据此得出一个结论：随着一个国家经济的增长和发展，交易部门会随之扩大，每笔交易的交易费用会下降，但总量交易费用占 GNP 的比重会越来越大。

　　沃利斯和诺思的总量交易费用测量方法显然是有价值的，但其缺陷和不足也很明显。主要是，他们所谓交易费用总额在实质上是市场上可计价的各种交易性产业的价值加总，而没有将各种非市场化的资源损失包括在内。因而，他们的总量交易费用的测量显然是不全面的。对此，诺思也是承认的。正如他所说："交易成本是作为交换制约的基础的制度框架中最能观察到的部分的度量，它们包括两部分：一部分是经由市场的可能度量的成本，一部分是一些难以度量的成本，如获取信息、排队等候的时间、贿赂，以及由不完全监督和实施所导致的损失。这些难以度量的成本部分使得要准确地评价由一种具体的制度所导致的总交易成本是多少更为困难。不过，我们在这方面所做的程度有多大，我们就在衡量制度的有效性方面取得了多大进展。"①

---

　　① 刘元春：《交易成本分析框架的政治经济学批判》，经济科学出版社 2001 年版，第116 页。

第三章

国有企业用工制度的理论分析

本章将对国有企业用工制度深入阐释，对国有企业用工制度进行理论分析，奠定本书的理论框架。

第一节　国有企业用工制度的概念与特征

一　国有企业用工制度的概念

首先对国有企业、用工及制度三个概念进行阐述。国有企业是指所有权归国家所有的企业，按照政府掌握的股权的比重，有广义和狭义之分，狭义的国有企业是100%由政府出资建立的企业，广义的国有企业还包括国有控股企业。在这里，我们选用广义，也就是指所有权或控股权属于政府的企业。当前，经过持续改制，狭义的国有企业已经不多，实行股份制的国有企业是主流，这部分国企的用工制度面临由计划机制向市场机制转型的难题。

"用工"指的是使用劳动力，是对劳资关系中的劳动方的使用，这里的"工"是指企业当中的职工或劳动力。在传统的马克思主义经典著作中，劳动力特指那些从事体力劳动的产业工人，即常说的"工人阶级"。随着技术日新月异的进步及知识经济的发展，脑力劳动与体力劳动的差别已经不是劳动的本质，广大的脑力劳动者也会创造价值与剩余价值，也被纳入了劳动力的范畴。因此，这里劳动力既包括体力劳动者，也包括脑力劳动者，例如，车间里的一线工人及管理人员都是劳动力。以前"职工"一词被广泛运用，主要指的是体力劳动。随着企业制度的不断市场化，"职工"一词用得比以前少，也可以说，本书研究的是如何使用企业职工的制度。还需要说明，国有企业的负责人，例如董事长、经理、党委书记等领导者都不在本书"职工"的范畴，这里的"职工"是指除企业负责人之外与企业形成劳动关系的主体。

制度是经济学中一个司空见惯的词汇，经济学家们从各自角度进行了不同的诠释。最早真正地从一般意义上抽象地揭示制度含义的是制度经济学的一些学者，例如凡勃伦、康芒斯、舒尔茨、诺思等人。最早对制度进行定义的是旧制度经济学代表人物凡勃伦，将制度定义为"个人或社会对有关的某些关系或作用的一般思想习惯"。① 舒尔茨与康芒斯相似，也将制度定义为一种约束社会经济政治行为的一种行为规则。新制度经济学代表人物诺思认为，"制度是一系列被制定出来的规则、守法秩序、行为道德和伦理规范，旨在约束主体福利或效应最大化利益的个人行为"②。可见，制度是一系列的规则或约束，约束对象是个人或组织行为，目的是抑制其机会主义行为。

在了解以上三个概念之后，可以得到用工制度的概念。用工制度有广义及狭义之分，狭义的用工制度是指对企业职工的使用形式，包括固定工制度和临时工制度两类。本书认为这种定义显得过于狭窄，国有企业用工制度是个十分复杂的有机体，职工的薪酬制度、工会制度、集体协商制度等都会影响到用工效率。如果采用狭义的理解，将这些因素当成外生变量，不利于深刻剖析国有企业用工制度存在的问题及原因。因此，本书采用广义的概念，即用工制度是指企业在招聘、使用、清退工人的过程中所受到的一系列的行为约束规则的总称，既包括国家的相关法律法规，例如《劳动法》，也包括企业制定的内部用工规定。

二　国有企业用工制度的特征

首先，国有企业职工制度属于制度的范畴，具有制度安排及制度结构的一般性特征。就企业用工制度安排来讲，具有以下特征：一是强制性。只要是企业用工制度安排约束范围内的主体，无论什么地位或愿意与否都必须遵守制度，否则将会受到法律法规或企业内部惩罚机制的惩治。二是具有一定的公共产品性质。该性质使得一部分人可以搭便车，

---

① 凡勃伦：《有闲阶级论》，商务印书馆1964年版，第139页。
② 诺思：《经济史中的结构与变迁》，上海三联书店1994年版，第226页。

没有承担制度的设计及实施成本却享受收益。一般来说，制度的约束范围越广，公共性就越强，例如《劳动法》。三是影响范围的有限性。企业用工制度规范的范围是有限的，即适用的领域及人数是有限的。企业内部的用工制度只在本企业有效，而《合同法》《劳动法》等法律则适用于全体企业。四是明晰性与模糊性共存。制度需要明晰地告知人们该如何行为，含义必须是清晰的，但人的有限理性决定了其对于无论什么制度都不可避免地存在认知偏差，这就为一些人的机会主义行为提供了机会。

对于国有企业用工制度结构来讲，具有两个特征：一是层次性。不同的国有企业用工制度安排的权威性及效力是不相同的，具有很强的层次性。一些最基本的制度会派生出大量具体制度，从而构成层次分明的用工制度体系。二是相关性。不同的用工制度安排之间存在相互作用的关系，可以是耦合可以是冲突。

国有企业用工制度不同于其他类型企业的用工制度，也不同于国有企业的其他相关制度，具有相应的特征。

第一，路径依赖严重。路径依赖是国有企业较其他所有制企业用工制度上的一个明显特征。国有企业用工制度的前身是计划经济体制下僵化严格的用工制度，强调服从，缺乏激励和竞争，导致低效率及人浮于事。而现代企业竞争要求灵活、科学的用工体制，需要充分发挥企业职工的潜力。可见，这是两种完全相悖的用工价值理念及机制。长期的计划经济体制影响下的国有企业用工制度打下了深刻的旧体制及思想的烙印，并产生了严重的路径依赖。虽然改革开放后，国有企业用工制度改革取得了显著的进步，但平均主义、官僚主义、形式主义等传统思维所产生的路径依赖依旧没有破除，而且对改革的阻力也越来越大。

第二，劳资双方利益一致。国有企业用工制度可以看作是协调劳资双方关系的，而资方并不是马克思主义经典著作中的贪婪的资本家，而是社会主义国家。这一特征决定了国有企业不会像资本主义企业主那样追逐个人私利，而是以公众利益为本；劳动者创造出的剩余价值不是归私人所有，而是归国家所有，并用之于民。因此，国有企业用工制度中不存在资本家与雇佣工人那样尖锐、不可调和的阶级关系，在根本利益上是一致的，在进行工会及集体谈判制度设计时要充分体现出这一特征。

第三，国有企业的用工制度是国有企业改革的重中之重。国有企业用工制度涉及具体的人，人是改革的核心因素。国有企业的用工制度在整个国有企业制度体系中不是孤立的。与其他国有企业的制度体系，例如，国有企业的法人治理结构、国有企业的营销管理制度、国有企业的安全管理制度等具有密切的相关性，其中很多国有企业的制度内容具有交叉性。国有企业改革难的关键因素之一在于人的改革，只有协调好各方利益关系，国有企业的改革才能顺利地推行下去，而协调好利益关系就必须要有高效的用工制度。所以说，国有企业用工制度改革是国企改革成败与否的关键一环。

第四，具有动态性。历史的经验告诉我们，只有不断地深化改革才能够生存并发展。人力资源是企业的第一要素，国有企业用工制度必须要保持动态性，实现良性的制度变迁，才能够为国有企业提供高素质的劳动力资源。

第五，职工角色具有特殊性。国有企业是特殊企业，国有企业里的职工也具有特殊性。国有企业职工是企业的主人，某种程度上也对企业拥有所有权，其角色具有一定的政治性色彩。同时，社会主义市场经济的发展要求国有企业职工解放思想，适应竞争，发挥好劳动力生产要素的功能，因此也具有一定的经济性色彩。这种角色上的复杂性决定了在对其进行日常管理及收益分配的过程中，既要考虑其贡献，又要考虑公平和稳定，将按劳分配与按生产要素分配相结合，不会像私营企业那样真正地做到完全按市场办事，完全按生产要素分配。因此，国有企业职工一般比私企职工收入高一些，这也是为什么劳动者钟爱国有企业工作岗位的原因之一。

第二节　国有企业用工制度的构成与功能

一　国有企业用工制度的构成

按照不同的标准，制度可以划分为不同的种类。例如，奥斯特罗姆将制度分为宪法、集体行动、操作和选择四个层次；柯武刚、史漫飞将制度分为外在与内在制度两种；卢瑟福将制度分为个人规则（习惯和常规、道德规则）与社会规则（惯例、法律规范及社会规范）。最常用的分类方式是诺思的分类方法，他将制度分为正式制度、非正式制度与实施机制。

第一，国有企业用工正式制度。正式制度是人们有意识地建立起来的一系列的制度安排或规则，例如，宪法、具体法律及企业行为规则等。正式制度具有强制性，无论市场主体愿意与否，都必须接受正式制度的约束。国有企业用工正式制度包括两个层面，一个是企业自身的用工正式制度，包括用工模式、培训、薪酬制度、工资集体谈判制度等等；另一个是企业外部的用工正式制度，例如，国家的相关劳动立法、国有企业监管部门的相关规定、劳动仲裁部门的规章制度等，是约束国有企业劳资关系的外部约束。外部正式制度的制度层次一般较高，最高层次的是宪法，其次是相关法律条文，然后是相关行政规章及细则，国有企业内部的用工制度必须要以其为行为准则。可见，国有企业用工正式制度具有很强的层次性，要发挥好正式制度的功能，各层次的正式制度必须要协调一致。高层次的正式制度设计要科学合理，为国有企业自身正式制度的改革提供行为科学指导；低层次的制度在设计时也要以高层次制度为依据，以此来提高高层次制度的实际效力。

第二，国有企业用工非正式制度。非正式制度是人们在长期的社会经济生活中，通过博弈逐步形成的习惯风俗、意识形态、价值观等对市场主体产生非正式约束的一系列规则。非正式制度虽然不具有正式制度那样的强制性，但却具有十分重要的地位。由于人的有限理性，即使在最发达的社会经济体系，正式制度在设计时也不可能完美无缺，必然会存在制度效率不高与制度漏洞。此时，就需要非正式制度进行弥补，实际上，人们在进行行为选择时更多的是受非正式制度约束。国有企业用工非正式制度中的一项重要内容是习惯，国有企业在长期的计划经济体系下形成了规范人们行为的惯例或标准，例如，淡薄的危机意识、官僚主义、落后的人才观念、重管理轻培训、天然的优越感等，都成为影响国有企业用工效率的重要因素。企业文化是国有企业用工非正式制度的重要一环，是国有企业自身所能掌控的。而像社会风气、价值观、政府管理理念则是外部的非正式制度，由外部主体所掌控，国有企业只能适应。对于当前的国有企业用工制度改革来讲，非正式制度有助于让人们自觉地接受改革，会大大地降低制度变迁成本，所以，非正式制度虽然是无形的，但仍要大力建设。

国有企业用工正式与非正式制度缺一不可，是相互依存、补充的关系，在推进改革的过程中，两者不可偏废。

第三，实施机制。无论是正式制度还是非正式制度，只有真正地付诸实施才能发挥出应有的功能。判断国有企业用工制度是否完善，不能只看设计得多完善，更要看其实施机制是否健全。实施机制实质上也属于制度的范畴，但这与前面的正式与非正式制度具有差别，前面的主要告诉人们什么该做，什么不该做，这里的实施机制是告诉人们该怎么做。制度实施必然要付出成本，对于国有企业用工制度而言，制度的实施者是国家及有关部门和企业自身，也是制度实施成本的承担者。中国的劳动立法经过多年的各方努力，已经建立了初步完善的体系，但实际效果并不尽如人意，原因在于实施机制不健全，没有建立起与相关法律制度配套的实施机制。

二　国有企业用工制度的功能

之所以要对国有企业用工制度进行改革，原因在于其具有一定的功能。具体如下：

第一，降低交易成本，维护和谐的劳资关系。科斯在1937年就指出，企业代替市场有助于降低交易成本。可见，降低交易成本是制度的一项功能。衡量劳资关系的一个重要指标是交易成本，交易成本越高，说明双方之间越缺乏信任，难以达成和谐的合作关系。众所周知，降低交易成本是制度的功能之一，高效的制度可以降低交易的风险性，缓解信息差异性，抑制机会主义，从而降低交易失败风险。因此，国有企业用工制度也具有降低交易成本的功能，给劳资双方提供了一个严格的制度框架，对相关利益主体的权责利进行明确划分和强制规范，使每个人得到的结果与其行为密切地结合起来，抑制了机会主义行为，从而对各方合作创造了条件，维护和谐的劳资关系。

第二，稳定预期，为利益相关者的行为提供激励。国有企业用工制度规定了劳方与资方什么可以做，什么不可以做，以及怎么做，实质上是向各方提供了明确的信息。在获悉这些信息后，各方可以对自己的行为及结果进行预期，也可以对对方的行为进行预期，了解自己的行为会让对方产生什么样的反应，以及这些反应会对自己产生什么影响。在这种预期作用下，双方的博弈会更加理性，努力调节自己与对方的各种关系，从而实现自身利益的最大化。可见，国有企业用工制度起着一种激励的功能，使人们自己规范自己的行为，修正自己的偏好，进而影响人们的选择。高效的用工制度应该做到对各方产生稳定、科学的激励，实现共赢。

第三，约束劳资双方的机会主义行为。机会主义行为是导致交易成本上升的一大因素，而人们所制定的很多合约安排与制度安排都是抑制机会主义行为。可见，抑制机会主义行为是制度的重要功能之一。实际上，约束劳资双方的机会主义行为可以看作是降低交易成本，所以该功能属于降低交易成本的范畴。但是由于机会主义行为在劳资关系中的盛行，本书在这里单独将其列出。机会主义行为在现实企业的劳资关系中大量存在，例如克扣工资、随意解雇、不给予法定福利、道德风险等，根源在于这些机会主义行为难以受到惩罚。国有企业用工制度会对这种为了维护私利而损坏他人的行为进行约束，告知人们其行为边界在哪，什么不可以做，进而限制了劳资各方的行为。一旦有人超出了行为界限，就要对其进行惩罚。惩罚的力度、广度及是否得到切实执行关系着国有企业用工制度能否发挥出约束功能，按照市场竞争的要求，无论是国企还是私企，只要违反了有关制度，损害了劳动者权益，都应当受到相应的惩治。

第四，减少外部性。外部性是市场失灵的表现之一，而制度有利于将正负外部性内在化，从而对行为主体产生激励与约束机制，改善经济效率。国有企业用工制度创新具有很强的正外部性，高成本由创新企业承担，而创造的收益却具有外溢性，获得的收益有限，从而使国有企业自身缺乏创新动力。此外，劳资双方的一些行为使自己获益，但是会对对方及其他利益相关者产生负外部性，例如国有企业对非正式工的使用存在同工不同酬的行为，虽然降低了企业成本，但是对非正式职工的利益造成了损害，并对整个市场公平和国企形象造成不利影响。通过完善国有企业用工制度，可以明确各方的权责利，将其行为置于符合市场效率的成本——收益框架之下，消除或减少外部性所带来的非效率。

第三节　国有企业用工制度的效率

制度效率是指制度安排所形成的成本与收益的对比关系、运行绩效和系统发展速率，主要表现了组织系统适应环境、整合资源、实现组织目标的能力，实质是提升制度资本，降低制度成本。一般来说，制度效率可以用两种方法表示，一是在既定的制度功能下，如何选择成本降低的制度安排；二是在制度成本既定的情况下，如何提供功能更多更强的制度。

人们一般所说的经济效率有静态及动态之分，此种分类可以应用于国有企业用工制度效率的分析。静态强调的是均衡，即现有的资源配置达到人们的要求，无人愿意改变，是制度配置效率。制度的动态效率是指制度体系具有很强的灵活性，能够对社会经济环境及企业内部环境做出动态适应，提高制度绩效，实质上是一种制度变迁的动态效率，可以用适应性效率来表现。

一　国有企业用工制度静态效率

判断国有企业用工制度静态效率，可以从制度安排与制度结构两个层面入手：

国有企业用工制度安排的静态效率一方面取决于制度安排本身，另一方面取决于其与其他制度安排的关系。国有企业用工制度安排静态效率取决于以下几个因素：

第一，普适性与特殊性的统一。首先，国有企业用工制度上应当具有一般性，一方面是指本书研究的国有企业用工制度改革着眼于整个国有企业群体，不是单独的一个或一类国有企业；另一方面，无论是哪个企业，什么地位的个人在制度面前人人平等，不能因为企业规模大或职位高就对其违法行为进行包庇。而且，国有企业用工制度规定要详细，便于理解，将制度想要表达的信息准确无误地进行传递。其次，不同行业、规模的国有企业具有一定的差异，例如，股份制的国有企业比国有独资企业的现代企业制度更为健全，市场化程度更高，用工制度也更为市场化，因此改革的对策也要体现出这种特殊性，做到因地制宜。

第二，制度设计是否合理。国有企业用工制度涉及政治、经济、法律等多个方面，是政治问题、经济问题及法律问题的结合体，在进行制度设计时，如何在有限信息及理性的情况下设计出一套激励与约束相兼容的制度安排，这关系到了制度安排的效率。

第三，实施机制是否健全。前面提到，实施机制是正式与非正式制度能够发挥功能的重中之重。当前国有企业用工制度存在的主要问题之一不是无法可依而是有法不依，所以，如何完善实施机制成为国有企业用工制度改革成本的一个难题，也是国有企业用工制度安排效率的判断标准之一。

国有企业用工制度结构取决于制度耦合的程度。所谓制度耦合是指一个制度体系中各项制度安排之间协调一致的理想状态。国有企业用工制度结构是由不同的制度安排所构成的有机系统，其效率固然与每一项制度安排效率有关。同时，根据系统论的观点，一个制度体系的功能并不是单个制度安排功能的相加，既可以大于个体之和，也可以等于或小于，这取决于制度结构效率。如果国有企业用工制度安排层次分明、关系和谐、相互协调的话，即制度耦合，那么就能使整个系统功能发挥最大。如果不同制度安排之间存在作用方向不一致，行为规范上相互抵触，即制度冲突，例如国有企业用工管理条例或薪酬制度违反有关劳动法律或规章制度，那么造成利益相关者行为的紊乱，无法发挥出应有的整体功能。而如果国有企业用工制度体系中对某个领域缺乏应有制度安排，即制度真空，必然会导致整体制度体系功能的缺失。

二　国有企业用工制度适应性效率

"适应性效率"是诺思在《制度、制度变迁与经济绩效》一书中讨论组织与制度变迁的关系时提出的一个概念——适应性效率。所谓"适应性效率考虑的是确定一个经济随时间演进的方式的各种规则。它还要研究一个社会去获取知识、去学习、去诱发创新、去承担风险及所有有创造力的活动，以及去解决社会在不同时间的瓶颈的意愿"①。

对于国有企业用工制度来讲，适应性效率要求其不能只局限于短期目标，而要考虑长期绩效，能够不断进行制度变迁，增强制度的抗冲击能力及克服频繁出现问题的能力。国有企业用工制度是否具有适应性效率呢？国有企业用工制度的历史告诉人们，或许其在某个阶段（例如一二十年）实现了静态的配置效率，但是从长期来看，没有体现出那种抵挡内外部冲击战胜各种困难的能力。所以，在进行制度设计时，不能只认为国有企业用工制度改革仅仅是解决完当前的问题就大功告成。随着经济全球化的推进及国际竞争的日益激烈，国有企业未来面对的挑战会越来越多，越来越困难，需要在制度设计上保持制度的灵活性及创新性，即适应性效率，使其在国内外竞争中拥有持续的核心竞争力。

如何使国有企业用工制度具有适应性效率呢？本书认为，需要制度体系能够发挥出创新激励功能，使激励制度框架内的主体进行学习及知识积累，学习的效率越高，制度变迁成本就越低，速度就越快；鼓励实践创新，将个人决策不断演进为科学的集体决策；对创新所产生的风险进行分散，尽可能地消除集体错误；解决好产权问题，因为产权不明晰会导致利益集团的阻碍。这就要求发挥国有企业、国家相关部门及个体的积极性与创造性，培育管理者及职工的持续学习能力，增强机构的创新能力，同时明晰产权，确定合理的利益分配机制。

三　国有企业用工制度效率递减

按照马克思主义理论，所有制度产生都是由一定的生产力水平及生产关系所决定，随着生产关系的不断调整及生产力的发展，制度也要随之进行调整，否则，效率就会越来越低。从制度需求的角度来看，当制度一开始被提供来满足需求时，制度这一产品对人们的满足程度会比较高，随着时间的推移，制度产品对人们的刺激程度会不断降低，而且人们对制度产品的要求也越来越高，进而人们对旧制度的满足程度会递减，即制度效率递减。本书认为，国有企业用工制度效率也存在递减规律，即随着制度不断运行，制度净收益逐步降低。

---

①　诺思：《制度、制度变迁与经济绩效》，上海三联书店 1994 年版，第 108—109 页。

　　回顾国有企业用工制度的变迁历程，可以发现普遍存在制度效率递减的现象。例如，改革开放之前，我国实现的是单一的固定用工制度，这与国有企业一家独大直接相关。固定用工制度在一开始对于发展国民经济及稳定社会起到了积极的作用，但是随着时间的推移，这种制度对于国有企业的阻碍越来越大，机构臃肿、人浮于事等问题大量出现，对企业效益的负面影响也越来越大。可以说，当单一固定用工制度运行到一定程度时，出现了效率递减现象。改革开放后，国家对国有企业用工制度进行了大力改革，单一的固定用工制度逐步变为固定工与合同工并存的双轨制度，很大程度上缓解了改革压力，释放了企业与职工活力，极大地提高了企业生产效率。之后，随着市场经济体制改革尤其是国企改革的推进，加之国际竞争环境的变化，双轨制自身存在的弊端使得其效率也呈现出递减的现象，正因为如此，打破双轨制成为近年来国企改革的热点之一。可以说，正是由于制度效率递减规律，国有企业用工制度才有了向高层次的制度变迁的动力。

　　国有企业用工制度的适应性效率与效率递减是反向关系，如果适应性效率高，那么制度达到递减拐点的时间就越长，对新制度的需求就越晚发生，制度生命周期就越长。反之，人们对新制度的需求越早发生，生命周期就越短。考虑到制度变迁成本，在制度设计时，应当尽量提高其适应性效率，增长生命周期。

四　国有企业用工制度效率提升路径

　　在以上分析的基础上，本书提出提升国有企业用工制度效率的若干路径。

　　第一，设计高效耦合的国有企业用工制度体系。以国家为主导，企业为主体，充分调动国企职工的积极性，由上而下与由下而上相结合地对国有企业用工制度进行设计。加强调查研究，明晰每个利益群体的诉求，在摸清实际情况的基础上，设计出科学、耦合、具有前瞻性与时代性的国有企业用工制度体系，并通过试点进行实践检验。

　　第二，加强劳动相关立法建设与创新。法律制度是制约国有企业劳资关系最有效、最权威的外部约束。《劳动法》与《合同法》等一系列的法律具有普适性，不仅是国有企业，非国有企业的劳资关系也要适用。因此，在法律价值取向、原则等各个方面要一视同仁，体现出非歧视性与一般性。同时，针对国有企业用工制度改革的实际需要，在条件允许的情况下，对其特殊问题进行立法建设，体现出特殊性。再者，充分借鉴并吸取国外劳动相关立法的经验教训，发挥好后起优势，不能是遇到问题再完善立法，而是要着眼于长期发展，使相关法律能够经得起时代的考验。

第三，转变政府职能，提供配套政策支持。当前的劳动力市场不健全的现实决定了政府在推进国有企业用工制度变迁及创新上的主体地位。但按照市场竞争的要求，国有企业应当成为内部用工制度变迁与创新的主体。国有企业用工制度效率真正地提升，需要政府减少对国有企业用工上的过多干预，实现政企分开，让企业在市场竞争中自发地去进行用工制度创新。政府所要做的就是提供完善的配套建设，减少国企用工制度变革的成本，加快其转型。

第四，以市场机制决定性配置方式。透明、自由、规范的劳动力市场是国有企业用工制度自我创新的前提。社会主义市场经济改革的一大目标是打破生产要素流动的主观及客观障碍，实现社会资源的高效流动。要实现这一目标，必须坚持市场的决定性调节地位。在未来的改革中，国有企业的劳资关系调整要坚持市场机制的决定性作用，实现劳动力资源配置由计划方式向市场方式的转变，由国家支配劳动力流动向市场调节过渡。

第五，完善社会保障制度。社会保障制度是通过对国民收入的分配与再分配，对社会成员的基本生活给予保障的一种社会性安全体系。包括社会保险、社会福利、社会优抚与社会救济。一些职工人数众多的大型资源型国有企业，如果实现完全的市场化用工制度会导致大量工人失业，而社会保障的不完善又无法对他们进行妥善安置，从而造成改革难。

第四节　国有企业用工制度变迁

国有企业用工制度变迁是指由一项新制度不断代替旧制度，从而由制度不均衡向制度均衡状态演进的过程，其中的机理类似于市场机制下产品的价格均衡。

一　国有企业用工制度变迁动力

1949 年之后，国有企业用工制度经历了几次深刻的制度变迁，每个阶段虽然具体原因不同，但其内在的动因却是一致的，即因制度供求失衡导致追求制度变迁所带来的潜在净收益。

第一，国有企业用工制度变迁的需求。这是指需求者在一定阶段内在各种可能的价格下愿意并有能力支付的制度产品的数量或质量。对于一部分国有企业职工而言，当前的旧制度一方面使其无法发挥出计划经济时代主人翁的地位，在企业中缺乏必要的话语权，有时自己的合法权益无法得到保障，同时也无法在企业中人尽其才，个人的发展也受到限制，因此希望改革。对于企业外的人才来说，通过改革可以让劳动力市场更为完善，进入国有企业的市场门槛降低，使其可以在一个更为公平的竞争环境下凭借自己的能力来谋求理想的职位，实现自己的职业理想与价值。对于全体公民来讲，国有企业属于全民所有，而且产品广泛，深刻地影响着社会经济的各个层面，其发展即使跟自身没有直接关联，也有间接联系。其用工制度向高层次的变迁可以增强国有企业实力，进而以联动效应影响到自身利益，因此也会具有一定的变迁需求。以上就是国有企业用工制度变迁的个人需求。如果制度不是公共品，那么社会需求将是个人需求的水平加总。但是，制度是一种典型的公共品，存在"搭便车"现象，个人需求形成社会需求是一个很复杂的博弈过程，也是一个公共选择的过程。而阿罗的不可能定理又告诉人们，很难形成一个符合帕累托最优效率的社会需求函数，也就是说，国有企业用工制度社会需求函数很难获得。

第二，国有企业用工制度变迁的供给。只有需求，没有供给是无法实现制度变迁的。所谓国有企业用工制度的变迁供给是指变迁主体愿意并且能够提供的制度数量及质量。对于国有企业用工制度而言，变迁供给主体可以是国家及其有关部门，例如，人大、人力资源与社会保障部、国资委等，也可以是国有企业自身，也可以是个人。其中，政府的作用是最主要的，体现在外部用工正式制度的建立健全以及对内部用工制度建设的引导及规范，政府的意愿及能力决定着政府在该作用上的发挥。制度变迁存在成本，那为什么有关主体还不遗余力地改革呢？原因在于，除了成本外，国有企业用工制度改革还具有更高的收益。对于国有企业来说，高素质的人力资源的短缺已经是制约企业核心竞争力提升的瓶颈，如何破除瓶颈、消除冗员、留住人才、培育好人才、将更为优秀的人才纳入企业以及如何提升企业的核心竞争力是经营者千方百计想要实现的，因此具有用工制度变迁供给意愿。对于国家经济而言，国有经济在国民经济中处于主导地位，只有搞好国有经济才能使整个国民经济又快又好地持续高速增长，而国有企业传统的用工制度是制约其做大做强的一大障碍，因此国家也具有改革的动力。

第三，国有企业用工制度非均衡。国有企业用工制度变迁的目标是制度均衡，即用工制度供给完全满足了需求，不存在过度供给或供给不足的情况，任何组织及个人都对现状满意或无力改变，没有改变均衡结果的动机。但是，这种理想状态现实中并不存在，国有企业用工制度存在严重的制度不均衡的问题。一方面是制度供给不足，包括数量不足及质量不够；另一方面是制度供给过剩，也就是不该供给的制度供给了或该供给的制度过多，例如政府对国有企业人事管理制度过多干预。制度均衡与否取决于制度供给的需求与供给因素，由于这两种因素始终处于动态变化之中，国有企业用工制度非均衡是常态，因此存在潜在的制度变迁收益，从而可能导致制度变迁。

二　国有企业用工制度变迁目标与方式

（一）国有企业用工制度变迁目标

本书研究的是国有企业用工制度问题，归根结底是要给决策者提供改革的依据及策略，需要对改革的目标进行明确。

本书认为，国有企业用工制度变迁的目标是制度创新，包括相关法律制度创新、部门规章制度创新、企业内部的人力资源管理制度创新等等。国有企业用工制度创新属于其制度变迁的范畴，但两者之间不是对等关系。可以说，制度创新是国有企业用工制度变迁的方向与目标，但不能说国有企业用工制度变迁就等于制度创新。制度变迁有三种路径，一种是变迁到更高层次的新制度，是积极的，有助于提高企业绩效；一种是由旧制度变迁到与其效率相等的另一个制度，是中性的；还有一种是向更为低效的旧制度的变迁，是消极的。本书前面所谈到的制度变迁都是指向更高层次高效率制度的变迁，用一种新制度代替旧制度，也就是制度创新。此外，制度创新强调活动，制度变迁强调过程，国有企业用工制度变迁的实现，需要政府、企业及个人从事制度创新活动。可见，国有企业用工制度创新与制度创新是有机统一的，需要将制度创新作为其制度变迁的目标及重要工具。

（二）国有企业用工制度变迁方式

国有企业用工制度自1949年以来经过了多次变迁，所使用的变迁方式是多元的。改革开放前，国有企业用工制度更多地采用强制性制度变迁，由国家自上而下地推进改革，企业只是制度的接收者及执行者。尤其是三大改造时期，实现的是强制性制度变迁与激进式制度变迁结合的方式。改革开放初期，依旧是以国家为主导的强制性制度变迁为主，同时也采取渐进式变革以稳定秩序。随着改革的深入及国有企业的不断成长，国有企业自身的改革内生需求越来越大，有很多国有企业自觉地进行内部用工制度创新，也就是说需求诱导性的制度变迁方式开始出现，并且呈现出替代强制性制度变迁的趋势。可以预测，在未来激烈的国内外市场竞争中，诱致性与渐进式的制度变迁方式将是国有企业用工制度变迁所采取的主要组合模式。在这种模式下，国有企业会成为制度变迁主体，国家起着引导作用，变迁速度会比较缓慢，但是遇到的阻力较少。如果遇到大的变革或外部冲击，激进式的制度变迁方式会取代渐进式方式，实际上，无论是渐进还是激进，无优劣之分，关键看能否完成该阶段的用工制度改革任务，如果时机成熟，完全可以采取激进式的变迁方式。

第五节　国有企业用工制度与资产专用性[①]

在剖析国有企业用工制度时，劳资关系是分析的核心要素之一。资

---

① 年志远、刘斌：《资产专用性与国有企业用工制度分析》，《清华大学学报》（哲学社会科学版）2014年第2期。

产专用性理论是威廉姆森交易成本经济学中的重要组成部分，是国有企业劳资关系研究一个良好的视角。

一 国有企业资产专用性

所谓资产专用性（asset specificity），是指这样一种状况，一个经济主体拥有某项资产，而这种资产具有专用性，也就是只有在特定的领域才能发挥其效用，如果脱离这个特定领域而用于其他领域，那么它的效用将会降低，极端情况下甚至是没有任何价值。例如，一名从事文学教学的大学老师，在高校如鱼得水，能够实现自己的职业理想与价值，但是一旦进入车间工作，那么无所适从，价值也大打折扣。

如果劳动力市场处于完全竞争的理想状态，雇主与职工拥有充分对称的信息，交易之间不存在任何摩擦，彼此之间都不用担心对方会采取机会主义行为，对自己的专用性资产敲竹杠。此时，用工双方就可以放心地进行专用性资产投资。如果不是完全竞争，存在信息不对称，一方对另一方拥有信息优势，那么双方之间签订的契约就不会完整。此时，信息不对称条件下的双方对各自的专用性投资就会谨慎，因为稍有不慎可能就会进入契约陷阱，让对方攫取自己创造的准租金。再者，如果资产是通用性（asset homogeneity）的，那么资产拥有者即使遇到了机会主义行为，那也可以随时随地地将资产转移到更能发挥其价值的领域而不会遭受任何损失。对于国有企业用工双方而言，通用性意味着不用担心被敲竹杠，能够随时、自由、无损失地跳出契约，机会主义行为也就没有存在的空间。

资产专用性容易诱发敲竹杠，使专用性资产投资者面临的风险，影响双方合作的达成。但是，从事后的角度来看，资产专用性却有助于限制机会主义行为。因为在契约达成之后，对于已经进行专用性资产投资的主体来讲，其机会主义行为会使其专用性资产受到威胁，要想保证获取准租金，就必须遵守契约，因此在博弈过程中就会规范自己的行为。此外，资产专用性能够向消费者提供其他产品所无法提供的个性化服务及客户体验，满足人们的特殊性偏好，是产品核心竞争力的突出表现，与核心竞争力呈现正相关关系。

由以上分析可知，资产专用性对机会主义具有正反两个方面的作用，要想实现最优效果，关键在于建立完善的专用性资产治理结构，充分发挥专用性资产的积极作用，克服机会主义行为。对此，Williamson 提出了治理结构、契约与交易的匹配理论，将交易分为古典、新古典和关系契约。"对于非标准化的交易，采取专门的治理结构并不容易；经常性的交易可以采用专门治疗结构；虽然那种非标准化的、偶然的交易不要求采用专门的治理结构，但也需要关注。"[1]（见表 3.1）

表 3.1　　　　　　　　资产专业性、交易频率与治理结构

		资产专业性程度		
		非专用	中度	高度
交易频率	偶然	市场治理（古典式合同）	三方治理（新古典式合同）	三方治理（新古典式合同）
	经常	市场治理（古典式合同）	双方治理（关系合同）	统一治理（关系合同）

资料来源：威廉姆森：《资本主义经济制度》，商务印书馆 2002 年版，第 105 页。

通过以上对于资产专用性的剖析，本书认为有必要从该角度来探索国有企业用工制度安排，以此来指导国有企业用工制度改革实践，而采取何种方式取决于博弈过程中双方是否投入资产以及投入多少。

中国理论界对国有企业用工制度存在的问题进行了较为深入的研究，一些学者将存在问题的原因归咎于法律法规不健全，一些人认为是市场机制不健全和社会保障制度不完善造成的，也有一部分认为原因在于国有企业能力欠缺，没有改革的动力和能力。本书认为，对于国有企业用工制度存在的诸多问题，根本原因在于信息不对称与有限理性，这些导致契约不完全，产生了大量的交易成本，导致了用工制度效率不高。因此，研究国有企业用工制度问题可以从契约不完全的角度入手，而资产专业性为分析提供了良好的思路。

---

① 　威廉姆森：《资本主义经济制度》，商务印书馆 2002 年版，第 105 页。

二　国有企业专用性资产投资

工人是企业生产运营的核心要素。为了保证正常的生产活动以及提高劳动生产效率，提升企业核心竞争力，国有企业需要寻找高素质的、符合自身要求的工人。在这个过程中，由于信息不对称，国有企业的人力资源管理部门必须要付出一定的信息搜集及分析成本，例如，召开校园招聘会，网络招聘的花费。特别是一些经验丰富、业务能力强的特殊工人，要想搜索到并吸纳需要耗费更多的交易成本。在正式入职之前以及入职之后，为了满足生产经营的需要，国有企业会对工人进行培训、再培训等人力资本投资。其中，有一部分专用性比较强，例如对专门设备和工艺的培训，这样就形成了专用性人力资本。如果在使用工人时没有做到人尽其才，那么已投入的专用性资产会受损失。如果双方的合同存在漏洞，而可以被接受专用性资产投资的工人利用，那么工人们可能采取机会主义行为，例如偷懒、跳槽、威胁涨薪等。在这种情况下，国有企业虽然可以选择终止合同，但由于已经投入了大量难以转作他用的专用性资产，在衡量利弊的情况下，很可能接受这种敲竹杠。

对于国有企业工人而言，可以分为两类，一类是没有进行专业性人力资本投资的一般从业人员，即"现货市场"（spot market）的临时雇佣，没有特别的专用性技术，属于通用性人力资本，国有企业可根据需要随时随地招聘。另一类是进行了专用性人力资本投资的特殊工人，业务能力较强，可替代性差，其从事的行业技术含量往往较高，关系到产品服务的差异化与质量。一些工人在入职后，接受了企业专业的培训，并且为了长远的发展，进行了自我人力资本投资，成为具有专用性的人力资本，随着在企业工作时间的增加，工作经验越来越丰富，越能产生路径依赖，对企业也越来越适应，资产专用性也就相应地越高。对于一些习惯企业文化及体制的工人来讲，如果离开企业，自己的价值将大打折扣，因此不愿意离开企业，即使会受到一定的利益损失。此时，国有企业就处于谈判的优势地位，可能采取机会主义行为攫取工人创造的准租金。对于被剥削工人而言，只要继续留在企业的收益大于被剥削的成本，他们还是会被迫接受被剥削的现实。

可见，国有企业与工人都有进行专用性资产投资的可能，也就可能受到对方机会主义的威胁。双方之间是一种复杂、双向、长期的博弈关系，谁进行了专用性资产投资或谁投资得越多，谁受到的潜在威胁就越大。对于用工双方来讲，谁投入的资产专用性越高，遭受"敲竹杠"的风险也就越大，一旦意识到这种风险，事前就会降低专用性投资的激励，国有企业会减少对工人专用性人力资本的付出，工人也会降低自我投资。如此一来，虽然有利于防范机会主义行为，但从长期来看是一种双输，是囚徒困境的表现，普遍存在于国有企业。表现为：国有企业不重视对工人的专用性投资，导致工人素质不高，技术创新能力差。工人缺乏自我发展的动力，人浮于事现象突出、自我创新能力差，最终影响的还是国有企业。

第四章

中国国有企业用工制度分析

本章将对中国国有企业用工制度历史和现状进行分析，找出中国国有企业现阶段存在的问题以及存在问题的根本原因。

第一节　中国国有企业用工制度变迁

一　改革开放前国有企业用工制度

中华人民共和国成立之初，中国面临着严峻的就业问题，国家规定企业雇佣职工需要向劳动所申请并由其推荐。随着国民经济的恢复与发展，国家出台了由劳动力统一介绍向统一调配的政策转变。三大改造完成后，国家采取了将新增劳动力全部吸收，然后分配到企业的方法，逐步形成了"统包统配"的用工制度。该制度在 20 世纪 50 年代中期开始实行，到 60 年代后期定型，一直延续到 80 年代中后期，国有企业用工制度也被烙上了深深的计划烙印。

（1）用工模式。国有企业实现单一的以统包统配制度为基础的固定工制度。1956 年全国有 3500 多万职工，其中固定工有 3200 多万人，占职工总数的 91%。到 1971 年，企业大量的临时工、合同工转为全民所有制固定工。固定工制度的确立，意味着劳动力终身制的确立。实际上，当时中国国有企业中也存在一部分非固定职工，但是比重很小，并没有动摇固定工制度的地位。这些非固定职工对弥补国有企业用工不足，促进企业发展做出了巨大的贡献。以"五七工"和"家属工"为例。"五七工"和"家属工"是指 20 世纪 70 年代，曾在石油、煤炭、化工、建筑、建材、交通、运输、冶金、有色金属、制药、纺织、机械、轻工、农、林、牧、水利、电力、军工这 19 个行业的国有企业中从事生产自救或企业辅助性岗位工作的，具有城镇常住户口、未被劳动部门录用、没有企业正式职工身份、未参加过基本养老保险统筹的人员。这些人员多数是在20世纪六七十年代初响应"五七"指示，走出家门参加生产劳动，进入企业不同岗位的城镇职工家属。这部分非正式职工当年为国有企业发展做出了贡献，但是却没有享受到正式工那样的待遇，也导致改革开放后这部分人的社会保障出现问题。

（2）劳资关系。在计划经济时代，国有企业劳资双方都从属于政府，一切由政府决定，不存在劳资冲突，也不存在集体谈判问题。国有企业职工参与企业管理主要采取的是工厂管理委员会和职工代表会议制度，至1950年，全国大部分国有企业都建立了这些制度。1953年，中国正式引入苏联的"一长制"，即赋予企业领导人履行职责所必需的广泛权利，同时，其工作结果负个人责任。20世纪50年代末至60年代初，逐渐形成了"两参一改三结合"的制度，即"干部参加劳动，工人参加管理；改革不合理的规章制度；党的领导、工人群众和技术人员相结合"。在"文化大革命"期间，该项制度受到了严重破坏，各行业的国有企业都在工厂、车间和班组等各个层面组成了大量的工人领导小组，但是由于政治色彩浓重，严重影响了企业的生产经营。

（3）利益分配。中国国有企业职工的分配采取的是高度集中的计划经济体制。国有企业工资管理制度是高度计划集中的，完全由政府决定。地区间、行业间职工的收入差距较小，强调大锅饭与平均主义，但是缺乏绩效考核机制，收入与个人的劳动效率没有密切联系，虽然经过了若干次工资制度改革，但是并没有改变基本性质，导致人浮于事与企业生产效率的低下。

（4）劳动力市场。在计划经济时期，中国不存在真正意义上的劳动力市场，劳动力被行政力量切割及控制，完全依附于国家，由于私有经济被严格限制，离开了企业一般就意味着失业，基本不可能自由择业，根本无法自由流动。

（5）劳动保障。社会保障采取国家和企业包起来的各项劳动保险和企业集体福利制度，除此之外，国有企业办附属机构的社会现象十分普遍，厂办大集体、厂办医院、厂办学校、厂办幼儿园大量出现，也成为国有企业职工的福利之一，有利于增强其对企业的责任感及向心力。

但这些成为国有企业沉重的负担，也成为日后国企改革的包袱之一。

（6）法制建设。1950年，新中国第一部工会立法——《中华人民共和国工会法》颁布。同年，国家劳动部公布《关于劳动争议解决程序的规定》。1951年、1952年、1954年与1956年，国家先后颁布了《中华人民共和国劳动保险条例》《关于劳动就业问题的决定》《国营企业内部劳动规则纲要》与《关于工资改革的决定》。可见，中华人民共和国成立之初，中国的劳动相关立法速度比较快，建立了初步的劳动法律体系。在全面进行社会主义建设阶段，中国的劳动立法也有一定的进展。1958年，国务院颁布了《关于工人、职员退休处理的暂行规定》等4项重要规定。"文化大革命"期间，法制建设受到了严重破坏，劳动立法基本上处于停滞状态。总之，该阶段中国的劳动立法建设经历了曲折，但也留下了宝贵的经验。

该时期的国有企业用工制度具有以下特点：

第一，劳资关系十分和谐。在计划经济时期，实现的是生产资料的社会主义公有制。国有企业是国家的企业，职工是企业的主人，企业的管理者也是社会主义的劳动者，经营者与职工之间虽然在权利及待遇上有所差别，但差距不大，而且在当时的政治经济条件下，一切都以社会主义建设为目标，利益差别也很小。所以，计划经济时期基本不存在劳资纠纷，更不要说罢工这种严重的劳资冲突了。

第二，国有企业用工制度是政府职能的延伸。计划经济时代，政府职能具有大包大揽的特征，全国的劳动力都要归国家统一配置。国有企业是政府的附属品，承担着接收及使用劳动者的职能。其用工制度完全是为了履行国家劳动力政策而服务的，并不是像现代意义上的人力资源管理制度那样追求企业价值的最大化，目的有明显的政治性而非市场性。

第三，以强制性制度变迁为主，缺乏制度创新。中华人民共和国成立初期的制度变迁方式是激进式与强制性相结合的制度变迁，符合当时的国民经济形势，也对当时的社会主义建设起到了积极作用。但是制度效率具有边际递减规律，随着时间的推移，这种用工制度成为阻碍国有企业发展的重要制度性障碍。同时，制度变迁开始变得缓慢，缺乏必要的制度创新，这与高度集中的计划经济体制下企业缺乏自主权密切相关。

第四，法制建设滞后。改革开放前，国有企业用工由政府完全控制，是人治而非法治，立法建设十分滞后，中华人民共和国成立初期建立的体系受到了政治因素的强烈干扰，并没有发挥出应有的功能。

二　改革开放后国有企业用工制度

党的十一届三中全会以后，按照邓小平"摸着石头过河"的思想，中国采取渐进式的改革模式。中国为解放和发展生产力、实现经济的快速发展以及提高人民的生活水平，开始改革传统的计划经济体制下的"固定式"的用工制度，否定计划经济体制中的"一次分配定终身"的劳动制度。

（1）劳资关系。改革开放后，僵化的固定用工制度开始变迁，1982 年国有企业开始试行劳动合同制度。例如，1984 年 5 月，北京市供销社改革用工制度，对新招收的职工实行劳动合同制。合同规定，合同工必须具有高中文化程度，年龄在 25 岁以下。招工坚持张榜公布、择优录用的原则。合同工在工种分配时，享受固定工同等待遇。对表现好的合同工可以长期使用，表现不好的可以随时辞退。1986 年 7 月，国务院颁布了《国营企业劳动合同制暂行规定》《国营企业辞退违纪职工暂行规定》和《国营企业职工待业保险暂行规定》等改革劳动制度的四个规定，标志着劳动合同制度的正式建立。同年，国务院规定劳动合同制在全国推行，对于原有职工保留固定工制度。由此，国有企业开始了劳动合同制与固定工制度并存的双轨制，并一直保留至今，成为转型期国有企业用工制度的标签。从 20 世纪 90 年代初开始，劳动合同制推行速度加快，国家要求按照市场机制的要求，实现企业用工的动态化管理，通过完善用工制度，以岗定编，富余人员、闲散人员实施下岗分流、减员增效，全面推进国有企业全员劳动合同制，打破国有企业职工能进不能出和能上不能下的弊端。1995 年颁布的《中华人民共和国劳动法》规定，企业和职工之间建立的劳动关系中必须要签订劳动合同，实行全员劳动合同制度。1995 年劳动合同制的推行标志着单一固定用工时代的结束。进入 21 世纪之后，中国的劳动立法建设加速。2008 年《中华人民共和国劳动合同法》《中华人民共和国就业促进法》这两部法律与《职工带薪年假条例》正式实施，开启了中国新劳动法律的新时代。

（2）用工模式。自20世纪90年代起，国有企业开展了人事制度改革，取消了企业的行政级别和干部身份，下放企业领导人员的管理权限，实行经营者的聘任制度、职业化等政策。在这个过程中，国有企业职工身份也发生了变化，国家和国有企业通过一次性买断的形式消除了"国有企业职工"的身份，全部用工实现了劳动合同制，让职工以雇佣劳动的身份进入劳动力市场或社会保障体系。随着社会经济发展及科技进步，第三产业发展迅速，中国的劳动力市场开始发育并不断成长，农村及城市剩余劳动力激增，导致国有企业多种用工形式的存在。中国的特殊国情造成了劳动力市场长期处于供大于求的严重失衡状态，尤其是待遇相对较好的国有企业，出现了大量的非正式职工，例如，临时工、季节工和劳务派遣制等。多种用工形式对于国有企业降低人力成本，提升竞争力具有一定的益处，但是出现了对非正式工滥用，并对非正式职工合法权益的忽略甚至侵害现象。非正式工付出的劳动力与获得的收入及福利严重不等，即同工不同酬。对此，国家认识到改革的必要性，并在修正后的《中华人民共和国劳动法》第四十六条规定：工资分配应当遵循按劳分配原则，实行"同工同酬"。第六十三条规定，"被派遣劳动者享有与用工单位的劳动者同工同酬的权利"。2014年人力资源和社会保障部也出台了《劳务派遣暂行规定》，从用工范围和用工比例，劳动合同、劳务派遣协议的订立和履行，劳动合同的解除和终止，法律责任等方面对劳务派遣用工制度进行了规范。

（3）工会建设及集体协商制度。国有企业开始改革即扩大企业经营自主权的试点，其中涉及职工参与的内容，例如，实施党委领导下的厂长负责制和建立职工代表大会制度等。1981年7月，《国有工业企业职工代表大会暂行条例》出台，成为1949年以来，第一部有关职工代表大会制度建设的全国性法规。到20世纪80年代中期，大多数的国有企业都建立了职工代表大会制度。1986年与1988年，中国政府相继出台了《全民所有制工业企业职工代表大会条例》《全民所有制工业企业厂长工作条例》和《全民所有制企业法》，为职工通过职代会及其他形式参与国有企业民主管理提供了法律依据，开启了职工民主参与制度的法制化道路。1993 年 12 月，《中华人民共和国公司法》出台，用"新三会"（股东大会、董事会和监事会）代替了"旧三会"（党委会、职代会和工会），反映了国有企业职工参与民主管理的制度变迁。但是，随着国有企业改制的不断深入，新三会与旧三会之间的关系并没有理清，两种制度的冲突严重影响了职工对国有企业管理的参与。①

20 世纪 90 年代颁布的《中华人民共和国工会法》第二十条规定，"工会帮助、指导职工与企业以及实行企业化管理的事业单位签订劳动合同。工会代表职工与企业以及实行企业化管理的事业单位进行平等协商，签订集体合同。集体合同草案应当提交职工代表大会或者全体职工讨论通过。工会签订集体合同，上级工会应当给予支持和帮助"。这是首次将集体谈判的概念引入到国有企业的劳资关系之中。但在具体用词上，中国更倾向于"集体协商"一词，原因在于"协商"一词比"谈判"更具有建设性，更容易避免文化冲突。1993 年，劳动部通过了《集体合同规定》，对规范集体协商和签订集体合同行为制定了行为规范及细则，是对《中华人民共和国劳动法》和《中华人民共和国工会法》关于集体谈判有关规定的细化。2001 年和 2003 年，新《工会法》及修正后的《集体合同规定》对工会建设及集体协商制度又进行了强化。改革开放之后，由于法制的不断健全及国家的重视，工会组织建设取得相当大的进步。作为国企改革的一部分，工会组织也为了适应新时代的要求而进行了结构重组，会员数与专职工作人员数呈现出不断上升的趋势，这也反映出工会建设取得的成绩。考虑到国有企业的工会化水平远远高于私有企业，所以全国工会组织情况很大程度上代表着国有企业工会组织情况。因此，本书利用全国工会组织的有关数据来间接反映国有企业的工会情况（见表 4.1）。可以说，改革开放后，工会制度与集体协商制度在形式上已经比较完善了，绝大多数的国有企业及其职工都纳入了这个制度框架。

---

① 唐镳：《劳动关系管理概论》，中国人民大学出版社 2012 年版，第 171—172 页。

表 4.1　　　　　　　　改革开放以来的全国工会组织情况

年份	工会基层组织数（万个）	全国已建工会组织的基层单位的职工与会员人数（万人）				工会专职工作人员人数（万人）
		职工人数	#女性	会员人数	#女性	
1979	32.9	6897.2	2171.7	5147.3	—	17.9
1980	37.6	7448.2	2518.6	6116.5	—	24.3
1985	46.5	9643.0	3596.7	8525.8	3149.2	38.1
1990	60.6	11156.9	4291.0	10135.6	3897.7	55.6
1991	61.4	11351.4	4394.8	10389.1	3991.6	58.0
1992	61.7	11223.9	4377.1	10322.5	3974.0	58.0
1993	62.7	11103.8	4359.9	10176.1	3949.6	55.4
1994	58.3	11269.6	4483.2	10202.5	4018.1	56.0
1995	59.3	11321.4	4515.3	10399.6	4116.5	46.8
1996	58.6	11181.4	4500.0	10211.9	4093.1	60.5
1997	51.0	10111.5	4004.8	9131.0	3579.4	57.7
1998	50.4	9716.5	3882.0	8913.4	3546.7	48.4
1999	50.9	9683.0	3797.9	8689.9	3406.2	49.7
2000	85.9	11472.1	4534.5	10361.5	3917.3	48.2
2001	153.8	12997.0	5087.9	12152.3	4696.6	
2002	171.3	14461.5	5157.6	13397.8	4665.2	47.2
2003	90.6	13301.6	5079.3	12340.5	4601.1	46.5
2004	102.0	14436.7	5502.6	13694.9	5135.3	45.6
2005	117.4	15985.3	6016.3	15029.4	5574.8	47.7
2006	132.4	18143.6	6719.3	16994.2	6177.8	54.3
2007	150.8	20452.4	7494.5	19329.0	7042.2	60.2
2008	172.5	22487.5	8168.8	21217.1	7773.8	70.5
2009	184.5	24535.3	8652.6	22634.4	8248.4	74.6
2010	197.6	25345.4	9288.1	23996.5	8871.5	86.4
2011	232.0	27304.7	10211.2	25885.1	9763.6	99.8
2012	266.3	29371.5	11014.5	28021.3	10611.0	107.9

注：2003 年起，基层工会数量统计的口径有所调整。

资料来源：《中国统计年鉴 2013》。

自 20 世纪 90 年代国企改革起，国家要求国有企业减员增效、下岗分流，实现企业存量劳动力的剥离，数百万的国企职工因此下岗。这个过程中，工会承担了技能培训和帮助下岗工人再就业的功能。随着国有企业用工形式的多样化及国企福利作用的减弱，计划经济时代相对和谐的劳资关系被打破，劳资关系冲突开始出现，并有愈演愈烈的倾向。这也对新时期工会建设提出了更多的要求。[①]

（4）利益分配。改革开放后，随着对国有企业放权让利等改革的推进，国有企业开始拥有工资分配的自主权，实行浮动工资制度，拉开个人收入差距，建立较为有效的激励机制。先后经历了"自主经营、自负盈亏、自主分配、国家征税"，到"国家宏观调控、分级分类管理、企业自主分配"，再至社会主义市场经济条件下"市场机制决定、企业自主分配、政府监督调控"及之后的"市场机制调节、企业自主分配、职工民主参与、国家监督指导"的一系列转变，每一次转变都代表着市场机制作用的增强。这代表着国有企业工资制度也逐步由行政化向市场化转变。[②] 目前，在国有企业工资分配中，市场机制的作用越来越明显，但行政等非市场因素依然扮演着重要角色。通过改革，国有企业先后引入了技能工资、岗位工资等多种分配形式，劳动力的流动性也得以增强，工资越来越接近于劳动力市场供求的结果。但是，集体协商制度严重缺失，劳资双方不能通过协商来解决利益矛盾。此外，由于国有企业发展的地域、行业差异，不同国企之间存在较大的工资水平差距，尤其是电力、石油、邮电通信等垄断行业，存在收入水平过高的现象。

该时期的用工制度变迁具有以下特点：

第一，以渐进式的变迁方式为主，变迁速度不断加快。诱致性制度变迁逐步增多。改革开放后，国家在推进国有企业用工制度改革时，采取了由点及面，由上而下，先试点后推广，由表及里，逐步推进的改革策略，以渐进式的制度变迁为主。例如，劳动合同制的推行，前后用了

---

① 曾勋：《劳动革命——全国劳动用工制度改革初见成效》，吉林出版集团有限公司 2010 年版，第 43 页。

② 参见李建新、孟繁强、王建友《超组织人力资源管理研究》，山西人民出版社 2011 年版，第 51—52 页。

十几年的时间。变迁的速度虽然较慢，但是符合当时国有企业用工状况，是一种实事求是的理性行为。而且随着改革的不断深入，用工制度变迁的进程也在不断加快，进入21世纪之后，立法建设明显加快，大量重要法律得以修订及出台，劳动管理部门的规章制度也在快速完善，可以预见这种趋势将越来越明显。再者，国有企业在激烈的国内外市场竞争中，也开始自觉地探索符合自身实际的用工模式，例如不断创新人力资源管理制度，寻找高素质的管理人才，创新企业文化等，这些都属于诱致性制度变迁的范畴。考虑到国有企业的特殊性质，在未来，强制性制度变迁依旧会占主导地位，但是诱致性制度变迁会越来越多，弥补强制性制度变迁的某些弊端。

第二，用工形式多元化、复杂化。改革开放后，国有企业面对的内外部环境发生了深刻的变化，对人才的需求也日益多元化。受限于传统计划经济体制路径依赖的影响，固定工制度不是一朝一夕可以消除的，同时市场竞争又要求其追逐更为高效、低成本的用工形式，导致多种用工形式并存，而且协调起来十分复杂。不可否认，用工形式的多元化对企业市场竞争有利，但是其中对劳动者的权益保障却没有做到位，如何保障劳动者的合法权益，实行多种用工形式和谐共存，是未来改革的目标之一。

第三，劳资关系复杂化，存在劳资冲突。用工制度改革搞活了劳动力市场，提升了劳动者的收入及境况。但是，竞争机制的引入使得旧体制下很多老职工无所适从，当面对下岗、裁员时，容易诱发劳资冲突。而且，中国的社会保障机制与劳动法律法规尚不健全，工会制度与集体协商制度形式化严重，劳动者的权益难以得到保障。再者，企业改制改变了过去经营者与劳动者目标的一致性，经营者开始追求企业利润，而劳动者追求收入最大化，这种差异性直接反映到国有企业的收益分配之中，不同行业、不同岗位间职工的收入差距越来越大，在激励的同时也引来了很多不满。可以说，国有企业劳资关系的交易成本较以前大幅度增加，合作难度增大，容易诱发冲突。

第四，市场化是国有企业用工制度改革的目标。改革开放后，经过长期的理论与实践摸索，中国找到了国有企业用工制度改革的方向及目标——市场化。通过四十年来的改革，可以发现，市场化是国企用工制度改革的必然趋势，改革带来的成果实际上都是市场机制带来的，当前国企用工制度存在的问题也可以看作市场化不足造成的。在未来，市场化依旧是国有企业用工制度改革的主题之一。

第五，对劳动者权益越来越偏重。在计划经济时代，企业利益高于一切，对劳动者的保障制度很少。改革开放后的相当长的一段时期内，相关法律法规比较偏重于保障企业利益。随着劳动法制的不断进步，对劳动者权益的保护越来越偏重，劳动者可以凭借法律武器获得法律的保护，这反映了中国劳动法制的进步与公平正义的法制要求。

第二节　中国国有企业用工制度现状

2012 年，中国国有单位在岗职工人数为 64672393 人，其他就业人数为 3717929 人，共计 68390322 人，占总城镇就业人口的 44.89%；国有控股在岗职工 39143904 人，其他就业人员 3050027 人，共计42193931 人，占总城镇就业人口的 27.69%。两者总共占城镇就业人口的 71.58%。可见，国有企业在全国就业尤其是城镇就业中占据着至关重要的地位。

一　相关法律法规分析

国有企业用工制度的建立健全除了企业自身的规章制度外，最根本上还要依靠国家供给高效率的相关法律制度。由于主客观方面的原因，中国在改革开放的前十几年里一直没有出台一套专门的保障劳动者权益的法律，造成对于劳动者的使用随意，以及经常出现侵犯劳动者权益的行为，严重影响了社会和谐。直至 1994 年，中国颁布了第一部《中华人民共和国劳动法》，标志着企业劳动关系开始规范化与法制化。从此，中国法律制度建设走上了快车道，陆续出台了一系列相关法律和行政法规，既有中央的也有地方的。并且，随着时代的进步对已有法律法规不完善的地方，以劳务派遣乱象为例，为了解决该问题，十一届全国人大常委会第二十七次会议初次审议劳动合同法修正案草案，主要对有关劳动派遣的规定进行了集中修改。这些举措对于规范国有企业用工双方的行为，维护双方合法权益，抑制机会主义行为提供了较为有效的行为准则。

具体来讲，中国的劳动法律法规包括以下几个层次：

第一层次是宪法。宪法是国家的根本大法。宪法中有大量与劳动者相关的条款，成为具体法律法规的最根本依据。中国宪法规定，"中华人民共和国公民有劳动的权利和义务"。"中华人民共和国劳动者有休息的权利，国家发展劳动者休息和休养的设施，规定职工的工作时间和休假制度。"

第二层次是具体法律。这些法律由全国人大及其常委会制定并颁布，其效力低于宪法但高于国家机关制定的法规。当前中国的劳动法律有《中华人民共和国劳动法》《中华人民共和国劳动合同法》《中华人民共和国工会法》《中华人民共和国职业病防治法》《中华人民共和国安全生产法》《中华人民共和国矿山安全法》《中华人民共和国就业促进法》等。

第三层次是国家机关制定的约束性法规。包括国务院颁布的行政法规，例如《劳动保障监察条例》《企业劳动争议处理条例》《工伤保险条例》《失业保险条例》《禁止使用童工规定》《女职工劳动保护规定》等；劳动和社会保障部颁布的配套规章主要有《企业最低工资规定》《违反〈劳动法〉有关劳动合同规定的赔偿办法》《违反和解除劳动合同的经济补偿办法》《集体合同规定》等地方性法规和地方政府规章。《中华人民共和国劳动法》赋予了省、市、自治区制定劳动合同实施办法的权力，各地方政府制定了大量的地方性法律、法规和地方政府规章制度，如《北京市劳动合同规定》《上海市劳动合同条例》等。

对劳动力的保护是世界性问题。国际上也制定了大量的国际劳动公约，以保障全球劳工的权益。其中，中国已经批准的国际劳工公约也应当是我国劳动法制的一部分。迄今为止，我国已批准了多个国际劳工公约，例如1981年的《职业安全和卫生及工作环境公约》《制定最低工资确定办法公约》《三方协商促进履行国际劳工公约》《就业政策公约》《准予就业最低年龄公约》与1958年的《消除就业和职业歧视公约》，等等。

二 企业内部用工制度分析

(一) 用工模式

通过多年来的深入改革，国有企业传统、僵化的用工制度被打破，用工市场化趋势越来越明显，人员的流动性大大增强。国家通过买断工龄、内退、下岗等方式裁汰了一大批冗员，减轻了企业负担。对留用人员，终身制被打破，劳动合同制与劳务派遣制被引入，形成多元化的用工模式，有助于企业通过劳动力市场来寻找企业所需的人才，减少企业富余人员压力，优化了国有企业的用人规模和结构。[①]

国有企业普遍实行的是固定工、合同工和劳务派遣工、临时工等多种方式的用工模式。固定工是指劳动者一旦被企业录用后，只要不犯严重错误，劳动关系一直保持到退休的用工形式，这是 1949 年以来形成的一种国有企业基本用工模式。合同工是指企业与劳动者就通过签订劳动合同来建立劳动关系的用工模式，合同一般采取书面形式，具有法律效力，内容包括时限及双方的权利和义务等。1986 年中国用工制度改革以后招收的国有企业工人一般都是合同工。劳务派遣工是指劳务派遣单位与派遣劳工签订合同，两者之间存在劳动关系，前者给予后者报酬，但劳工的劳动力由派遣单位给予要派企业。劳务派遣工具有临时性、辅助性和替代性的特征，最显著的特征是劳动力的雇佣和使用的分离，劳动关系并不在工作单位。临时工是指企业根据临时性或季节性工作任务，临时招收并使用的，不超过一年的职工，一般待遇较差，工作不稳定，基本没有福利和社会保险。

所谓双轨制，是指人们平时所说的有编制和无编制的职工并存，两者在工作稳定程度、报酬、企业地位、职工福利及工作环境等方面具有很大的差异，前者比后者在各方面要优越得多。有编制的工人，即正式工，一般享受着很高的企业福利和较高的企业地位，一般情况下是终身制的，容易对企业产生依赖感与归属感。但是由于实行平均主义，不利于激发职工的积极性，效率不高。无编制的工人，即非正式工，采取的是市场化的用工机制，与企业通过市场谈判签订劳动合同，明确双方的

---

① 年志远、刘斌：《国有企业用工制度改革研究》，《当代经济研究》2013 年第 11 期。

权利与义务，工人在法制保障下通过付出劳动力来获取相应的收入，企业可以根据需求选择性价比最高的劳动者。在劳动者违反有关企业的情况下，国有企业完全可以依照有关法律及部门规章制度对其进行淘汰。实践证明，由于用工形式灵活，福利负担小，无编制职工的用人成本确实远低于有编制的职工，性价比更高，吸引大量国有企业增加合同工和劳务派遣等体制外职工。虽然降低了企业用人成本，但实践中出现了同工不同酬的现象，侵犯了无编制人员的合法权益。《劳务派遣暂行规定》等政策实施之后，国有企业对劳务派遣这种非正式用工的使用受到了很大限制，但短期内非正式工的高比重现象没有得到明显改观。

（二）职工民主参与制度

老三会是国有企业职工参与企业生产管理，反映诉求，维护自身权益的三种传统机制。自国有企业改制后，新三会在大多数的国有企业中建立起来，老三会的一些职能及权利被转移到新三会之中。但是，新三会的出现并没有使老三会消失，老三会成为了新三会职能的有机补充，起监督、咨询、沟通的作用。国有企业职工可以在职代会、工会、董事会及监事会等层面参与企业的生产经营决策，维护广大职工的利益。当前，很多国有企业在董事会和监事会上都引进了职工代表，让其代表全体职工监督、参与企业决策。此外，职代会与工会也是职工参与企业管理的重要途径。下面对职工民主参与的主要制度进行阐述：

第一，职工代表大会。根据国资委2007年发布的《国资委关于建立和完善国有企业职工代表大会制度的指导意见》，职工代表大会是国有企业职工行使权力的地方，国有企业职工通过职工代表大会来维护职工权益。职代会拥有审议建议权、审议通过权、监督评议权和民主选举权。职代会由职工代表组成，他们是企业职工民主管理的主体，职工代表结构合理，权利保障和义务履行决定着职工民主管理的成效。职代会的主要制度包括职代会组织制度，职代会的日常民主管理工作制度（包括联席会议制度、质量评估制度，专门委员会制度、职工代表巡视检查制度和职工代表培训及述职、评议制度），文书档案管理制度等。

第二，工会。中国《工会法》规定，"工会是职工自愿结合的工人阶级的群众组织"。"工会通过平等协商和集体合同制度，协调劳动关系，维护企业职工劳动权益。""工会依照法律规定通过职工代表大会或者其他形式，组织职工参与本单位的民主决策、民主管理和民主监督。""工会必须密切联系职工，听取和反映职工的意见和要求，关心职工的生活，帮助职工解决困难，全心全意为职工服务。"当前，国有企业工会依旧是全国工会的主导力量，对于维护工人阶级的领导地位及合法权益、体现人民当家做主的地位和提高职工素质，起到了积极的作用。工会一直以来都是国有企业的传统，国家及国有企业也十分注重对工会的持续建设，基层工会组织建设一直走在前列。由表4.2可见，国有及国有控股企业（包括国有企业、国有独资、国有控股）的基层工会组织数量相对不多，原因主要在于国有经济进行了大规模的战略性调整，通过兼并、重组、破产，国有资产得到了重新整合，企业数目大为降低。但是，每个工会组织的平均会员数，三种国有企业却占据了前三名，某种程度上说明了国有企业在工会建设中对职工的覆盖率是比较高的。

表4.2　　　　　　　　　　　内资企业的工会建设状况

企业形式	基层工会组织数	工会会员数（个）	每个工会组织的平均会员数（个）
国有企业	80686	26981170	334.4
集体企业	73697	8670794	117.7
股份合作企业	39815	6401073	160.8
联营企业	7909	1261388	159.5
国有独资公司	8186	2965223	362.2
有限责任公司	162129	16471920	101.6
国有控股公司	15711	7463625	475.1
股份有限公司	48211	71183	147.6
私营企业	1396722	98094635	70.2
其他企业	12154	1637613	134.7

资料来源：《中国劳动统计年鉴2013》。

　　第三，董事会与监事会。董事会是公司治理结构的核心。承担着企业重大经营决策、管理制度制定、执行股东大会决议等重要职能。监事会则主要承担着对董事会成员及经理人进行监督，对公司财务及业务状况监督、质询等职能，关键的职能是监督职能。国有企业改制后，有一段时间董事会与监事会流于形式，一股独大与内部人控制问题严重，没有发挥出应有的功能，不可避免地损害了广大职工的权益。因此，国家也通过大量的制度供给对其进行了规范。例如，《公司法》规定，有限责任公司与股份有限公司中的监事会必须要有固定的公司职工比例，且不少于三分之一。两个以上的国有企业或者两个以上的其他国有投资主体投资设立的有限责任公司，其董事会成员中应当有公司职工代表。

此外，国有企业的党委会制度中也有职工代表列席制度，但是参与程度较小。对于职工持股的国有企业，职工也可以通过股东大会参与企业管理，但是当前的国有企业职工持股计划尚未得到完全推广，所以这条途径的作用不大。

（三）国有企业职工薪酬制度

高效的薪酬制度是激励国有企业劳动者努力工作、提高技能、挖掘潜力的物质保障。国有企业的薪酬制度经历了三十多年的变革，已经初步形成了符合市场规律，按劳分配与按生产要素分配相结合的比较系统的薪酬体系。

由于所处地域、行业、历史、规模等条件的不同，国有企业职工薪酬制度多种多样。但总体来说，国有企业职工的薪酬制度一般分为年薪制和月薪制，前者主要适用于引进的高素质人才以及管理人员，后者适用于除此之外的大部门职工，例如，对一般的体力劳动者一般都实行月薪制。从原则上讲，国有企业职工薪酬一般由基本工资、补贴津贴和绩效工资（奖金）三部分构成，有时国有企业也可以根据需要在劳动合同中另行确定。

第一，基本工资。基本工资是指国有企业给职工基本的劳动报酬。基本工资的标准主要依据入职时间、从事工作岗位情况、学历层次、技能掌握情况，参照整个社会及行业同等工资水平等综合确定。这部分工资与绩效无关，主要包括等级工资、岗位工资、结构工资、岗位技能工资等。

第二，补贴津贴。补贴津贴是指国有企业按照国家及企业规定，发给职工在特殊条件下工作的报酬，例如高温补贴、职务津贴、夜班津贴等，目的在于弥补职工在体力及脑力上的付出，具有一定的灵活性。

第三，绩效工资。绩效工资是指国有企业根据企业经济效益增长和职工对企业付出的劳动而支付给职工的额外奖励性工资，是对职工的激励措施。绩效工资可以分为个人绩效工资与全体绩效工资。个人绩效工资主要取决于个人的劳动，包括计件工资（直接计件工资与差别计件工资）、工时制（标准工时工资与差别工时工资）。群体工资是指以职工所在的部门或整个企业的绩效为依据向职工支付的报酬，一般包括利润分享，例如，当企业效益好时，会发部门或企业绩效；股票期权收入，在一些实行职工持股制度的国有企业，职工会获得相应的股票期权收入，例如企业分红。

此外，福利作为一种间接薪酬，在国有企业薪酬体系中也占据着一席之地。除了法定福利外，国有企业的自主福利相对较高，而且名目繁多，例如交通补助等，对于改善职工生活起到了一定的积极作用。

以上是当前国有企业职工薪酬的基本制度，在实际操作中，在不同类别工资的权重、评价指标、使用的软件、计算方法等具体问题上，不同的国有企业之间具有很大的差异。

（四）国有企业职工培训制度

改革开放后，随着社会主义市场经济的快速发展，国有企业暴露出职工素质低、缺乏高素质人才等问题。为了提高职工技能，提升企业竞争力，大多数国有企业开始注重职工培训，根据各自情况，加大对职工培训的投入力度，很多企业建立了自己较为完善的培训制度。从形式上来说，这些培训制度基本反映了现代企业竞争要求，覆盖面也比较广，既有专门的培训部门及人员，也对培训活动、方式、考核进行了制度规范，提升了职工技能，增强企业人才竞争力。以中石油天然气集团公司人事部门在2009年下发的《中国石油天然气集团公司 HSE 培训管理办法》为例，该办法对培训职责、培训管理及考核做了详细规定。具体来说，管理办法包括明确企业各级负责人、各级培训管理人员、企业 HSE 主管部门及各级组织人事部门的责任及义务；对 HSE 培训的流程、方式、培训对象、实施细则提出了要求；建立了 HSE 培训奖惩机制，将其与晋级和先进评选挂钩。

（五）国有企业职工招募及退出制度

国有企业只有实现了对职工的系统考核与检查奖惩，才能够真正地激发职工的积极性与创造性，提升职工素质与用工质量。经过几十年的改革，国有企业已经打破了只进不出的封闭用人制度，不再像计划经济时期那样实行国家统一分配。企业职工的招募日益市场化，企业为此也建立了专门的人力资源管理部门及运行机制。相当一部分国有企业已经实现了职工招募的市场化，通过高级猎头、校园招聘、社会招聘等多种手段吸收人才。与此同时，在有关法律法规的引导下，国有企业也不断完善企业职工的退出制度，制定了大量的内部规章制度，例如，职工行为规范、企业职工辞职及退休制度、违纪职工的辞退制度等。这些制度使国有企业职工的流动性加大，增强了企业活力。

为了衡量国有企业职工招募及退出制度的效果，本书以国有单位（包括按《中华人民共和国企业法人登记管理条例》规定登记注册的非公司制的经济组织，以及中央、地方各级国家机关、事业单位和社会团体）2010年就业人员的流动情况进行说明（见表4.3与表4.4）。

表4.3　　　　　　　中国国有单位就业人员单位减少去向

合计	离休、退休、退职	开除、除名、辞退	终止、解除合同	不在岗职工	死亡	调出	#调到外省、自治区和直辖市调入	其他
3692285	955036	119725	929547	223239	68602	911804	30903	484332

资料来源：《中国劳动统计年鉴2011》。

表4.4　　　　　　　中国国有单位就业人员单位增加来源

合计	从农村招收	从城镇招收	录用的复员转业军人	录用的大中专、技工学校毕业生	调入	#由外省、自治区和直辖市调入	其他
4380475	617599	637876	102177	1133434	1025536	35363	863853

资料来源：《中国劳动统计年鉴2011》。

2010 年，国有单位总就业人数为 65164379 人，减少的人数为
3692285 人，增加的人数为 4380475 人，分别占到总人数的 5.6% 与
6.7%，流入人员与增加人员相差不大。从减少去向看，终止、解除合
同的人数仅次于离退休人员，说明劳动合同制在国有企业中得到了较好
的执行；调出人员数目在第三位，说明国有企业人员已经具有了一定的
流动性。此外，有将近 12 万人被开除、除名及辞退，也反映了国有企
业用工管理的进步。从增加来源看，录用的大中专、技工学校毕业生所
占比重最高，调入的数目排在第二位，说明了国有企业职工注重招募高
素质人才。

第三节 中国国有企业用工制度的正效应

一 提高了国有企业职工的收入水平

20 世纪 90 年代国企困难时期，大量国有企业无法按时给职工开工
资，而且工资水平也很低。随着国有企业用工制度改革，职工的激励及
约束机制强化，使国企职工具有了竞争意识，直接或间接地提高了职工
素质。职工素质的提高一方面会使企业的人力资本增加，使经济效益改
善，增强了与其他性质企业的竞争力；另一方面，职工素质的提高也有
助于职工创造更多的价值，获得更多的报酬。为了说明这一点，本书以
1998—2012 年城镇单位中的国有单位平均工资进行说明（见表 4.5）。

表 4.5　　　　　　1998—2012 年城镇单位就业人员平均工资　　　（单位：元）

年份	合计	国有单位	城镇集体单位	股份合作单位	联营单位	有限责任公司	股份有限公司	其他内资	港、澳、台商投资单位	外商投资单位
1998	7446	7579	5314	6051	8431	7762	8829	6183	10330	12927
1999	8319	8443	5758	6709	9494	8658	9734	8571	11349	14353
2000	9333	9441	6241	7479	10608	9750	11105	9888	12210	15692
2001	10834	11045	6851	8446	11882	11024	12333	11888	12959	17553

年份	合计	国有单位	城镇集体单位	股份合作单位	联营单位	有限责任公司	股份有限公司	其他内资	港、澳、台商投资单位	外商投资单位
2002	12373	12701	7636	9498	12438	11994	13815	10444	14197	19409
2003	13969	14358	8627	10558	13556	13358	15738	10670	15155	21016
2004	15920	16445	9723	11710	15218	15103	18136	10211	16237	22250
2005	18200	18978	11176	13808	17476	17010	20272	11230	17833	23625
2006	20856	21706	12866	15190	19883	19366	24383	13262	19678	26552
2007	24721	26100	15444	17613	23746	22343	28587	16280	22593	29594
2008	28898	30287	18103	21497	27576	26198	34026	19591	26083	34250
2009	32244	34130	20607	25020	29474	28692	38417	21633	28090	37101
2010	36539	38359	24010	30271	33939	32799	44118	25253	31983	41739
2011	41799	43483	28791	36740	36142	37611	49978	29961	38341	48869
2012	46769	48357	33784	43433	42083	41860	56254	34694	44103	55888

资料来源：《中国劳动统计年鉴 2013》。

由表 4.5 可知，1998 年国有单位的工资水平在所有经济单位中处于下游水平，远远低于港、澳、台资企业和外企。随后的十几年里，国有单位的工资水平呈现出快速增长的态势，由 1998 年的 7579 元猛增至 2012 年的 48357 元，是 1998 年的 6.38 倍。从相对速度上看，2005 年国有单位的平均工资水平 48357 元，已经超过了港、澳、台资企业，2012 年仅次于外资企业和股份有限公司。有限责任公司与股份有限公司中也有大量的国有控股企业，根据《中国劳动统计年鉴 2013》相关数据计算，2012 年国有控股企业的工资水平为 54968 元，略低于股份有限公司的平均水平，但高于有限责任公司的平均水平。由此可见，国有企业职工的工资水平在快速改革的十几年里取得了绝对和相对两个层面的快速增长。

二　提高了国有企业的竞争力

一般来说，国有企业用工制度越不合理，冗员就越多，其占总就业人口的比重就越大。因此，可以以国有单位就业人数占城镇总人口就业人员数的比例来侧面衡量国有企业用工制度的一些变化及改革开放四十年来就业情况的变化。以 2003 年、2010 年的相关数据为例（见图 4.1 与表 4.6）。

表 4.6　　　改革开放以来全国、城镇及国有单位就业人口情况　（单位：万人）

年份	全部就业人口	城镇就业人口	国有单位就业人口
1978	40152	9514	7451
1980	42361	10525	8019
1985	49873	12808	8990
1990	64749	17041	10346
1995	68065	19040	11261
1996	68950	19922	11244
1997	69820	20781	11044
1998	70637	21616	9058
1999	71394	22412	8572
2000	72085	23151	8102
2001	72797	24123	7640
2002	73280	25159	7163
2003	73736	26230	6876
2004	74264	27293	6710
2005	74647	28389	6488
2006	74978	29630	6430
2007	75321	30953	6424
2008	75564	32103	6447
2009	75828	33322	6420
2010	76105	34687	6516
2011	76420	35914	6704
2012	76704	37102	6839

资料来源：《中国劳动统计年鉴 2013》。

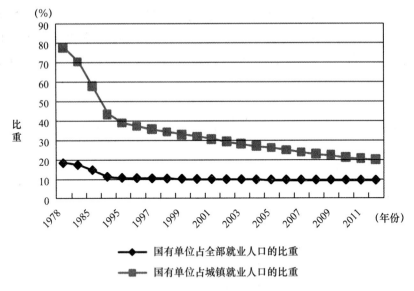

图4.1　国有单位占城镇就业人口及全部就业人口的比重

资料来源：《中国劳动统计年鉴2013》。

　　从表4.6可见，改革开放之后，在城镇就业与全国就业人口每年持续增加的情况下，国有企业在1995年前保持着持续增长的态势，但是在1995年之后，人数逐渐下降，尤其是1997年国企大规模的改革之后，下降速度非常快，直至2003年，这种势头才止住。从2003年至今，国有单位的就业人数比较稳定，只有小幅度的下降及上浮。就比重而言，由表4.6可见，改革开放至今，国有单位就业人数占城镇总就业人数及全国总就业人数比例呈现了一个显著的下降趋势，由此可侧面反映出国有企业用工制度改革的成效。

　　虽然国有单位的就业人数及所占比重降低，但是用工制度改革提高了职工的生产效率，降低了企业成本，在其他因素的作用下，反而促进了国有企业经济效益的提升。通过国有及国有控股企业的一些效益指标可以间接反映国有企业用工制度取得的成绩。

表 4.7　　　　　　1998—2012 年国有及国有控股主要经济指标情况

年份	企业单位数（个）	资产总计	负债合计	主营业务收入	主营业务税金及附加	利润总额	总资产贡献率（%）	资产负债率（%）	流动资产周转次数（次/年）	工业成本费用利润率（%）
1998	64737	74916.27	35648.27	33566.11	993.53	525.14	—	—	—	—
1999	61301	80471.69	49877.69	35950.70	1062.21	997.86	6.77	61.98	1.20	2.89
2000	53489	84014.94	51239.61	42203.12	1150.28	2408.33	8.43	60.99	1.34	6.15
2001	46767	87901.54	52025.60	44443.52	1250.18	2388.56	8.17	59.19	1.36	5.75
2002	41125	89094.60	52837.08	47844.21	1401.82	2632.94	8.71	59.30	1.47	5.93
2003	34280	94519.79	55990.53	58027.15	1589.87	3836.20	10.09	59.24	1.69	7.25
2004	35597	109708.25	62005.79	71430.99	1921.90	5453.10	11.00	56.52	1.90	8.43
2005	27477	117629.61	66653.58	85574.18	2121.74	6519.75	11.87	56.66	2.10	8.44
2006	24961	135153.35	76012.52	101404.62	2612.74	8485.46	12.92	56.24	2.28	9.35
2007	20680	158187.87	89372.34	122617.13	3242.18	10795.19	13.79	56.5	2.39	9.90
2008	21313	188811.37	111374.72	147507.90	3882.05	9063.59	11.77	58.99	2.34	6.71
2009	20510	215742.01	130098.87	151700.55	6199.11	9287.03	11.29	60.3	2.05	6.73
2010	20253	247759.86	149432.08	194339.68	8016.31	14737.65	13.63	60.31	2.14	8.43
2011	17052	281673.87	172289.91	228900.13	9053.12	16457.57	13.69	61.17	2.23	7.66
2012	17851	312094.37	191349.97	245075.97	10170.35	15175.99	12.77	61.31	2.21	6.52

资料来源：《中国劳动统计年鉴 2013》。

由表 4.7 可见，自 20 世纪末至今的十几年里，国有企业效率是快速提高的。这个过程也是国有企业用工制度快速变迁的历程。由于用工制度是企业效率的要素之一，在其他条件不变的情况下，用工效率提高必然有助于提升企业绩效。所以，在某种程度上，也可以反映出国有企业用工制度改革取得的硕果。

第四节　中国国有企业用工制度存在的问题

在计划经济时代，国有企业不是真正意义上的现代企业，而是政府的附属物，是政府经济职能的延伸。当时国有企业的用工制度是僵化的，职工也不是市场意义上的劳动者，而是从属于政府。改革开放后，国有企业用工制度发生了翻天覆地的变化，市场机制逐步被引入国有企业用工管理之中，而且市场化用工的比重越来越高，当前基本所有的国有企业招聘人员都采取市场化方式。与之对应，计划用工的比重越来越少，但仍保留着大量计划经济的残余。随着改革的持续深入，用工制度改革进入了瓶颈期，传统用工制度残余与现代市场化用工体制之间的制度冲突越来越明显。对此，明确国有企业用工制度存在的问题，设定科学的改革目标和措施，是摆在政府和国有企业面前的一个重要任务。具体来讲，国有企业用工制度存在以下几个主要问题。

一　法律法规不健全

第一，西方资本主义国家劳动法制建设时间很长，时至今日，已经十分成熟。而中国劳动立法严重滞后，20 世纪 90 年代才真正地开始立法建设。而且，当前已有的劳动法制缺少高层次的劳动立法，劳动法制基本上还局限于对个别劳动关系的规制，集体劳动关系法律规制还不系统，更多的是以行政法规和规章为主，规范性与权威性不足。已经出台的高层次法律，例如《中华人民共和国劳动合同法》《中华人民共和国劳动法》《中华人民共和国工会法》等，虽然几年来修订频繁，但都在不同程度上存在漏洞。

第二，中国劳动立法与国际标准没有有效对接。虽然中国已经批准了很多国际劳工公约，但是目前很多国内的劳动标准与国际标准有较大距离，在消除就业歧视、罢工权、集体谈判权、自由结社和强迫劳动等问题上与国际社会存在一定分歧，这对于中国参与经济全球化竞争及适应 WTO 规则产生了不利影响。

第三，地方政府具有制定本地劳动法规的权利。由于缺乏统一协调，地方性劳动法规与规章的设计随意性较大，经常出现对同样问题规定不同的现象。而且，违背上一级部门规章以及劳动相关法律的现象也时有发生，极大地增加了制度的实施成本。

第四，维权成本高昂。虽然现有法律法规赋予了劳动力利用法律武器维护自身权益的权利和工具，但是由于走法律程序十分烦琐，举证困难、诉讼费和律师费高昂，使得很多国企职工在自身合法权益遭受危害时，难以利用法律武器保护自己。

第五，有法不依，执法不严。劳动法律法规能否发挥作用，除了考虑设计的科学性之外，能否得到切实贯彻也是关键。当前中国的劳动监管部门组织建设不力，各自为政现象突出，执法资源不足，对企业劳动行为的监管能力严重不足。此外，一些国有企业作为地方上的利税大户，即使违反了有关劳动法律法规，难以做到执法必严。

二　薪酬制度不公平

第一，同工不同酬，扭曲激励机制。《中华人民共和国劳动法》第四十六条规定：工资分配应当遵循按劳分配原则，实行"同工同酬"。这一规定体现了劳动市场的公平原则。但体制内的职工所付出的劳动并没有与其获得的待遇相匹配，一些合同工和临时工在企业职工中占据了相当大的比重，待遇很低，但是很多国企正式职工不怎么上班都可以拿到高福利。调查显示，金融、邮政、电信、电力、石油等大型国有企业劳务派遣用工比例占职工总数的1/3以上，这些职工在学历及专业能力方面并不比编制内职工差，而且也付出了相当多的劳动，为企业发展做出了不可磨灭的贡献，但是待遇低得多，保障也跟不上，也就是存在严重的同工不同酬的现象，实质上是一种劳动歧视，与劳动相关法律法规与市场公平原则相冲突，严重扭曲了国有企业职工的行为。在这种制度环境下，正式工或合同工作为体制内人员是既得利益者，一旦进入体制内只要不犯大错误就可以保住位置，而且享受着高于非正式职工的高工资与高福利，也不会受到严格的绩效考核压力。这样虽然有利于增强职工对企业的归属感，但久而久之，难免会产生惰性，出现"偷懒"行为，积极性与创新性也会削弱。而合同工、临时工及劳务派遣工等非正式工而言，即便付出了不少于正式工的劳动，但获得的各方面待遇远低于正式工，虽然有助于节省企业用工成本，但会使非正式工心理产生强烈的反差与隔阂，难以形成对企业的责任感与归属感，把更多的精力放在进入体制内，转变身份，或者是跳槽。[①]

不可否认，多种用工形式是市场竞争的必然要求，日本等发达国家同样存在这样的模式，但是前提是要靠市场机制的调节而非人为因素，让同等的生产要素在相同的情况下获得同样的报酬。

此外，跨国国有企业工作人员收入水平过高。很多海外工作人员的生活环境优越，而且没有明显的绩效压力，即使不怎么努力工作，也会获得比国内高出很多的薪酬。由于缺乏严格的绩效考核机制，即使出现了严重失误也难以追究其责任，更无法在薪酬上对其进行约束。这同样是一种同工不同酬的表现。

第二，薪酬分配等级制度明显，重职位轻激励。首先，当前很多国有企业的薪酬分配主要依据的是职务和岗位，激励性的薪酬并不多。职位高、资历深的职工可以获得相当可观的收入，而职位低、资历浅的职工收入则相对低，尽管他们在劳动中可能付出很多，实质上也是同工不同酬的问题。其次，国有企业的薪酬分配依旧存在一定程度的平均主义问题，很多有能力的知识性职工有自己的专业技能及知识，并对企业做出了贡献，但是获得的收入却与此不对等，而另一些职工即使不做什么，也可以获得相差不多的薪酬。在这种情况下，很难激励职工的创新意识与活动，也很难对外部优秀的人才产生吸引力。再者，缺乏薪酬与企业效益并没有真正完全地结合在一起。有关研究发现，每当国有企业效益好时，大多数情况下都会给职工涨工资，但是国有企业工资制度存在很强的棘轮效应，一旦上涨便很难下降。即使企业遇到困难，效益滑坡，职工也普遍难以接受薪酬下降。如此一来，职工便感觉不到竞争压力，日益产生惰性。最后，薪酬结构复杂，缺乏规范性。由于历史和国企特殊性质的原因，国有企业的薪酬结构比较复杂，名目繁多，需要考虑岗位、工作年限、技术职称、职务等级、社会及企业工龄等多样因素，所以浪费了大量资源，也难以协调好职工不同的利益要求。

---

① 年志远、刘斌：《国有企业用工制度改革研究》，《当代经济研究》2013 年第 11 期。

三　培训制度不完善

第一，培训观念落后。一部分国有企业决策者认为培训是对工作时间的浪费，如果需要人才，完全可以从劳动力市场招聘，投资培训实属浪费。还有一些职工不愿意参加企业培训，认为培训是强制性的，是企业的事情，自己只是被动的。在这种观念下，很多国企职工即使参加培训，也经常只是走过场。

第二，培训体系性差。一般来讲，职工的培训应当紧紧围绕企业的发展战略与可持续发展进行，具有系统性和前瞻性。但是，很多国有企业的职工培训很多都是应上级要求所设定的，形式化严重，具有盲目性，很少有国有企业建立起完善的职工培训体系，有的甚至没有职工培训规章，缺乏长期性与规划性。

第三，培训内容陈旧，方式单一。国有企业的职工培训主要是基本技能培训和态度培训，内容十分陈旧，有的培训教材沿用很多年，有的教材内容早已过时；很多课程的设置缺乏科学性，大多以理论教学和课堂教学为主，照搬学校教学课程的设计模式，虽然请了很多专家学者，但授课模式单一，没有实现企业人力资源开发与职工职业规划的有效对接；有的国有企业在培训上引入了国外培训模式，但是盲目照搬，没有结合本企业实际，针对性差；师资力量薄弱，专职的内部培训师缺乏，请的一些教授、高管及专业培训机构讲师，投入很大，但收效不佳。这些问题既无法达到培训效果，又浪费了企业很多资源。

第四，缺乏严格的培训考核机制。当前国有企业大多数的培训缺乏有效的全程培训评估制度，经常是培训课程结束了就意味着培训活动的终结，即使是有考核，也是走过场。例如写个培训报告、问卷调查、口头评价、简单的考试，等等。这导致培训部门无法真正地了解职工受训的效果，也无法从中吸取经验教训，使培训的有效性大打折扣。

第五，培训工作脱离职工个人需求。在激烈的市场竞争中，职工除了满足物质需求外，还具有追求个人发展的强烈要求。很多国有企业在搞培训的时候，没有充分考虑到职工的个人发展需求，只是根据企业需要开展培训工作，既难以激发职工的兴趣，也阻碍了职工的个人职业发展，不利于留住优秀人才。

第六，海外人员培训制度不健全。随着越来越多的国有企业走出国门，大量国企职工被外派至海外工作，对于这些职工理应建立专门的培训制度。当前，国有跨国企业对于外派人员的培训虽然取得了不小的进步，但是形式化问题仍比较突出，更多的只是应付上级主管部门的要求。结果是，培训的效果难尽如人意，大量海外工作人员不适应当地环境，业务能力也存在不足，诱发了大量经济、法律与文化风险。

四　忽视职工民主参与权

工会是保障职工权利的治理组织，能够通过一定的目标及标准将分散的职工力量积聚在一起成为一个强大的团体来与企业谈判，以此来维护广大职工的权益。计划经济时代，工会是非常重要的企业组织，但国有企业改制之后，原来的党委会、职工代表大会和工会等"老三会"的职能被股东大会、董事会、监事会等"新三会"所取代，但是老三会依旧存在，结果造成职责不清、协调不顺的问题。其中，工会由于政治性强，不产生直接的经济效益，加之国有企业对工会重视程度不够，高素质人才匮乏，维权机制不健全，工会的作用日益边缘化，更多的是充当摆设，没有发挥出其应有的功能。具体而言，国有企业工会存在的主要问题包括：（1）思想观点严重滞后，对于工会的地位及作用缺乏理论与实践研究，缺乏创新活力，甚至有些人持有"工会只会添乱，工作越少越好"的错误思想。（2）工作内容空泛化，缺乏实质性内容，没有真正深入到职工之中去，工作还缺乏针对性、实效性及独立性，难以在职工需要时给予必要的帮助。（3）工会人员流失，很多岗位都是其他部门人员兼职，导致工会专业化程度低。（4）工会权利边缘化，无论是从经济还是从手段上，都无法满足职工各种各样的需求，对于一些生活困难的弱势群体，只能是协调帮助，无法真正地解决问题。久而久之，工会就失去了很多职工的信任和支持。（5）作风差，很多工会人员缺乏对工会工作的正确认识，人浮于事，很多人都以工会工作复杂、任务多为由，得过且过，影响工作效率。

除了工会之外，董事会与监事会是现代企业组织结构中维护职工权益非常有效的治理机制，如果没有职工利益代表者或代表者缺乏足够的权利，那么职工的权益很难得到保障。按照威廉姆森的观点，董事会在必要的时候（例如企业危难时）可以将特殊工人吸纳为董事会成员，不给予其投票权但与其共享信息。国家及地方政府已经认识到董事会与监事会对于保障职工权益的重要性，已经出台了一系列的制度，要求国有企业董事会或监事会中一定要有职工代表。例如，2009 年国务院国有资产监督管理委员会出台的《董事会试点中央企业董事会规范运作暂行办法》第二十五条规定："董事会中应当有职工代表，并由公司职工代表大会选举产生。"但是，在实践中，职工董事或监事定位模糊不清，很难保证选举出来的职工代表能够真正、独立地代表职工群体。很多国有企业选举上来的职工明显地缺乏独立性，几乎没有一线工人担任，多由工会、党委及纪委的有关领导来担任，更多的是听命于管理者，难以代表好、维护好职工们的利益。此外，有关规定用的是"应当有"的措辞，也就是可有可无，导致对职工董事的重视程度明显不够。可见，工人董事或监事这一岗位在治理结构中形式主义比较严重，形式上很健全，但实际上根本没有发挥出应有的作用。

五　企业用工文化缺失

一些国有企业忽视非正式制度建设，尚未形成符合自身特点的用工文化。

第一，人事管理思想浓重。与传统的人事制度相比，由其演变而来的现代人力资源管理制度与其既有联系，也有区别。人力资源管理绝非人事管理的名称代换，人力资源管理部门的职能与传统的部门有本质的区别。忽视两者的区别将人力资源等同于人事，是很多国有企业人力资源管理普遍存在的传统问题。具体而言，传统的人事管理与现代人力资源管理的区别（见表 4.8）。

表 4.8　　　　　　传统人事管理与现代人力资源管理的区别

	传统的人事管理	现代人力资源管理
产生背景	20 世纪初，工业化发展初期	20 世纪 70 年代，工业化大发展
人性假设	经济人	社会人

续表

	传统的人事管理	现代人力资源管理
对人的认识	员工是负担、成本	员工是第一资源、资产
管理目的	组织短期目标的实现	组织和员工利益的共同实现
管理活动	重使用、轻开发	重视培训开发
部门性质	单纯的成本中心	生产效益开发
工作方式	命令式、控制式	强调民主、参与
管理性质	战术性、分散性	战略性、整体性
组织中的地位	执行层	战略层
与其他部门的联系	对立、抵触	服务、合作、咨询

资料来源：付维宁《人力资源管理》，电子工业出版社 2014 年版，第 17 页。

　　虽然大多数国有企业都建立了人力资源管理部门，但是在用工观念上，依旧保持着传统落后的人事管理理念。对"人"的认识不够，重使用、轻开发，没有将自己作为开发人力资源的服务部门，而当成管理部门；对职工的认识不到位，没有将其作为资产而是当成负担；在部门协调中，也经常抱着对立、抵触的心态，影响了用工效率。

　　第二，工作主动性差，服务意识不到位。很多国有企业人力资源管理部门没有树立起符合时代要求的服务意识，心理咨询、文化活动、宣传等服务形式化严重。当企业发展良好，劳资关系稳定时，不主动去维护劳资关系，而是在矛盾激化的时候才重视职工管理工作，往往事倍功半。此外，对于不同用工方式的适用范围、成本、风险及管理模式缺乏系统全面的研究，缺乏锐意进取的改革精神，用工程序烦琐，形式化严重，浪费了很多资源，效率低下。

　　第三，"求稳"心态突出。计划经济时代虽然已经过去几十年，但是遗留下来的惰性依旧存在于国有企业职工之中。很多人认为，进了国有企业就等于有了稳定的生活，因此很看重企业对自身未来的保障，在工作过程中处处"求稳"，缺乏工作热情及创造性。对于国有企业领导者而言，同样也存在这种心理，在其任期内，为了防范风险及追求政绩，不愿意大刀阔斧地进行用人制度改革，凡事追求"和谐"与"稳定"，不敢触及利益关系，导致内部用工制度缺乏自我创新。

用工制度存在的问题，是国有企业在转型过程中必然要面对的。要解决好问题，最根本的还要发挥市场的决定性作用，对用工制度继续进行深入的市场化改革。

第五节　中国国有企业用工制度存在问题的原因

一　制度设计及实施成本高

国有企业用工制度改革是一种制度变迁，而制度变迁过程会面临制度设计及实施成本，制约国有企业制度效率的提高。

第一，设计用工制度安排所耗费的成本。国有企业用工制度牵扯到广泛的利益主体，不仅是一个经济问题，更是一个关系社会稳定的政治问题，改革既要注重效率，实现国有企业用工效率的改进，又要保障公平，防止不稳定因素的产生。同时，改革会面临不同的设计方案，如何从中选择出最优方案具有一定的难度，会面临机会成本的问题。因此，国有企业用工制度改革的设计难度很大，会耗费大量的成本。

第二，实施用工制度安排的成本。用工制度安排设计出来后，能否发挥预期效果，还要看相关政策措施能否得到切实贯彻。否则的话，再完美的设计也没有意义。制度实施成本包括利益协调成本、组织成本、试错成本、控制成本。

（1）利益协调成本。国有企业传统用工制度下形成了既得利益集团，享受传统制度带来的各种好处，在获得可观收益的同时又不需要付出相应的劳动。用工制度改革会打破这种陈旧的利益格局，打破正式工的特权，很多已经适应旧制度的人不愿意接受竞争，甚至对改革进行千方百计的阻挠。要想顺利推进改革，必须协调好各方的利益关系，对利益受损者要采取灵活多变的手段进行补偿，缓解改革压力。

（2）组织成本。用工制度改革需要一定的组织机构与人员来组织实施，组织效率与人员素质关系着用工制度的实施效果。要想建立起健全的组织机构，需要高素质的人才队伍，还需要花费一定的资金、物力及时间成本。按照诺思的观点，不同主体推动制度变迁的成本是不同的，组织推动比个人需要更多的成本。

（3）试错成本。用工制度改革不可能一下子在全国推广，先需要选取合适的地域或行业进行试点，通过试点发现问题，不断修正，成熟之后再全面推广。这一过程需要成本，如果制度设计存在问题，那么效果不尽如人意，就需要找出问题，重新设计，成本更高。

（4）控制成本。用工制度改革的实施过程，需要有特定的机构及人员进行动态监管与控制，防止制度实施偏离目标，及时发现存在的问题并给予修正。

二　劳动力市场不成熟

市场在资源配置中起决定性作用，国有企业用工制度改革需要充分尊重与发挥市场的决定性作用，不断完善劳动力市场。当前，中国劳动力市场还不成熟，尚未形成统一、自由的劳动力市场，人事管理体制不顺，户籍约束严重，限制了劳动力的自由、高效流动，增加了国有企业用工的成本，阻碍了国有企业用工制度改革进程。具体包括以下几个方面：

第一，劳动力市场价格机制不健全。真实有效的价格信息是劳资双方做出科学决策的重要基础，政府、各种中介咨询机构、大学等是收集及分析这些信息的重要机构。中国当前的劳动力价格信息传递不畅，时效性差，缺乏高水平的专业机构对劳动力市场价格信息进行收集，只有劳动与社会保障机构等少数组织发布了劳动力市场价格的相关信息。但是，限于技术及经验的缺失，无法为企业决策者提供科学的指导。

第二，政府职能没有发挥到位。政府对于劳动力市场基础设施及软件建设力度不够，现代化程度较低，对劳动者提供的服务数量及质量不足。劳动力管理制度不合理，没有按照市场要求办事，行政色彩浓重，重管理轻服务，缺乏必要的服务意识。政府缺乏对劳动力市场有效的宏观调控政策，制定的措施缺乏前瞻性，往往是出现了问题再去解决，缺乏防患于未然的能力。

第三，劳动力市场分割现象严重。由于城乡二元经济及地域壁垒和行业壁垒，劳动力流通受到限制，一旦进入一个企业会产生大量的沉淀成本，造成国有企业该进的人进不来，该出去的人出不去，劳动力难以实现"用脚投票",进一步扭曲了治理结构。

三　产权归属不清

从资产专用性的视角来看,国有企业用工制度出现的问题体现在治理结构不合理,增加了过多的交易成本,要探究原因就要从治理结构入手。威廉姆森所提出的治理结构、契约与交易的匹配理论的思路是,市场交易主体能够在市场中自由地选择合理的治理结构,进而实现交易成本的最小化。其内涵的假设前提是不存在政府过多的行政干预,政府充当的是外部法律法规的制定者或争议的仲裁者,为交易主体提供一个良好的外部交易环境。

但是,国有企业存在产权不清的天然缺陷,在名义上属于全体公民所有,属于公共资产,表面看来产权是清晰的,但是全体公民是一个非常模糊的概念,每一个人都是产权所有者,存在大量的搭便车行为,导致根本不可能由全体公民进行国有企业的管理。在这种情况下,只能由政府来承担。如此一来,政府就是全民的代表,享有国有企业资产的所有权与监督权。但是由于委托代理链条过长,每一个环节都存在利益差别和信息损失,导致最终的国有企业用工管理部门及其人员很难像直接所有者那样千方百计提高管理水平以提高企业效率,经常出现人浮于事、管理水平低、责任意识淡薄等问题。另外,政府作为公共服务机构,需要对所有类型的企业一视同仁,为企业发展创造优越的发展环境,并对其生产经营行为进行管制。这样,政府就具有了国有企业出资者及公共管理者的双重身份,表面上比较明确,但实践中两种身份容易混淆,表现在政府对国有企业干预过多,有时让国有企业承担了过多的政策性负担,为了保障就业,维护社会经济的稳定,企业不可能进行激烈的变革,容易扭曲国有企业的用工行为。

此外,国有企业法人治理结构形式化。法人治理结构是公司治理的核心。由于监管不力、出资人缺位、相关法律法规不健全等原因,国有企业的法人治理结构虽然在形式上已经比较完善,但形式化问题十分严重,委托代理问题也比较突出,依旧存在"内部人控制"和"一股独大"。经营者在用工决策中往往考虑的是自身利益,主观性强,缺乏科学合理的决策程序。在这种情况下,为了政绩等短期目标,国有企业领导者对职工激励的重视程度不够，不关注工人长期发展的职业规划，对工人技能的投资力度不足，也没有很好地维护好工人们尤其是非正式工的合法权益，更多的只是维护稳定而非和谐，这并不利于企业的长远发展。

四　社会保障制度不健全

完善的社会保障体系是国有企业用工制度改革的重要支撑。国有企业用工制度改革必然会产生大量的下岗失业人员，这些人员的安置问题直接关系到改革能否顺利进行。20世纪90年代的国企改革经验告诉人们，没有完善的社会保障，单纯靠企业自己解决，强制解决会产生大量的历史遗留问题，影响社会经济的稳定，归根结底还要靠完善的养老保险、医疗保险、失业保险等社会保障制度。只有社会保障体系完善了，企业富余人员、下岗人员退出，国有企业改革的难度才会下降，人为阻力才会减少，改革才能稳步推进。但是，当前中国的社会保障体系还不健全，在覆盖范围、保障资金、管理体制等多个方面都存在不同程度的问题，无法让国有企业在职工问题上放开手脚。对于国有企业职工来讲，各项社会保障比较完善，福利也较高，例如，国有企业的住房公积金普遍较其他性质的企业高。离开国有企业对于职工来讲，意味着很有可能失去这些待遇，而国家对于失业人员的保障水平又很低，而且程序烦琐，根本是杯水车薪。在这种情况下，国有企业用工制度改革必定会遇到巨大的阻力。

此外，国有企业正式工和非正式工享受的社会保障相差甚远，有的国有企业正式工享受着五险一金，而有的非正式工却要自己交社会保险，虽然这与国有企业自身有一定的关系，但反映了社会保障体系的不完善与不公平。

第五章

国外企业用工制度及其启示

国外企业的用工制度经历了长期的发展过程，积累了大量的有益经验与教训。从中，我们可以找出国有企业可以借鉴的成分，其经验教训也对我们有所警示，从而有利于构建有中国特色的国有企业用工制度。

第一节　国外企业用工制度

本书将国外企业用工制度分为发达国家与发展中国家两大类别，发达国家的用工制度市场化程度高，工会制度完善，其中的经验值得我国国有企业借鉴。发展中国家与中国国有企业用工制度的背景及历史有很多相似之处，也值得我国国有企业借鉴与总结。

一　美国企业用工制度

（一）美国企业工会制度

美国的工会制度有四个层次，为工会联盟、中级工会、全国工会和地方工会。

第一层是工会联盟。美国具有全国性的劳工联合组织——美国劳工联合会和产业组织联合会（American Federation of Labor and Congress of Industrial Organization，AFLCIO），成立于 1886 年，是由大约 56 个全国性工会和国际性工会自愿组织起来的联盟。AFLCIO 充当劳工的发言人，其领导者多具有很强的政治影响力，但是权力较小，主要是由全国性和国际性工会赋予其权力。

第二层是中级工会。中级工会组织处于 AFLCIO 与全国工会及地方工会之间，通常是全国工会的下属组织，为指定的地区提供服务。其目的是协调工会会员资格纠纷，组织劳资关系的讨论，参与当地工会组织类似的活动，为地方工会提供办公室和处理其他事宜。

第三层是全国工会。全国工会宪章指定具体工会组织的规则、政策和程序。地方工会据此制定自己的章程并成为该工会的会员。全国各组织拥有对当地工会的某些控制权，体现在征收应缴纳的会费、批准当地工会接受新会员以及动用工会基金。同时，全国工会也为地方工会组织的工会运动及管理合同提供支持。

第四层是地方工会。地方工会是个人实际加入并缴费的地方，对会员入会有直接的影响。工会会员通过地方工会投诉并缴纳应缴的费用来支持全国的工会活动。地方工会由工会会员选举出的官员组成，工会干事在处理工作中代表地方工会，直接与资方沟通，促进劳资双方的信任。[1]

1930 年前后，美国还未建立专门的劳工法律，没有要求劳资双方进行集体谈判，来对资方对工会的行为采取限制性行为，因此资方对劳动方使用间谍、整理黑名单及辞退等行为十分普遍。甚至一些企业采取霸王条款，要求职工不能加入工会，否则就无法得到雇佣，明显地违反法律。大萧条发生后，为了满足公众对劳动法律的需求，美国开始关注劳动立法。1932 年颁布了《诺里斯—拉瓜迪亚法》，成为鼓励工会活动的开端，要求企业不得要求工人签署霸王条款，但是该法案的实际效果不尽如人意。随后，美国又出台了《国家劳资关系法》，加强了前面法案的实施强度，明文规定不得干涉、限制或强迫职工行使合法的组建工会的权利，禁止公司方代表主导或干预工会的组建或管理，禁止雇主以任何方式歧视参加合法工会活动的职工，禁止企业仅仅因为职工对公司提出指控就解雇或歧视职工，雇主不可以拒绝与通过职工正式选举产生的代表进行谈判。该法案通过后，在实践中取得了良好的效果，工会组织不断完善，会员人数迅速增长。但随后声势浩大的罢工活动导致人们认为工会势力过大，因此，1947 年美国政府出台了《塔夫托—哈特利法》，修正了之前的《国家劳资关系法》，禁止工会采取不正当的劳资

---

[1]　伊万切维奇、赵曙明、程德俊：《人力资源管理》，机械工业出版社 2011 年版，第 380—381 页。

关系，明确工会和职工成员的权利，允许美国总统临时性禁止工会进行全国紧急罢工，进一步规范了劳资双方的关系。但是由于工会出现大量丑闻，1959 年美国颁布了《兰德勒姆—格里芬法》，对工会会员权利进行了规范，规定了工会的选举规则，并对雇主的一些不道德行为进行了法律规范，其目的在于保护工会会员免受工会违法行为的危害。[①]

（二）美国企业人员培育及激励制度

美国崇尚自由，而且劳动力市场完善及法制健全，企业劳动力的流动性很强。在对职工的管理制度上，美国企业十分注重对职工的专业性培训，培养的是专才而不是通才。美国的职业培训很有特点，其产生及发展完全由市场来决定，培训的内容、方式取决于企业对劳动力数量及质量的要求。职业培训的方式方法多样化，没有统一的模式及标准。培训的内容针对性强，选择职工时很注意其与企业需求的关联程度，包括基本业务培训、继续教育过程、职业发展与特殊培训。企业对职工的培训实用性很强，会根据职工的层次和特点选择实用的方式和内容。培训方式十分灵活，包括课堂学习、研讨会、案例研究、角色扮演、文件筛选及管理游戏等多种方式。

在激励方式上，美国企业对职工的激励方式多样。由于岗位和职位的区别，美国职工的收入差距非常明显，鼓励职工谋求更高的职位。重视物质与精神激励相结合。在物质激励上，工资与股权激励、医疗保险、晋升、改善工作环境等方式被综合利用。职工持股计划是近 30 多年来欧美国家普遍采取的一种职工激励及民主参与方式。为了职工持股计划的顺利推行，美国联邦政府和各州都制定了相关法律。例如 1984 年的《税收改革法》、1996 年的《小企业就业保护法》与 1997 年的《赋税人信任法》。此外，美国还采取了一些其他特殊的职工持股计划，例如允许职工拥有广泛认股权、股票购买计划以及股票奖励计划等。美国企业奉行能力主义，不以年龄、资历和身世作为晋升的主要依据，依靠科学的绩效考核方法对职工及经营者进行考核，保证了晋升的可行性与客观性。

（三）美国跨国企业外派人员管理

美国的跨国公司对外派人员的管理制度处于世界先进水平。一般来

[①]　加里·德斯勒：《人力资源管理》，中国人民大学出版社 2012 年版，第 587—594 页。

说，跨国公司雇佣的国际职工包括当地管理人员、外派管理人员及第三国管理人员。在跨国公司的管理人员中，外派管理人员只占很小的比重，当地人员是其主要的职工来源。在挑选外派人员的过程中，美国企业为了选拔出能够胜任海外工作的人，会测试候选人是否具备能表明他们可以适应新环境的特定的个人特征。研究人员会通过测试判断他们的工作知识和动机、人际关系能力、灵活性或适应性、外部文化开放性以及家庭状况。

此外，美国跨国企业也比较注重国际外派人员的岗前培训和引导，很多企业制定出了很多规范的培训方式、程序。在薪酬制度方面，很多美国跨国公司很重视国际薪酬管理，一方面需要维护薪酬水平和薪酬政策在整个公司范围内的一致性；另一方面，要保证职工的薪酬水平与当地劳动力市场状况一致。

二　欧洲发达国家企业用工制度

欧洲的工会制度十分完善，谈判力与影响力也十分巨大，劳资关系具有自身的特殊性。西欧国家的集体谈判是以行业为基本单位，而非像美国那样是发生在企业或工厂层级，这表明欧洲工会的集中度很高，谈判势力就很大，罢工时的集体性很强。资方进行谈判时主要借助雇主联盟，也是以行业为单位而非单个雇主，谈判势力也十分强大。欧洲对工会的认可方式比较宽松，甚至在一个工会将绝大多数工人集中起来后，另一个工会也可以将剩余的工人组织起来。集体谈判协议比较简单，为每家企业条款的制定提供了余地。[①]

欧盟国家在用工制度上具有很多共同之处，但也具有一定的差异性。例如，在最低工资标准上，大多数欧盟国家都有最低工资方面的规定。有些国家设有全国性的最低标准，而有些国家允许企业和工会自行决定职工的最低工资水平。在工作时间上，欧盟规定劳动者每周工作时间最长不超过48小时，而大部分欧盟国家都限定在40小时左右。在终止雇佣上，欧洲各国在解雇职工时的通知期限上也有区别，西班牙没有

---

① 加里·德斯勒：《人力资源管理》，中国人民大学出版社2012年版，第694页。

相关规定，意大利则要求是两个月。①

（一）英法企业用工制度

作为最早的工业化国家，英国的劳资关系相对稳定，罢工或怠工程度比较低，对社会经济发展的影响不是很大。英国工会早在19世纪上半期就已经成立，是由技术性工艺工人创立。经过长期的发展，英国工会的人数与密度经历了多次变化。英国的企业用工制度虽然也注重法制化，但是缺乏强大且集中管理的制度，意味着雇主有相当大的自由去制定或适合自身竞争环境的工作条件。在集体谈判中，企业级别的集体谈判居于谈判的主导地位，全国性的集体谈判不多，而且覆盖面也较窄。集体谈判的自由性很强，法律对此没有明确的约束。政府在雇佣关系上的角色也在不断地发生变化，随着公共部门规模的不断缩小，政府的作用在不断减退，但在一些需要法律对雇佣关系加强规范的领域，政府的作用在不断增强。

英国的职业教育培训十分发达，其中学徒制培训是重要内容。学徒制培训是以雇主需求为引领的技能开发路径，有助于解决失业问题。通过政策的有效引导，英国政府在振兴学徒制方面取得了明显成效，接受学徒制培训人员的数量逐年递增，学徒制培训项目的完成率也大幅度提高。学徒制培训项目中的学徒不是传统意义上的，而是指那些已经受雇并且接受正式、结构化培训的人员。在项目实施过程中，雇主需要向学徒提供学习上的帮助，并且给予一定的经济补偿。雇主从学徒身上可以节省招聘成本，获得有技能的劳动力，扩大技术人员选择空间及提高工作的生产效率。对于学徒来说，则可以提高学徒技能，提高职场竞争力，获得更多的收入和机会。为了推进学徒制培训的发展，近年来英国政府采取了一系列新措施，如建立"学徒培训服务中心"，制定学徒制培训的制度和条例，以及创设高等层次学徒基金项目等。②

法国的工会制度滞后于英国，直至1884年，工会才获得合法地位。法国的工会组织主要有法国总工会，法国工人力量总工会及法国工人民主联合会。受早期法国大革命及意识形态复杂性的影响，法国的工会运

---

① 加里·德斯勒：《人力资源管理》，中国人民大学出版社2012年版，第680页。
② http：//www.scjks.net/Article/Class12/Class125/201309/10022.html.

动具有多元化、对抗性与分散化的特点，雇佣各方一直以来缺乏相互认可，劳资关系也不尽如人意。[①] 近年来法国经常会出现大规模的罢工活动，严重影响了法国企业的生产经营活动与核心竞争力。法国属于高福利国家，工人工作时间短，自由度很高，法定的最低工资不断上涨，而工会组织一再要求增加福利，缩短劳动时间，给企业造成了巨大压力。同时，法国在企业解雇工人方面制定了严格的限制，除非雇主能够证明职工存在重大过失，或者有充分的取消岗位的理由，否则无权解雇。这种用工制度导致劳动力流动受到很大限制，使很多企业丧失了竞争力，造成了很多企业外迁的现象。当前，如何平衡好企业劳资关系，给企业减负，同时尽可能地不损害工人的利益，得到工会组织的支持，是摆在法国政府面前的一大难题。

在集体谈判制度方面，法国的严谨性不够，政治性色彩很浓，一旦发生劳资冲突，依靠的是罢工等政治斗争而非集体谈判制度。法国的工会较弱，而雇主组织却相对强大，在谈判中具有一定的优势。在各种集体谈判中，需要坚持有利于职工的原则，即在当前的法律法规下，集体谈判的规定不利于工人。

（二）德国企业用工制度

德国企业的劳资协调体制是以劳资协议为核心，注重法制和契约。德国的雇佣制度采取"双向选择"的自由模式，企业可以自主决定是否招聘或解雇职工，职工可以自主选择雇主。在这种关系中，德国各级劳动局专门为没有工作的人提供就业指导服务，并禁止突然解雇职工。[②]

德国企业劳资纠纷比较少，只是偶尔会有一些劳资纠纷。究其原因，一方面因为德国劳资双方的谈判体系是相对集中的，另一方面是因为对现存集体协议的解释纠纷和对新集体协议的条款和条件的纠纷，法律给予了不同的解决机制。20 世纪 80 年代，德国在集体谈判中经过多

① Greg J. Bamber、Russell D. Lansbury、Nick Wailes：《国际与比较雇佣关系——全球化与变革》，北京大学出版社 2012 年版，第 133—151 页。

② 伊万切维奇、赵曙明、程德俊：《人力资源管理》，机械工业出版社 2011 年版，第 6870 页。

次博弈建立了弹性工作制度，既满足了工会减少工作时间的目标，又满足了雇主对更大的灵活性的追求，并且体现了不同企业在工作时间上的不同分配。当前，德国企业的工作时间已经非常灵活，工作时间被灵活地安排并不平均地分配到每天、每周或每一季度，甚至是一年或者更长的时间。虽然个人劳动时间减少了，但企业生产效率却得到了提升。

自 20 世纪 50 年代以来，欧洲各国建立了职工董事制、监事制等民主参与方式，实现了表面上的平等劳资关系。其中，德国的共决制度是典型的德国职工民主参与形式。所谓共决制度，是指企业的最高管理层、资方代表与职工对企业重大问题进行共同商讨的模式。德国工人参与企业管理的最早形式是工厂委员会制度，是由 1891 年的《劳动保护法》确立的。第二次世界大战之后，德国才逐步建立了现代企业意义上的共决制度，并于 1976 年《共同决定法》给予其法律上的确立。该法适用于德国所有的企业，要求企业必须设置监事会，明晰了监事会的职权。根据职工人数，设置相应数目的监事会成员。在职工监事选举方面，该法对职工监事的被选举条件和资格，选举方法等条件和程序进行了严格规定。在德国，雇主不可以随意解雇工人，要想解雇必须经过工人委员会的审查，如发现有问题而且企业不接受的话，可以提交到劳工法庭进行裁决。

德国企业将职业培训提升到战略高度，将其作为企业发展的基石，因此职业培训十分普及，投入的资源也很大。德国的职业培训已经形成比较完整的体系，从简单的技能操作到系统的流水作业都有完整的课程，同时对整个培训过程进行跟踪监控实行评分制以考核培训的效果。一般进修辅以专业培训，企业与研究机构和大学不断的相互磨合、模拟训练、实践使职业培训效果明显。

德国企业追求人员精简、素质高及高工作效率。对职工进行定期考核，对有能力的人给予晋升，不合格者辞退，因事定人、定岗、定位。在企业中，职工的晋级比较缓慢，只有达到一定的年龄、技术和经验才能晋升。这样的制度会使职工能忠于企业，提升技术水平及相互沟通。德国还广泛地采取利润分享制，使广大职工享受到企业发展的好处。

（三）丹麦企业用工制度

丹麦企业用工制度较法国来说就灵活得多，雇主解雇职工是其权利，法律对其限制不多。例如丹麦没有最低工资标准，因此丹麦的劳动力流动性非常大，每年30%以上的工人要更换工作。但是这并不意味着丹麦政府在劳资关系中发挥的作用是无关轻重的。为了保障工人权益，丹麦建立了完善的社会保障机制及劳动力就业政策，保证工人失业后能够维持基本生活，得到再培训或硬性的工作安排。丹麦的集体谈判模式在薪资和工作条件方面比较健全，拥有广泛的社会影响力，工会和企业协会拥有强大的力量。随着欧盟一体化的不断深入，近十几年来，政府对劳资关系的干预不断加强，欧盟的各种政策法规被引入到丹麦立法之中，更多的薪资和福利问题被纳入立法之中。

三　日本企业用工制度

第二次世界大战之后，遭受战争失败冲击的日本经济面临着巨大的挑战，出现了激烈的劳资纠纷。在美国帮助下，日本经济得到了重生，并逐步发展为世界经济强国。日本企业之所以能迅速发展，源于积极培养和充分发挥工人的潜能。在用人制度方面，日本也建立了符合本国国情的模式。

第一，雇佣制度。长期雇佣是日本企业人力资源管理的基石。一些大公司每年都会以无固定期限合同的条件吸收毕业生。有若干工作经验或研究生学习经历的年轻人可能会成为正式职工。一旦被公司接收，年轻职工便要经历一个长期的发展过程和定期轮岗。通过这个过程，来培养职工的集体主义感和对企业文化的适应力。职工的薪酬与工作年限和忠诚度密切相关，一旦更换雇主可能导致薪酬下降。企业的管理岗位一般是由内部提升来弥补空缺，选拔出来的人主要是有基层经验，并且为企业工作了很长时间。这样选举出来的企业高管往往十分注重集体利益，甚至高于雇主利益，这也导致日本高管薪酬并不是很高。20世纪90年代日本遭受了严重的泡沫经济危机，长期雇佣的劳资关系模式受到了很大的压力。能力主义、业绩主义等新的岗位制度开始进入日本企业。一些大公司开始调整雇佣政策，例如减少新招聘人数，调动岗位等，但是对于正式职工的大规模集体裁员现象却很少出现。与此同时，日本劳动力市场中的非典型雇佣增加，这些职工很难得到无固定期限合同的保障，而且很少有机会转化为正式职工，导致了正式与非正式职工之间的差异越来越大，以及人力资源的大量流失。当前，日本企业正在努力寻找将劳动者长期保障和雇主需要的灵活性相结合的有效方法，既发挥日本传统劳资模式的优势，又适应不断变化的经济发展状况。

第二，人才培养。日本企业十分重视对人才的培养，对教育训练的投入非常大，而且教育内容不仅仅局限于技术，还包括经营理念、价值理念和行为规范等。日本企业热衷于培养职工的集体主义精神，让工人将企业作为实现自己理想的场所，树立高度的献身精神。日本企业注重通才教育，以在岗培训为主、脱岗培训为辅，强调以老带新、重视榜样的力量。总之，对职工培育的充分重视使日本企业更具竞争力。但是随着经济的不景气，很多公司不再提供广泛的在职培训和工作轮换，而且职工技能和职业生涯开发开始实行个人负责机制。

第三，劳资关系。日本工会是以企业为单位组织起来的，一方面代表劳方与资方合作，保证职工利益。另一方面又与资方合作，这样就构建了劳资双方和谐的劳资关系。传统的日本工会运动，主要是以企业工会的形式，或以产业工会、职工工会或一般工会的形式，由大公司的正式职工推进。近二十多年来，一些新形式工会也开始出现。日本对工会组织及活动进行了立法，规定两个人就可以组建一家工会。企业工会有强烈的独立意识，拥有自己的财产，从产业工会获得信息和援助，但不受其约束。此外，为了维护好劳资关系，日本企业非常重视沟通尤其是非正式沟通，例如下班后与下属一起喝酒等，成为日本企业的一种文化。日本的集体谈判与欧美具有一定的区别，是在企业工会与该企业资方之间进行。每年春天，劳资双方就工资涨幅及其他问题进行谈判，并将其制度化。凡是涉及职工切身利益的事项，例如工作条件、强度及工资等都被列为集体谈判内容。由于劳资双方的沟通机制比较顺畅，日本很少出现罢工现象，即使有时间也很短。

第四，工资制度。日本企业工资分配主要是实行年功序列制度，年功序列制度与终身雇佣制度相配套，有利于企业稳定职工队伍，维护企业和谐，增强职工对企业的责任感与向心力。自20世纪90年代之后，日本企业从传统的资历工资制不断向以绩效为导向的薪酬制度过渡。日本企业职工的工资由劳资双方自由决定，但为了保护劳动者，日本法律规定了支付现金、直接支付给本人、全额支付、最低每月支付一次、按期发放等五项支付工资原则。

四　发展中国家企业用工制度

（一）东欧企业用工制度

东欧转型国家在用工制度上的经验教训，对当前中国国有企业用工制度完善具有重要的参考价值。

在转型之前，东欧作为社会主义阵营，实施的是高度集中的计划经济体制，劳动力市场发育不成熟，国家对工人进行绝对保护，不存在工人失业问题，这种违背市场规律的体制必然导致平均主义、低工资、低生产效率等问题。东欧剧变之后，东欧国家在用工制度上摒弃了过去的计划体制，开始向欧美的市场体制靠拢，希望通过建立像欧美那样高效的制度来促进社会经济发展。

在就业制度方面，东欧以英法德等欧洲发达国家为榜样，在制度设计上也以这些国家的制度为蓝本。东欧各国学习欧美，努力构建本国的失业保险制度和医疗保障制度，用法律的形式给予规范。为了保障失业人员的再就业，东欧国家投入大量人力、物力资源来进行再就业培训。总之，东欧国家在保障劳动者权益方面做了非常大的努力，这些措施在某种程度上带来了转型期国内劳资关系的相对稳定，有助于加快转型进程。但是，受路径依赖及法律因素的影响，东欧国家虽然经历了大规模的私有化，但其用工制度并不是很灵活，对于非正式工人这种灵活的用工方式进行了大量限制。例如，保加利亚对于短期劳动合同签署的条件和年限都有限制。在捷克，企业必须与够条件的而且有意愿的毕业生签订长期合同。

与欧美发达国家相比，东欧国家的集体谈判制度发展程度不高，更多的是以企业层次为主，而且集体谈判容易成为某些人或组织牟利的工具，影响了劳动市场的效率。

（二）印度企业用工制度

印度作为英国以前的殖民地，在工会、集体谈判以及一般工人权利的法律基础，根源于英国普通法。印度早在 1919 年就成为国际劳工组织的 44 个创办成员之一；1920 年，印度成立了隶属于世界工会联合会（WFTU）的全印工会大会（AITUC）；1926 年，《工会法》生效，工会获得了法律上的认可；1947年，《劳资纠纷法》颁布；1948年，《最低工资法》颁布。可见，印度在劳动立法方面走在了发展中国家的前列，更是远远早于中国。

虽然印度有大量的法律，但对劳动力的保障却很少，印度的劳工政策只解决了7%在企业就业的劳动力，这些劳动力主要集中在正规或有组织的部门，而绝大多数处于非正规或无组织的劳动力难以得到保障。一般来说，绝大多数工会应当集中于大型企业和政府有关部门，但印度劳动力主要来自于农村，这导致工会在这两个领域稀缺以及占劳动力不到5%的工会密度。管理层利用财务承诺、威胁或胁迫来阻止工人加入工会，虽然不合法，但却经常发生而且未受到有效的法律约束。印度大量小企业都没有工会，甚至沃尔沃、丰田、SRS这些大企业也没有工会。无工会企业主要集中在高资本投入、高技术含量和低劳动强度的信息企业。这种情况下，知识职工与专业人士对建立工会没有兴趣。

与一个工会达成协议，对其他工会组织没有约束力，即使一个工会与企业达成协议，其他工会依然可以挑起劳资纠纷。此外，大多数工会高度政治化，政府掌握着巨大的裁判权力却不承担相应的责任，导致法律和集体协议规定无法有效执行。工会必须得到政府的认可才能参加集体谈判，导致工会的信誉受到了质疑，工人们难以团结在一起，从而丧失独立性。结果是，个人可以选择一个工会代表而不必加入工会；搭便车使个人享受集体谈判利益而无须付出加入工会的成本；即使没有工人支持，工会依然拥有集体谈判的权利。

印度政府认识到企业用工制度上的诸多弊端，采取了诸多积极的改革措施。例如，减少低效法律，加强执法，给工人提供更好的保护；消除不同法律间的不同定义，以涵盖所有的工人阶层；对终止雇佣进行明确的规定；废止谈判中的管理职能；建立不受政府直接控制的技能发展基金；建立三方全国工资理事会，使各方加入对话，以确保沟通的流畅。①

---

① Greg J. Bamber、Russell D. Lansbury、Nick Wailes：《国际与比较雇佣关系——全球化与变革》，北京大学出版社2012年版，第241—257页。

第二节　国外企业用工制度的启示

一　发挥市场作用

发达国家虽然在用工制度上存在很大的差异，但有一个共同点，即以市场价格机制为主要的调节手段，充分发挥劳动力市场的作用。发达国家（例如日本）也存在正式工与非正式工之分，而且两者之间也缺乏流动性。如此看来，中国国有企业用工制度中的双轨制似乎是合理的，但是发达国家企业用工制度上的二元性是市场调节的结果，是依靠完善的劳动力市场。无论是正式工还是非正式工，在发达国家很少有对劳动者的歧视，也为保护劳动者权益制定了很多可靠的措施。而中国国有企业的双轨制带有明显的计划经济色彩，行政力量发挥着重要作用，并不是依靠劳动力市场，反而是背离了劳动力市场的需求。而且，对于非正式工存在歧视性待遇，有悖于市场公平原则。这对于中国国有企业的启示是，要以市场调节为决定性力量，构建公平、高效的劳动力市场；国有企业要适应经济全球化及后危机时代的背景，按照市场竞争要求自主地、灵活地制定用工形式，协调好正式工与非正式工的比例，适度地使用非正式工。政府应供给有效的制度来弥补市场不足，而不是取代市场，应对国有企业的用工提供宏观指导而非直接干预。

二　完善企业用工法律法规

发达国家企业的用工制度虽然主要依据市场调节，但是国家的配套制度建设也非常完善，尤其是劳动立法，例如《最低工资法》《工会法》等。同时，社会保障制度也很完善，为劳资双方关系提供了完善的外部制度框架，在保证效率的同时也尽可能地维护公平，抑制了双方的机会主义行为。中国劳动力市场的成熟不是一朝一夕可以完成的，而且完善的立法本身就是劳动力市场的有机组成部分。所以，国家必须加强制度建设。一是完善劳动立法，弥补当前的制度漏洞，针对不同行业及不同形式的劳动力，根据实际需要，构建层次分明、耦合的劳动法律体系，以此来严格规范国有企业劳资双方的行为，使非正式工拥有与正式工同等的权利。二是完善社会保障制度，为劳动者提供应得的社会保障，扩大社保范围，将非正式工纳入社保范围，对失业者进行及时的救助，为国企用工制度转型提供制度保障。

三 建立符合国情的工会及集体谈判制度

工会及集体谈判制度是国外企业劳资关系协调的重要机制。由于历史、价值观和政治等方面的原因，不同国家的工会及集体谈判制度存在一定的差异。欧洲的集体谈判是以行业为基本单位，而美国是企业或工厂层级。但总的来说，完善的工会及集体谈判制度是维护良好劳资关系的必备条件。凡是劳资关系和谐的国家，工会及集体谈判制度都比较完善而且符合国情，例如德国和日本。反之，则都是制度失效，如法国和印度。独立性与代表性是决定工会和集体谈判制度的前提，这与政治性因素有密切的关联。完全没有政府介入的话，不利于规制双方的机会主义行为。但是，如果政治性过强，则会成为影响劳资关系博弈，诱发冲突尤其是罢工行为，阻碍企业正常的生产运营。

即使是发达国家，其工会和集体谈判制度仍然不是完美无缺的。这启示我们对于发达国家的经验应当保持审慎的态度，并根据本国国情吸收其中有益的成分，对于消极因素要吸取教训，不可盲目照搬。其中，完善的工会立法以及保证职工参与工会的权利及话语权是国有企业需要努力做到的，而过于强大的工会引发劳资冲突则是需要避免的。东欧各国在用工制度改革的过程中出现了路径依赖的现象，使得用工制度市场化面临着很大的困难。集体谈判制度变迁缓慢，实质上是改革的配套措施没有跟上，大规模的私有化改革与传统的用工制度改革没有实现协调一致。但是，其在社会保障方面的努力值得我们学习。对于印度而言，低效的政府是其用工制度低效的重要根源，工会及集体谈判制度覆盖范围很窄，且存在政府的干扰，没有发挥出其应有的功能。印度在这方面的很多情况与中国相似。给予我们的启示是，要加大改革力度，持续改革，主要是加强立法及转变政府职能，为工会及集体谈判提供一个良好的外部法制环境。

四　加强职工培育及激励

人力资源是企业的第一资源，发达国家企业在用工制度方面十分注重对职工的培育及激励。例如，日本强调对职工集体主义的培养，英国的学徒培育、美国的专才教育等等，有些国家甚至将职工培训提高到了国家战略的高度。虽然侧重点不同及方式各异，但都是基于本国及企业的发展战略制定了因地制宜的有效措施，促进了企业人力资本的增加，提升了企业竞争力。中国国有企业一直以来存在对职工重管理轻培训的弊端，急需对职工进行有效的培训，提升其技能，增强其对企业的责任感及忠诚度。

发达国家企业非常注重职工激励，采取了股权激励、精神激励、年功序列制等措施，也重视对职工的绩效考核，取得了较为理想的效果，而且能够随着经济形势的不断变化而进行动态调整。例如，日本给予中国国有企业的启示是，深化国有企业激励机制改革，在混合所有制经济发展的背景下，研究科学的职工持股计划，发挥好股权激励的作用；实施物质激励与精神激励的有效结合；改革过时的工资制度，打破平均主义思维，建立符合市场竞争要求的工资激励制度。

五　进行渐进式制度变迁

中国国有企业用工制度形成于 1949 年后的计划经济体制，并在改革开放后逐步变迁，是市场体制与计划体制的结合体，面临着转型的历史机遇及挑战。国外企业用工制度的历史经验告诉我们，用工制度涉及劳资关系各方，其成熟需要经历一个长期的博弈过程。历史文化及意识形态等对其有重要影响，并存在路径依赖。这也是各国企业用工制度差异的原因之一。此外，私有化政策是东欧各国普遍采取的制度变迁，但是操之过急，过于激进，直接导致改制后用工制度的制度冲突与低效。因此，中国国有企业用工制度要正视路径依赖的影响，认识到劳资关系不仅是简单的经济问题，而且还是社会与政治问题，采取渐进的制度变迁方式，逐步弱化计划经济体制下的路径依赖的负面影响，构建符合国情的高效用工制度。

第六章

完善国有企业用工制度的对策

国有企业用工制度存在的问题不仅仅是政府失灵或市场失灵，而是政府失灵与市场失灵的双重结果。国有企业用工制度激进式的变革方式风险过高，不利于协调各方利益，维持企业稳定发展，应当采取渐进式的变迁方式，采取多种灵活有效的方式协调好各方面的利益关系，稳步地推动市场化改革进程。完善国有企业用工制度的对策，可以从国家及企业两个层面提出。

第一节 国家层面的对策

一 完善劳动法律法规

第一，加强法律建设，完善劳动相关法律法规，为国有企业用工制度及工人权益的保护提供坚实的法律基础。首先，从立法精神上看，由于职工相对于企业而言处于弱势地位，所以劳动立法应当赋予企业更多的责任和义务，对职工应当是给予更多的权利和利益，侧重保护在劳资关系中处于弱势地位的职工，在劳资冲突中优先保护职工的利益。其次，尽快弥补当前劳动法律法规上的漏洞，例如对于"同工同酬"问题，不能仅仅局限于原则，而要设计出一套详细的实施细则，让不同类型的国有企业有章可循。对于一些立法层次低的劳动法规与规章，要加大立法力度，尽快出台高层次、有权威的成文法。对于劳动立法的空白，要尽快研究并出台相配套的单项法律法规或规章制度，尽快弥补空白。例如，需要尽快研究出台《工资法》，这对于解决最低工资问题及同工同酬问题十分重要。最后，国家劳动与社会保障部等政府管理部门以及地方立法机关，要严格地在高层次法律的立法原则与框架下制定相关法规与规章制度，加强相互之间的协调，防止出现制度冲突，对于有冲突的规章制度要尽快修订。①

第二，加强劳动法律法规的执行力度。政府作为劳资关系的第三方，需要切实履行有关法律法规，维护好职工的合法利益，保障其主人翁地位。加强对国有企业和职工的监督，协调好双方的利益关系，坚决抑制通过剥夺职工权益谋求发展的行为。各级政府劳动管理部门要树立正确的服务意识，全心全意为劳动者服务，加强劳动监管部门的组织机构建设与人才队伍建设，强化劳动监管力度，优化监管手段与技术，改进执法手段，提高执法水平，做到有法必依，执法必严。充分发挥新闻媒体和群众的外部监督作用，对举报事件认真查处，及时反馈，并对有重大发现者进行物质和精神奖励。

第三，在经济全球化和中国加入 WTO 的背景下，结合本国情况，参照国际劳工标准，加快有关劳动法制建设，调整不符合国际劳工标准及时代发展的法律法规，依法保护职工权益。基于中国国情，有选择地放开劳动标准方面的限制，适时扩大国际劳工公约范围，加快中国劳动法律与国际劳动法律的有效对接，以适应经济全球化的趋势。对于本国与国际标准不一致的条款要加强法律研究，能对接的努力对接，无法对接的求同存异。积极参与国际性劳工契约的制定和修订，将本国有益经验向国际社会输出，提高中国劳动法律在国际上的地位。

二　发展劳动力市场

第一，发挥政府职能，加大劳动力市场软硬件设施的投入。建立覆盖全国的劳动力市场信息系统，对劳动力相关信息，例如年龄、学历、技能等及时录入，突出诚信与技能，进行严格管理并及时更新，为用工双方提供高质量的信息服务，减少双方的交易成本。强化劳动力档案管理制度，为劳动力提供高质量的管理服务，

---

① 年志远、刘斌：《国有企业用工制度改革研究》，《当代经济研究》2013 年第 11 期。

分门别类，录入劳动力信息系统。对于没有工作的劳动力，除了介绍工作外，还应当加大培训力度，增强其专业技能，为其就业及再就业提供帮助。为有需要的国有企业拟定招聘计划，召开专场招聘会，与大中专院校对接，甚至可以和学校合作采取订单式培养。对未被招聘的人员进行就业观念指导，培养合格的人才，大力发展职业教育，对职业教育给予政策扶植，落实相关优惠政策，提高蓝领技术工人的社会地位等。

第二，在各地区、各行业进行劳动力市场建设的基础上，落实当前国家关于户籍改革制度的有关要求，打破劳动力的地域限制、户籍限制及其他行政限制，为劳动力的自由流动创造条件，形成区域性甚至全国性的劳动力市场网络。

第三，发展劳动力中介服务市场，为国有企业用工提供更为广泛的选择。通过减免税等优惠政策，促进中介服务机构的快速发展，并制定相应法律法规约束其行为，坚决取缔非法的劳务中介组织，打击欺诈行为，将其纳入制度化、规范化的发展道路。中介服务机构也要抓住当前的有利机遇，抑制机会主义行为，坚持以质取胜的战略，塑造高水平的服务团队。

第四，实现国有企业人力资本的市场化交易。人力资本的市场化交易是社会生产力发展的必然要求。劳动力所有者在自愿平等的条件下，与资方即劳动力需求方达成公平契约，以出租、出借或入股等方式出让一定期限的人力资本使用权，并在内外部约束机制的保护下，最终获取收益以实现人力资本价值及增值。要实现这一点，需要坚持若干原则：（1）自愿与平等原则。我国宪法明确赋予了公民在法律面前人人平等的地位以及劳动的权利和义务。所以，国有企业劳动者在人力资本交易中天然地具有自愿及平等的权利。（2）契约原则。现代文明发展到今天，人们之间的经济联系已经由传统的计划转化为以契约为纽带。只有以契约为前提，人力资本的交易才能够克服不确定性及机会主义行为带来的威胁，虽然契约也存在不完全问题，这也就说明了劳动合同的重要性。（3）诚信原则。市场经济是诚信经济，完善的诚信制度及机制是劳动力资本化交易的前提及道德保证。人力资本不像普通产品那样可以一次性完成交割和让渡所有权，不确定性更高，对诚信的需求也就更大。（4）公平与效率相统一。国有企业用工制度存在历史遗留问题，在改革中不能只考虑市场竞争及效率，也要考虑对老职工进行安抚，保障他们的权益。[①]

三　转变政府职能

第一，减少对国有企业的不合理干预。政府要理清所有权与公共管理者之间的界限，在履行出资人职责的基础上，减少对国有企业的不合理干预，让其成为真正的市场主体与竞争实体，鼓励其用工模式的自我创新。优化政府与国有企业间的委托代理链条，减少代理环节，缩小管理幅度，明确每一个监管部门的权责利，防止管理上的相互扯皮。进一步调整国有经济布局，将国有资本集中关系到国家战略安全的重要行业和关键领域，打破国企垄断，让其充分感觉到竞争压力，从而自觉地进行用工制度改革。

第二，履行政府职能，出台配合国有企业用工制度改革的配套政策。出台相关的改革配套政策，减少国有企业用工制度市场化改革成本，加快改革速度。保障国有企业离退休及下岗人员生活，进一步推进厂办大集体改革，彻底剥离国有企业尤其是大中型工业企业的政策性负担，适度减少战略性负担，让企业改革轻装上阵。

第三，完善社会保障制度。（1）扩大失业保险金的覆盖范围，将失业保险的功能由救助为主向提供救助与就业和再就业转变。（2）实现保险金的有效增值。尽快推进失业保险的改税改革，以税收的形式为各项公益性就业和再就业提供稳定的资金来源。（3）规范失业保险基金使用行为，提高资金的使用效率，规范各种收费行为，取消其他各项不规范的基金和收费制度。资金实行收支两条线管理，纳入财政预算，接受财政审计监督。（4）扩大保险征缴范围，调整社会保险的征缴比重，增加社会保障支出比重。（5）发展寿险等商业保险，实现社会保险与个人保险的有机统一，缓解社会保障压力。

---

① 石邦宏：《人力资本交易原理》，社会科学文献出版社 2009 年版，第 129—140 页。

第二节 企业层面的对策

一 探索新型用工模式

第一，逐步实现用工的规范化及流动性。为了适应新时代的竞争要求，国有企业要按照劳动相关法律法规来签订劳动合同契约，实行固定年限的合同制。同时，建立高效、公平的人才引进机制、绩效考核机制与晋升机制，设计一种动态竞争的用工管理制度，按业绩将职工进行等级划分，实行逐级尾数淘汰和逐级头数晋升，以此来保证企业职工的适度流动。职工辞退是困扰国有企业的一大难题，关系到能否实现劳动力的高效流通。例如，很多国有企业职工签署的是无固定期限劳动合同，错误地认为企业不能随便终止劳动合同。国有企业在坚持严格依法办事原则的前提下，要追求和谐、平衡与协调，通过技术性和策略性协商解除方式，将不利影响降到最低。

为了节约成本，灵活地应对企业动态变化的用工需求，例如建筑企业的季节性用工需求，可以使用临时工等非正式工，但是一定要适度，不可成为主要的用工形式。以劳务派遣制为例，这种用工方式成本低廉，很多国有企业都十分青睐，如果滥用将对劳动者权益造成损害，并对常规的用工方式造成冲击，所以国有企业要慎用这种用工方式。而且，2012 年《中华人民共和国合同法》修订后，劳务派遣制职工的使用受到了很大限制，对劳务派遣单位、用工单位违反劳动合同法规定的，处以罚款，并适当提高了罚款额度。并可对劳务派遣单位吊销其经营劳务派遣业务的行政许可。对此，国有企业应当走在改革的前头，规避这种法律风险，可以推广中航油"劳务派遣工择优转制三年规划"的经验，将一些高素质的劳务派遣职工转变为正式工。在确定某个岗位是否使用正式工时，可以综合考虑岗位的重要性以及是否有助于提升企业竞争力等多种因素，对于重要性不是很高，附加值和关联性都不高的岗位可以不使用正式工，这样可以减少管理成本及不必要的法律风险。

第二，根据岗位使用不同的用工形式。国有企业在实际用工过程中，应当对不同岗位进行梳理，掌握现状，然后确定合适的劳动关系，并制定相应的管理办法，只有这样才能够设计出高效的用工模式。企业常见的用工关系有标准劳动关系、灵活劳动关系、特殊劳动关系、民事劳务关系及其他用工关系。[①] 它们的表现形态、适用对象、法律调整和成本分析见表6.1。

表6.1　　　　　　　　　　企业用工关系的法律梳理

劳动关系类型	表现形态	适用对象	法律调整	成本分析
标准劳动关系	劳动关系、单一雇主	全日制普通岗位	劳动合同法、劳动法	薪资、社保、经济补偿金和法定赔偿金
灵活劳动关系	劳动关系、多重雇主	临时性或非全日制岗位	劳动合同法（特别规定）、劳动法	薪资、社保（工伤）
特殊劳动关系	不完全的劳动关系、双重雇主	返聘、协保、内退、停薪留职等	合同法、劳动合同法、劳动法	薪资
民事劳动关系	民事雇佣关系、与雇主平等	兼职、实习、个人装修承揽等	民法通则、合同法	薪资
其他[②]用工关系	难以归类的用工关系	劳务派遣等	合同法、劳动合同法、劳动法	薪资、连带性的社保、补偿金和赔偿金

资料来源：王桦宇：《企业用工成本控制与法律风险防范——后危机时代的人力资源管理》，中国法制出版社2010年版，第1718页。

国有企业基于自身情况，可以根据不同的岗位建立相应的劳动关系，实现用工模式的多样化。对于长期性、稳定性、专业性的岗位可建

---

① 王桦宇：《企业用工成本控制与法律风险防范——后危机时代的人力资源管理》，中国法制出版社2010年版，第16页。
② 同上书，第1819页。

立标准劳动关系；对于临时性、辅助性和变动性的岗位，可以采取外包或劳务派遣；对于阶段性、工作量少且不是很重要的岗位，可以采取灵活劳动关系；对于一些强调经验，年轻人不愿意从事的简单岗位，可以由特殊劳动关系人员担任；对于一些需要借助外部力量完成的项目，企业可以从科研机构及高校招聘兼职人员；对于一些需要控制成本且要增加管理后备力量的岗位，可以招收实习生，属于民事劳务关系。此外，国有企业在情况允许时，也可以根据岗位内容进行细分，灵活地使用各种用工形式，形成复合高效的用工模式，这样可以进一步地降低用工成本。

第三，实施公开竞争上岗制度。就我国目前的市场经济发展趋势而言，国有企业取得良好发展的重要推动力就是竞争。因此，国有企业可以将竞争观念引进到劳动用工制度的改革中，实施公开竞争上岗制度，调动国企员工参与工作的积极性。具体而言，国有企业的所有在岗工人都需要参加专业技能考试，只有通过考试的员工才能够继续工作，没有通过考试的员工需要参加岗位技能培训，直到员工具备的技能满足岗位需求，才可以恢复工作。另外，国有企业还需要实施技能水平以及绩效的考核制度，并以此对员工进行留岗或者转岗安排，实现国有企业劳动用工的最优化配置。比如，长虹控股公司在2016年实施的公开竞争上岗制度，在企业内部的多个中层岗位选拔中，采用公开竞聘方式，真正实现了国有企业职能部门的"去权力化"，在集团的统一领导下，有效实现了长虹控股公司的扭亏。

第四，加强专用性资产管理，严格控制用工风险。为了防止企业投入专用性资产的工人的机会主义行为，国有企业要加强专用性人力资本管理，从招聘、培训、任用等各个环节防范风险，完善劳动合同，而不是采取降低专用性人力资本投入的消极对策。为了防范乱投资的现象，对每一项专用性人力资本投资要实行严格的责任追究制度，明确投资的责任人，一旦发生失误，对企业造成损失，就需要依照规章制度对责任人或组织进行惩罚。

第五，建立健全用工管理制度。对于国企劳动用工制度的改革而言，建立健全的用工管理制度是第一环节。具体而言，在制定、修改、完善劳动用工制度的过程中，要广泛征求员工的意见，让职能部门参与进来，共同探索适合企业特点的改革方式、办法和制度，确保了队伍的稳定和公司生产经营的正常进行。要从公司的发展方向上，从公司职工的基本利益保障上，从自身在单位中角色定位转变上，对制度的制定建言献策，一步一个脚印，制定出一套既有创新性代表性，又有公司管理特色的制度。提高国有企业劳动用工的有效性以及科学性。一般来说，健全的用工管理制度包括以下三个方面：其一，完善劳动用工合同制度，国有企业与员工签署的用工合同不仅可以约束员工的工作行为，还可以保障员工的合法权益；其二，提高企业工作制度的规范性，在国有企业生产经营过程中，如果出现长期旷工或者在册挂名的员工，国有企业的管理人员可以无条件解除与该名员工的用工合同，如果情节较为严重，对国有企业的运行造成不利影响的，可以追究其相关责任；其三，健全国有企业内部用工管理的相关制度，该制度的建立可以在保障员工合法权益的同时，约束员工的行为，保障国有企业的利益。

第六，优化国有企业劳资关系管理。首先，传统的国有企业用工制度重视控制性管理，职工与企业地位不平等，在沟通协调上的谈判力量也明显不对等。新型的用工制度应当注重协调性管理，按照市场要求理顺劳资双方的关系，给予双方平等的地位。其次，国有企业在用工管理实践中要严格遵照有关法律法规的规定，不得违法，对于一些法律上的难题，要及时咨询本企业法律法规或外部法律部门，防范法律风险。最后，国有企业也要根据企业实际，在遵循有关法律法规的前提下，按照法定程序制定完善的规章制度，并在具体执行时，注意规范性和灵活性的统一。

二　完善职工权益保护制度

第一，加强工会组织建设。要根据新形势下的工会职能，依法加强工会建设。坚决维护工人的主人翁地位，在党委领导下适度推行职工与国有企业间的集体谈判的制度，为广大职工的合法诉求提供渠道。改进劳动争议处理体制，建立健全三方、多层次的劳动争议处理制度，妥善处理劳务纠纷，保障职工的合法权益。重新界定工会的职责和功能，明确工会的服务对象，做好工会服务工作。既要将工会工作紧紧地与国家大政方针政策和企业发展结合在一起，又要紧贴基层，用多种多样的方式深入到职工之中，了解他们的所需所想，将矛盾预先化解。改善工作方式方法，对不同情况的企业职工，探索新的工作方法，协调不同职工之间的利益关系。对于生活困难的职工，要尽其所能地去帮助他们，帮其解决实质性问题。发挥工会的政治性引导作用，改革不合理的形式化的协商机制，充当好企业与职工的沟通平台。发挥组织优势，多组织活动调动职工热情，选拔热爱工会工作、德才兼备的优秀人才进入工会，加强工会工作对广大职工的吸引力，工会工作要提高专业化程度，优秀的人才为工会有效发挥作用、全面履行职责提供保证。

第二，坚持和完善职工代表大会制度。提高职工代表的履职能力，建立公开透明的职工代表选拔及考核机制，从政治素质、道德素质、法律能力、群众关系等多个维度去考察。让其认识到职工代表大会与自身利益的密切相关性，纠正"事不关己"的错误观念。

第三，完善法人治理结构。进一步完善法人治理结构，改革董事会制度，确保职工董事的地位与独立性；加强股东大会与监事会建设，构建相互制约、高效率的法人治理结构。对"老三会"职能进行重新界定，与"新三会"有效衔接，充分发挥其监督职能，维护职工们的合法权益。提升国有企业股东大会的控制职能，给予企业职工重大事项建议权，使股东大会考虑职工建议的前提下进行决策。进一步规范职工董事和监事制度，完善职工代表选拔机制及考核机制，对于缺乏独立性、碌碌无为的职工代表要进行替换，保障职工代表在董事会及监事会中切实维护全体职工的利益。

三　塑造以人为本的企业用工文化

第一，转变陈旧的用人观念。国有企业要坚持以人为本，尊重人才，重视人才，构建和谐、平等、高效的用人文化，切实保障职工尤其是弱势职工的合法权益。对于体制内的职工，要打破平均主义，树立效率观念，任人唯贤，严禁人浮于事。对于无编制的职工，要从思想上树立正确的态度，将其当成企业不可或缺的一部分，真心关心他们的工作与生活，帮助他们解决实际困难，加强与他们的沟通，妥善处理存在的矛盾，让其参与到企业的生产经营管理中去，树立起主人翁精神。①

第二，加大企业文化建设，塑造以人为本的企业文化。仁慈的家长式、和谐的集体主义是中国文化的重要特点，国有企业应当保留其中的精华，将和谐的观念灌输到整个企业之中。管理者要树立服务理念及现代人力资源管理理念，在用工管理中尊重每一名企业职工，吸引职工参与企业文化的建设。开展提出合理化建议和自主管理等活动，激发职工士气，增强企业凝聚力。加强与职工的沟通，定期与职工进行生活及工作上的探讨，吸取他们的合理建议。以先进的思想规范职工行为，提高其思想境界。将创先争优、锐意进取的意识植入到企业文化建设中去，党组织要发挥好带头作用，带动广大职工共同奋斗，为国有企业发展做出贡献。营造和谐、充满活力的工作氛围，为每一名职工的才能发挥提供一个宽松的环境，鼓励职工自我发展。通过各种各样的集体活动，例如联席会、运动会、郊游、棋类比赛等，拉近职工与职工，企业领导与职工间的关系，使职工思想充实，才华得以发挥。对于生活困难的职工，千方百计帮助其解决困难，定期探望，给予物质及精神上的帮助，让职工感受到企业的温暖。

四　完善职工培训机制

第一，加大人力资源培训投入。国有企业培训能力的低下已经是不争的事实，企业应当充分认识到不足，加大对人力资源培训投入的力度，在场地、时间、资金方面给予足够的支持。为了做到这一点，企业可以用部门规章或发展规划的方式将培训投入进行规范，并当成重要的内部制度去落实，也可以设立专门的培训基金，专款专用。在条件允许的情况下，设立专门负责培训工作的组织机构，主要承担制定企业职工的培训计划、实施培训计划、与其他部门进行培训方面的沟通、监管整个培训过程等职能，为职工培训提供保障。

第二，建立健全培训体系。根据企业经营性质、行业、历史等因素，构建包括培训服务、培训计划制定、培训风险管理、培训考核、培训奖惩、培训管理人员使用等在内的完善的培训制度。并且，根据制度

① 年志远、刘斌：《国有企业用工制度改革研究》，《当代经济研究》2013 年第 11 期。

的实施情况，及时分析制度存在的问题及其原因，对制度进行修正。

第三，加强对培训效果考核。培训结束后，国有企业应收集相应的数据，对职工培训效果进行评估。设立相应的奖惩机制，对于表现好的学员进行物质或精神鼓励，对于表现差、没有通过评估的学员进行一定的惩罚。常见的评估方式主要有操作评价、测试比较评价、工作绩效考察评价、工作态度考察评价、同类职工比较评价、他人反馈评价、跟踪考察评价及工作合同评价等。

第四，建立高素质的培训师队伍。除了邀请著名学者、高管及专业培训机构讲师外，还要注重挖掘自身潜能，选择企业内部熟悉业务且有所专长，具有良好的沟通、语言表达能力及授课能力的人才，将其培养成为自己企业的培训师。在选择外部培训师时，不要只看重名气，搞形式主义，关键要看其知识结构跟授课内容是否是企业所需，如果理论性太强，脱离实际，则完全没有必要邀请。

第五，改革培训内容及方式。开发新的培训课程，不要仅仅局限于教材，要将课程与职业岗位密切地结合在一起，有针对性且理论联系实际，学以致用。注重培养学员的自我思考能力与创新能力，鼓励学员多提问题。实现培训方式的多样性，利用课堂讲授、观看视频、拓展训练、网络学习、企业调研等多种形式，搞活课堂气氛，激发学员的学习兴趣。根据工人专用性程度的不同，实施不同的培育计划，对特殊工人实施针对性的特殊培训，增强其专用于本企业的技能，提高其价值，鼓励其为企业做出更大的贡献。

第六，加强跨国企业外派人员的培训，降低他们的信息不对称，提高海外工作效率。具体来说，可以按照以下步骤进行：第一步，让培训者了解不同国家之间存在哪些文化差异，这些差异会带来什么样的后果。目的在于缓解受训者的信息不对称，充实受训者外事工作常识，让他们了解这种差异对企业生产经营的影响；第二步，让受训者知道自身成长对企业成长的重要性；第三步，向受训者介绍不同国家之间人文、地理、历史等常识；第四步，在语言的听、说、读、写、翻译方面加强训练。除了任职前培训，在外派工作的早期阶段提供持续的、有效的派驻国的常识、风俗、文化等的培训。

五　完善职工薪酬制度

国有企业薪酬体系要走市场化、规范化、国际化的道路，建立符合市场竞争要求的薪酬体系，发挥其对职工的激励作用。

第一，维护薪酬制度的公平性。职工是国有企业的主人，为了维护职工的主人翁地位，国有企业薪酬制度不可能实现完全的市场化，但是又不能维持现状，应当将按劳分配与按生产要素分配相结合，实现公平与效率的统一，这应是薪酬制度改革必须遵循的原则。薪酬的公平需要以企业所在行业水平为参考，实现行业间的薪酬公平；对职工进行分类，对同类职工设计相同的薪酬结构，实现内部公平；引入绩效考核机制，使职工薪酬与考核结果挂钩；企业薪酬制度的制定要公开、透明、民主，广泛听取职工意见，采纳合理意见；对于一些老职工，薪酬政策制定时应当充分考虑其对企业的贡献及个人实际情况，还是不能与新人一概而论，要建立相应的补偿机制以降低改革阻力。

第二，薪酬与个人绩效紧密结合。弱化工龄、职称等因素对职工薪酬的影响，增加绩效工资的比重，根据企业实际设计，企业的绩效考核指标及体系，对不同层次的职工进行科学的绩效考核，并将结果与薪酬紧紧挂钩。但是，不同行业、不同岗位的职工的禀赋不同，有的职工对企业的贡献不易量化，而有的职工对企业的贡献则很明显。所以，在进行薪酬评价时，要充分考虑这一因素，设置多样化的薪酬评价体系，对于技术性职工，确定其技术等级，设定相应的薪酬，同时也要考虑不同工种间的差别；对于市场营销直接带来经济效益的职工，设立个人奖励、团队奖励和企业特殊奖励机制，激励职工为企业创造更多的财富。

国有企业薪酬制度改革的难题之一，是薪酬与考核机制挂钩后，对业绩不达标的职工如何减薪。对此，国有企业可以在签订劳动合同和制定规章制度时明确相关事项，对薪酬调整办法进行细致、科学的设计或规定；加强与职工的沟通，尽量达成一致性意见，有时可以适当妥协，降低减薪数额；如果难以沟通，可以强行减薪，必要时可将争议交劳动仲裁部门或法院进行处理。

第三，确立合理的福利水平。企业福利并不是越高越好，也不是越低越好，而是保持适度原则。国有企业应当通过劳动合同和规章制度将福利待遇的类别和方式规范化，使企业在福利待遇给予上取得主动地位，预防在实际操作中的法律风险，减少不必要的争议。根据时代发展的需要及职工需求，实现企业福利的多元化与针对性，同时秉承节约原则，避免平均主义。企业领导者要遵守中央的有关文件精神，适时将资金用于生产性活动或效率更高的企业发展方面。

第四，注重对职工的非物质激励。对于那些学历较高、有发展潜力、有强烈继续学习意愿的企业职工，除了物质激励外，还应当多考虑其精神需求。在不影响企业薪酬结构及公平性的基础上，提供他们再培训或其他学习活动的机会，帮助其职业成长。

第五，稳步推进职工持股计划。职工持股计划曾经因为国有资产的严重流失而被叫停。直到党的十八届三中全会，允许职工持股，让职工与企业形成共同利益体。该模式将企业利益与劳动者利益紧紧地联系在一起，增加了共同利益，减少了利益冲突，有利于劳资关系的和谐及对职工的激励。当前国家及很多国有企业正在积极研究职工持股的激励计划，需要解决职工持股的机制合法化，如何防止国有资产流失，如何激励职工参与持股计划，如何防止持股分散对企业经营的影响等多个难题，既需要国家相关法律法规的支持，也需要国有企业自己的努力创新，设计出符合企业要求的职工持股计划。

第六，国有跨国公司要想既保持全球薪酬的一致性，又能考虑到各地的不同情况，首先应当建立一个与企业的战略需要相吻合的薪酬体系。一般来说，做到这一点需要五个步骤：第一步，确定全球薪酬的思维框架，明确薪酬的每个部分怎样支持企业达成战略目标；第二步，明确全球薪酬体系在何种程度上支持企业的战略目标；第三步，将薪酬体系系统化，将全球的职位说明书和绩效目标系统化；第四步，调整薪酬政策。审查企业的全球薪酬政策；通过薪酬调查和对调查结果进行分析来评估当地的薪酬管理实践；对公司的全球薪酬政策进行微调，保证这些政策适用于不同地区；第五步，持续对薪酬系统进行评估，根据公司的战略需要和竞争者的薪酬管理实践来定期评估公司的全球薪酬政策。[①]

---

① 加里·德斯勒：《人力资源管理》，中国人民大学出版社2012年版，第681—693页。

六 完善职工招聘制度

招聘制度关系着国有企业能否吸收企业所需的优秀人才。国有企业要大力加强招聘制度建设，在遵循国家有关法律法规的前提下，秉承公平、公正、公开的原则，从劳动力市场中吸收优质人力资源。

第一，建立健全企业招聘规章制度。国有企业要在结合企业实际的基础上，建章立制，对招聘范围、原则、标准、招聘计划程序、招聘组织程序、招聘工作评估、招聘成本管理等重要问题上进行详细的规定，并将其作为一项重要的企业制度切实执行。

第二，坚持招聘市场化、平等化与公开化。招聘工作是人员入口，要面向市场，坚持公开、公正、公平的基本原则，同时完善招聘制度建设，信息能够不断更新，招聘制度符合企业自身实际情况。

第三，建立职工招聘回避制度。对于与国有企业负责人有亲密关系的应聘人员，对其应聘岗位要进行限制，禁止其应聘人事、财务、监督检查等岗位。凡涉及亲属、朋友、同学关系在招聘过程中也应当坚持回避原则。

第四，加强职工招聘的监督检查。国有企业要完善招聘信息公开发布制度，将招聘条件、程序、时间、标准等信息公之于众，接受社会公众的监督。国有企业自身应该对招聘工作建章立制，对职工的招聘行为进行全过程监督，对国有企业招聘方案发布和招聘结果备案制度执行情况进行严格审查，防止违法违规行为出现。对招聘制度执行不力的国有企业，人力资源社会保障部门要对其进行公示及惩罚。对于涉及违法违纪的国有企业及其人员要及时查处，问题严重的移交监察机关依法处理。

结　　论

　　本书基于制度经济学、人力资源管理、劳动经济学等理论，结合中国现实，研究了中国国有企业用工制度问题。对国内外相关研究进行了述评，对中国国有企业用工制度进行了理论分析，剖析其变迁历程、现状、存在的问题及原因，借鉴了国外企业用工制度经验，在此基础上对中国国有企业用工制度进行设计，提出相关的对策建议。通过研究，本书得出如下结论：

　　第一，中国国有企业用工制度是国有企业改革的重要一环。实践证明，用工制度搞不好，整个国有企业改革的进程就可能受阻。在加快经济发展方式转变及推进国有企业深化改革的关键时期，用工制度一定要得到应有的重视。用工制度不仅是经济问题，还是严肃的社会政治问题，改革难度很大。正因为如此，政府和企业必须加大研究与改革力度，深化国有企业用工制度改革。经过长期的理论与实践摸索，中国找到了国有企业用工制度改革的方向及目标——市场化。通过三十多年来的改革，可以发现，市场化是国企用工制度改革的必然趋势，改革带来的成果实际上都是市场机制带来的，当前国企用工制度存在的问题也可以看作市场化不足造成的。在未来，市场化依旧是国有企业用工制度改革的主题之一。

　　第二，制度经济学理论是研究国有企业用工制度的有效工具。国有企业是一种特殊的产权结构组织，其用工制度是制度安排与制度结构的结合体。产权理论、交易成本理论、制度变迁理论等制度经济学理论能够为国有企业用工制度提供有效的方法和工具，有助于我们深入地发现和解决问题。

　　第三，改革开放后，国有企业用工制度进行了激烈的变迁，取得了一定的成绩。改革开放后，国家在推进国有企业用工制度改革时，采取了由点及面，由上而下，先试点后推广，由表及里，逐步推进的改革策略，以渐进式的制度变迁为主。而且随着改革的不断深入，用工制度变迁的进程也在不断加快。进入 21 世纪之后，立法建设明显加快，大量重要法律得以修订及出台，劳动管理部门的规章制度也在快速完善，可以预见这种趋势将越来越明显。国有企业在激烈的国内外市场竞争中，也开始自觉地探索符合自身实际的用工模式。这些改革提高了国有企业职工的收入水平和自身素质，增强了国有企业的竞争力。

第四，中国国有企业用工制度存在一些问题，亟待解决。中国国有企业用工制度存在法制不健全，执行力度不够；薪酬制度缺乏激励且不公平；培训制度不健全；忽视职工民主参与权；用工文化缺失，凝聚力不够等问题，严重影响了国有企业人力资源的优化配置，不利于社会公平正义及企业内部和谐。究其原因，主要在于制度设计及实施成本高，劳动力市场不健全，产权不清，法人治理形式化，社会保障制度不健全等。

第五，国外企业用工制度有益经验值得中国国有企业借鉴。政府应构建公平、高效的劳动力市场；国有企业要适应经济全球化及后危机时代的背景，按照市场竞争要求自主地、灵活地制定用工形式；完善劳动立法，弥补制度漏洞，针对不同行业及形式的劳动力，根据实际需要，构建层次分明、耦合的劳动法律体系；完善社会保障制度，为国企用工制度转型提供制度保障；加大改革力度，持续改革，加强立法及转变政府职能，为工会及集体谈判提供一个良好的外部法制环境；深化国有企业激励机制改革，在混合所有制经济发展的背景下，研究科学的职工持股计划，发挥好股权激励的作用；实施物质激励与精神激励的有效结合；完善工资制度，建立符合市场竞争要求的工资激励制度；采取渐进的制度变迁方式，逐步弱化计划经济体制下的路径依赖的负面影响，构建符合国情的高效用工制度。

第六，采取渐进式的变迁方式，采取多种灵活有效的方式协调好各方面的利益关系，稳步地推动市场化改革进程。从国家层面来讲，应当完善劳动法律体系，发展劳动力市场，转变政府职能，探索新型用工模式，完善职工权益维护制度。从企业层面讲，应当塑造以人为本的企业用工文化，完善职工培训机制，建立科学的薪酬体系，完善职工招聘制度。

　　本书对国有企业用工制度进行系统的阐述和解读，具备一定的创新之处。突出表现在构建了国有企业用工制度理论体系，这是对已有研究成果不足的弥补，同时对社会主义市场经济建设及社会的公平正义具有十分积极的现实意义。

　　本书虽然搜集了大量资料，但由于中国国有企业用工制度一直处于变革当中，加之统计资料不全或口径不一致等问题，无法完全得到满足研究所需的资料，因此分析过程和结果难免存在瑕疵。而且，受限于本人能力，可能使构建的理论体系及提出的对策建议深度不够，也不够全面。这也成为我下一步的研究方向与内容。

参考文献

一 外文文献

[1] Adams, J. S., Berkowitz, L., Inequity in social exchange. Advances in Experimental Social Psychology, 1965.

[2] Cohen Charash, Y., Spector, P. E., *The role of justice in organizations: A meta-analysis.* Organizational Behavior and Human Decision Processes, 2001.

[3] Goldthorpe John, H., *The end of convergence: Corporatist and dualist tendencies in modern western societies*, Order and Conflict in Contemporary Capitalism: Studies in the Political Economy of Western European Nations Oxford: Clarendon, 1984.

[4] John E. delery, D. Harold Doty, Modes of theorizing in strategic human resource management: Tests of universalistic, contingency and configurationally performance predictions. *The Academy of Management Journal*, 1996.

[5] Folger. F., Greenberg. J., Procedural justice: An interpretive analysis of personnel systems. Research in personnel and human resources management, 1985.

[6] Gary Hamel, Prahalad, C. K., *Competing for the future.* 1994.

[7] Husilid, Mark A., The impact of human resource management practices on turnover, productivity, and corporate financial. *The Academy of Management Journal*, 1995.

[8] C. Ichniowski, K. Shaw, G. Prennushi, "The Effects of Human Resource Management Practices on Productivity: A Study of Steel Finishing Lines", *The American Economist*, 1997.

［9］ Lepak, D. P. , Snell, S. A. , "The Human Resource Architecture: Toward a Theory of Human Capital Allocation and Development", *The Academy of Management Journal*, 1999.

［10］ MacDuffie, J. P. , "Human Resource Bundles and Manufacturing Performance: Organizational Logic and Flexible Production Systems in the World Auto Industry", *Industrial and Labor Relations Review*, 1995.

［11］ Prestwich, T. L. , "The causal relationship between job satisfaction and job performance", *Unpublished doctoral dissertation*, University of North Carolina, Chapel Hill, 1980.

［12］ Janssen, O. , "Fairness Perceptions as a Moderator in the Curvilinear Relationships between Job Demands, and Job Performance and Job Satisfaction", *The Academy of Management Journal*, 2001.

［13］ Axtell, Robert, The Emergence of Firms in a Population of Agents: Local Increasing Returns, Unstable Nash Equilibria, and Power Law Size Distribution. Center on Social and Economic Dynamics, Brookings Institution, Working Paper No. 3. 1999.

［14］ Folger, R. , Cropanzano, R. , Organizational Justice and Human Resource Management, 1998.

［15］ R. L. Heneman, M. Fisher, K. E. Dixon, "Reward and organizational systems alignment: An expert system", *Compensation and Benefits Review*, 2001.

［16］ Qian Sun, Wilson H. S. Tong, "China share issue privatization: The extent of its success", *Journal of Financial Economics*, 2003 (2).

［17］ Arne, L. , Kalleberg, "NONSTANDARD EMPLOYMENT RELATIONS: Parttime, Temporary and Contract Work", *Annual Review of Sociology*. 2000.

［18］ Janssen, O. , "Fairness perception as a moderator in the curvilinear relationships between job demands and job performance and job satisfaction", *The Academy of Management Journal*, 2001, 44 (5).

［19］ Dunlop, J. T. , *Industrial Relations Systems*, New York: Holt Rinehart and Winston, 1958.

二 中文图书

[1] Greg J. Bamber、Russell D. Lansbury、Nick Wailes：《国际与比较雇佣关系——全球化与变革》，北京大学出版社 2012 年版。

[2] 布罗姆利：《经济利益与经济制度》，上海三联出版社 1996 年版。

[3] 凡勃伦：《有闲阶级论》，商务印书馆 1964 年版。

[4] 弗鲁博顿、芮切特：《新制度经济学》，上海三联书店 2006 年版。

[5] 高桥洸、小松隆二、二神恭一：《日本劳务管理史》，唐燕霞译，经济科学出版社 2005 年版。

[6] 贺忠厚：《公共财政学》，西安交通大学出版社 2007 年版。

[7] 加里·德斯勒：《人力资源管理》，中国人民大学出版社 2012 年版。

[8] 阚阅：《当代英国高等教育绩效评估研究》，高等教育出版社 2010 年版。

[9] 科斯、阿尔钦、诺斯等：《财产权利与制度变迁——产权学派与新制度学派论文集》，上海三联书店 1991 年版。

[10] 李建新、孟繁强、王建友：《超组织人力资源管理研究》，山西人民出版社 2011 年版。

[11] 卢现祥、朱巧玲：《新制度经济学》，北京大学出版社 2007 年版。

[12] 鲁道夫·特劳普·梅茨：《中国、韩国与德国的劳动关系》，张俊华译，中国社会科学出版社 2010 年版。

[13] 迈克尔·迪屈奇：《交易成本经济学》，经济科学出版社 1999 年版。

[14] 诺思：《经济史中结构与变迁》，上海三联书店、上海人民出版社 2003 年版。

[15] 青木昌彦、钱颖代：《转轨经济中公司治理结构：内部人控制和银行的作用》，中国经济出版社 1995 年版。

[16] 桑德林·卡则斯、伊莲娜·纳斯波洛娃：《转型中的劳动力市场：平衡灵活性与安全性——中东欧的经验》，劳动和社会保障部劳动科学研究所译，中国劳动社会保障出版社 2005 年版。

[17] 石邦宏：《人力资本交易原理》，社会科学文献出版社 2009 年版。

［18］舒尔茨：《制度与人的经济价值的不断提供，载于财产权利与制度变迁》，上海三联出版社 1994 年版。

［19］唐鑛：《劳动关系管理概论》，中国人民大学出版社 2012 年版。

［20］陶厚永、刘洪：《何种用工制度更具适应性效率——用工双轨制的比较研究》，《中国工业经济》2009 年版。

［21］托马斯·D. 林奇（Thomas D. Lynch）：《美国公共预算》，苟燕南、董静译，中国财政经济出版社 2002 年版。

［22］王桦宇：《企业用工成本控制与法律风险防范——后危机时代的人力资源管理》，中国法制出版社 2010 年版。

［23］王磊：《公共产品供给主体选择与变迁的制度经济学分析》，经济科学出版社 2009 年版。

［24］王绽蕊：《美国高校董事会制度：结构、功能与效率研究》，高等教育出版社 2010 年版。

［25］威廉姆森：《资本主义经济制度》，商务印书馆 2002 年版。

［26］吴宏洛：《转型期和谐的劳动关系》，社会科学出版社 2009 年版。

［27］许云霄：《公共选择理论》，北京大学出版社 2006 年版。

［28］亚当·斯密：《国民财富的性质和原因的研究》（上卷），商务印书馆 1974 年版。

［29］杨伟国：《劳动经济学》，东北财经大学出版社 2013 年版。

［30］伊万切维奇、赵曙明、程德俊：《人力资源管理》，机械工业出版社 2011 年版。

［31］袁庆明：《新制度经济学教程》，中国发展出版社 2011 年版。

［32］约翰·W. 巴德：《人性化的雇佣关系——效率、公平与发言权之间的平衡》，解格先等译，北京大学出版社 2007 年版。

［33］约翰·伊特韦尔等：《新帕尔格雷夫经济学大辞典》，经济科学出版社 1996 年版。

［34］曾勋：《劳动革命——全国劳动用工制度改革初见成效》，吉林出版集团有限公司 2010 年版。

三　中文期刊

［1］蔡昉：《城乡收入差距与制度变革的临界点》，《中国社会科学》

2003 年第 5 期。

[2] 陈兵：《国有企业劳动用工制度改革的成效、问题和对策》，《重庆商学院学报》1995 年第 1 期。

[3] 陈佳贵：《国有企业改革与建立社会保险制度》，《江西财经大学学报》1999 年第 1 期。

[4] 陈剩勇、曾秋荷：《国有企业"双轨制"用工制度改革：目标与策略》，《学术界》2012 年第 1 期。

[5] 陈晓强：《构建和谐的劳动关系》，《群众》2007 年第 9 期。

[6] 程巍：《浅议国企高管的公开招聘》，《上海青年管理干部学院学报》2010 年第 4 期。

[7] 程祝礼：《国有大中型企业用工制度改革设想》，《北方经贸》2005 年第 7 期。

[8] 丁熹：《国有企业用工管理模式的思考》，《人力资源管理》2011 年第 12 期。

[9] 丁熹：《国有企业用工管理模式的思考》，《人力资源管理》2011 年第 8 期。

[10] 董全瑞：《等级规则、双轨制与中国收入分配差距扩大》，《社会科学战线》2011 年第 10 期。

[11] 方华：《劳务派遣与事业单位用工改革》，《重庆广播电视大学学报》2008 年第 2 期。

[12] 冯彦君：《同工同酬原则的困惑与反思》，《法商研究》2011 年第 2 期。

[13] 付广升：《企业用工制度与职工结构的分析》，《林业科技情报》1995 年第 1 期。

[14] 甘莉：《国有企业劳务派遣用工制度风险分析及对策》，《人力资源管理》2013 年第 1 期。

[15] 高凡：《国有企业用工管理模式探讨》，《中国管理信息化》2012 年第 8 期。

[16] 高平：《〈劳动合同法〉与企业人力资源管理转型》，《企业经济》2008 年第 8 期。

[17] 高卫卿：《对国有企业用工制度改革的几点认识》，《云南电业》

1997 年第 4 期。

[18] 巩丽霞:《关于劳动法中"同工同酬"的探讨》,《理论界》2006 年第 7 期。

[19] 郭志刚、卿涛:《我国国有企业劳动关系的变革路径分析》,《西南民族大学学报》(人文社会科学版) 2007 年第 11 期。

[20] 海涛:《吉林省劳动关系促和谐系列活动初见成效》,《劳动保障世界》2009 年第 10 期。

[21] 韩红俊:《中央国企全球招聘高管人员引发的思考》,《南通工学院学报》(社会科学版) 2004 年第 3 期。

[22] 郝艳琴、刘银花:《当前企业用工方式选择初探》,《价值工程》2010 年第 2 期。

[23] 洪沪敏、章辉美:《新中国成立以来企业劳动关系的历史变迁》,《江西社会科学》2009 年第 8 期。

[24] 胡磊:《影响我国劳动关系和谐运行的因素与政策演变》,《经济纵横》2013 年第 10 期。

[25] 黄爱华、徐文菡:《"劳务派遣"用工方式浅析》,《华南理工大学学报》(社会科学版) 2010 年第 1 期。

[26] 黄小祥、陈博、程玉明:《搞活国有企业用工制度》,《决策探索》2000 年第 11 期。

[27] 金碚:《企业竞争力测评的理论与方法》,《中国工业经济》2003 年第 3 期。

[28] 兰士奇、韩守彪、才颖:《谈国有企业用工制度改革》,《黑龙江金融》1999 年第 10 期。

[29] 劳动科学研究所课题组:《制定〈促进就业法〉若干问题研究》,《中国劳动》2005 年第 3 期。

[30] 李俊霞:《市场经济条件下道德在我国劳动关系调节中的重要性分析》,《四川行政学院学报》2002 年第 2 期。

[31] 李想:《论中国劳动关系重塑中政府的责任与作为》,《法制与社会》2007 年第 9 期。

[32] 李晓宁、赵杭莉:《初次分配效率与公平的政策组合与效用选择》,《财贸研究》2012 年第 2 期。

[33] 李游：《中国石化集团其他劳动用工形式风险剖析》，《石油化工管理干部学院学报》2009 年第 3 期。

[34] 厉以宁、渝京：《厉以宁解读公平、效率和宽容》，《新财经》2009 年第 3 期。

[35] 连玮佳、李健：《基于委托代理理论的国有企业公开招聘经理人的相关问题探讨》，《改革与战略》2009 年第 4 期。

[36] 刘洪、马璐：《用工"双轨制"存在的潜在危机及并轨路径与策略》，《南京社会科学》2011 年第 8 期。

[37] 刘缨、刘云：《三级动态竞争用工制》，《企业管理》1999 年第 10 期。

[38] 陆义敏：《体制性用工歧视与劳动者积极性》，《广东行政学院学报》2009 年第 4 期。

[39] 马璐、刘奂辰：《"用工双轨制"中非在编职工社会认同威胁及其管理》，《现代管理科学》2012 年第 5 期。

[40] 马勇：《劳动用工"双轨制"模式对社会生产率的影响》，《学术交流》2014 年第 9 期。

[41] 年志远、刘斌：《国有企业契约及其政策意义》，《东北师范大学学报》（哲学社会科学版）2013 年第 6 期。

[42] 年志远、刘斌：《国有企业用工制度改革研究》，《当代经济研究》2013 年第 11 期。

[43] 年志远、刘斌：《资产专用性与国有企业用工制度分析》，《清华大学学报》（哲学社会科学版）2014 年第 2 期。

[44] 彭巍：《论新法对企业用工制度的影响》，《中国农业银行武汉培训学院学报》2008 年第 5 期。

[45] 齐学栋、耿铁珍：《日本企业用工制度面对冲击和新选择》，《哈尔滨市经济管理干部学院学报》1999 年第 1 期。

[46] 邱国栋：《企业用工制度的阶梯式结构模式》，《企业活力》1997 年第 1 期。

[47] 全总劳务派遣问题课题组：《当前我国劳务派遣用工现状调查》，《中国劳动》2012 年第 5 期。

[48] 石军红：《我国劳务派遣业的现状与走向——以日本为参照》，

《南理工大学学报》（社会科学版）2011 年第 2 期。

[49] 苏海南：《协调劳动关系构建和谐社会》，《中国劳动保障》2005
年第 9 期。

[50] 孙成亮：《国有企业长期雇佣制度对企业能力的影响》，《社会科
学》2006 年第 4 期。

[51] 唐雷：《妥善协调劳动关系稳步推进改革》，《中国石化》2002 年
第 12 期。

[52] 陶厚永、刘洪：《何种用工制度更具适应性效率？用工"双轨制"
与"单轨制"的比较研究》，《中国工业经济》2009 年第 1 期。

[53] 王长城：《中国劳动关系变化中的问题与改进对策》，《中南财经
政法大学学报》2006 年第 1 期。

[54] 王丹：《回顾企业用工制度改革》，Enterprise Management，2008
（9）。

[55] 王凤娟：《资产专用性——威廉姆森的〈资本主义经济制度〉》，
《佳木斯教育学院学报》2010 年第 3 期。

[56] 王继承：《劳动用工"双轨制"模式成因、利弊与政策含义》，
《重庆理工大学学报》（社会科学）2010 年第 4 期。

[57] 王继承：《中国企业劳动制度 30 年改革与变迁的经验启示》，《重
庆工学院学报》（社会科学版）2009 年第 5 期。

[58] 王玫：《构建我国非公企业和谐的劳动关系：基于中外劳动关系
的比较》，《长春市委党校学报》2007 年第 4 期。

[59] 王生正：《改革企业用工制度的探讨》，《工厂管理》1995 年第
2 期。

[60] 吴圣奎：《法律视角下的企业用工方式选择策略》，《企业经济》
2009 年第 7 期。

[61] 谢振文：《深入开展创建劳动关系和谐企业活动的思考》，《中国
工运》2010 年第 5 期。

[62] 徐阿根：《西方国家企业用工制度给我国企业带来启示的探析》，
《学术论坛》2012 年第 2 期。

[63] 薛婧：《以心理学视角看国有企业派遣制用工的有效激励措施》，
《商业文化》（学术版）2010 年第 3 期。

[64] 杨丽颖、江山：《企业用工方式种类设定与用工体系建立规则》，《中国劳动》2009 年第 11 期。

[65] 杨小勇：《对当前我国劳动关系中存在问题的思考》，《管理学刊》2011 年第 2 期。

[66] 杨雪、江华、高参参：《制度变迁视角下的国有企业薪酬制度》，《重庆理工大学学报》（社会科学）2010 年第 4 期。

[67] 杨宜勇：《国有企业用工制度难以搞活的原因何在?》，《现代企业》1994 年第 10 期。

[68] 杨云霞、黄亚利：《公共部门临时工的身份冲突——对 88 份文本的实证分析》，《西南民族大学学报》（人文社会科学版）2012 年第 12 期。

[69] 杨云彦、陈金永：《转型劳动力市场的分层与竞争结合武汉的实证分析》，《中国社会科学》2000 年第 3 期。

[70] 杨云彦、陈金永：《转型劳动力市场的分层与竞争——结合武汉的实证分析》，《中国社会科学》2000 年第 5 期。

[71] 姚先国：《劳动力的双轨价格及经济效应》，《经济研究》1992 年第 3 期。

[72] 游浚、胡建军：《“双轨制”下职工工作不安全感研究》，《中国商贸》2011 年第 36 期。

[73] 曾秋荷、练伟、吴昊、施伟伟：《社会转型背景下同工不同酬问题探讨》，《中国市场》2011 年第 7 期。

[74] 翟水金：《浅谈国有企业劳动用工制度改革》，《化工管理》1998 年第 Z1 期。

[75] 张代谦：《建设有中国特色的企业用工制度》，《工厂管理》1999 年第 3 期。

[76] 张敦义：《国有企业劳动用工制度的改革》，《山西财经学院学报》1994 年第 4 期。

[77] 张陆：《对我国大中型国有企业劳动用工制度改革的思考——由日本企业的“终身雇佣制”所想到的》，《重庆工业管理学院学报》1996 年第 1 期。

[78] 张敏杰：《社会政策及其在我国社会经济发展过程中的去向》，

《浙江社会科学》1999 年第 11 期。

[79] 张晏、夏纪军：《体制竞争与组织绩效改进：兼论双轨制对制度变革的意义》，《世界经济》2008 年第 4 期。

[80] 张振锋：《业务外包是企业用工方式的新选择》，《现代商业》2009 年第 21 期。

[81] 张志学、秦昕、张三保：《中国劳动用工"双轨制"改进了企业生产率吗？——来自 30 个省份 12314 家企业的证据》，《管理世界》2013 年第 5 期。

[82] 张志学、秦昕、张三保：《中国劳动用工"双轨制"改进了企业生产率吗？——来自 30 个省份 12314 家企业的证据》，《管理世界》2013 年第 5 期。

[83] 赵祖平：《错位、缺位：劳动关系重建中的政府》，《中国劳动关系学院学报》2007 年第 1 期。

[84] 郑功成：《中国大陆劳工保障制度的变迁与发展》，《经济评论》2001 年第 2 期。

[85] 中国企联雇主工作部课题组：《我国企业劳动用工面面观》，《企业管理》2006 年第 2 期。

[86] 钟勇：《国有企业淡化用工身份的薪酬分配体系浅析》，《现代商业》2008 年第 2 期。

[87] 周业安：《中国制度变迁的演进论解释》，《经济研究》2000 年第 5 期。

[88] 朱舜、高丽娜：《劳动合同制创新：国企劳动用工制度改革新思考》，《市场周刊，理论研究》2006 年第 5 期。

四　学位论文

[1] 姜波：《改革开放后公平与效率关系的演进及启示》，硕士学位论文，辽宁大学，2011 年。

[2] 林高：《我国国有企业高管政治关联研究》，博士学位论文，西南财经大学，2012 年。

[3] 刘明越：《国企产权制度改革的逻辑与问题研究》，博士学位论文，复旦大学，2013 年。

[4] 司徒功云:《转轨时期中国国有企业高管激励和约束问题研究》,博士学位论文,南京大学,2014年。

[5] 汪立元:《国有企业高管经济责任审计评价研究》,博士学位论文,东华大学,2013年。

[6] 杨金磊:《我国收入分配结构调整与扩大内需问题研究》,硕士学位论文,湖北工业大学,2011年。

[7] 张璇:《国有企业创新激励的影响因素及制度设计研究》,博士学位论文,合肥工业大学,2013年。

[8] 章迪诚:《中国国有企业改革的制度变迁研究》,博士学位论文,复旦大学,2008年。

[9] 赵新洁:《公司治理背景下中国国有企业管理者激励问题研究》,博士学位论文,北京外国语大学,2013年。

[10] 钟华:《弱势群体成员的认同管理策略研究》,博士学位论文,华中师范大学,2008年。

[11] 周学东:《我国国有企业产权改革最优路径研究》,博士学位论文,武汉大学,2013年。

五 其他文献

[1] 白天亮:《同工同酬有多远》,《人民日报》2007年7月16日第13版。

[2] 戴维斯、诺思:《制度变迁理论》,《财产权利与制度变迁》,上海三联出版社1994年版。

[3] 范正伟:《别让"临时工"成了"壁虎尾巴"》,《人民日报》2010年12月2日第6版。

[4] 王翡翡、李俊凯:《国有企业多元用工模式优化构建研究》,Proceedings of International Conference on Engineering and Business Management(EBM2012),2012。

附　录

中华人民共和国劳动法

（1994 年 7 月 5 日第八届全国人民代表大会常务委员会
第八次会议通过　1994 年 7 月 5 日中华人民共和国主席令第二十八号
公布　自 1995 年 1 月 1 日起实施　2009 年 8 月 27 日第十一届
全国人民代表大会常务委员会第十次会议修订）

第一章　总则

第一条　立法目的

为了保护劳动者的合法权益，调整劳动关系，建立和维护适应社会主义市场经济的劳动制度，促进经济发展和社会进步，根据宪法，制定本法。

第二条　适用范围

在中华人民共和国境内的企业、个体经济组织（以下统称用人单位）和与之形成劳动关系的劳动者，适用本法。

国家机关、事业组织、社会团体和与之建立劳动合同关系的劳动者，依照本法执行。

第三条　劳动者权利

劳动者享有平等就业和选择职业的权利、取得劳动报酬的权利、休息休假的权利、获得劳动安全卫生保护的权利、接受职业技能培训的权利、享受社会保险和福利的权利、提请劳动争议处理的权利以及法律规定的其他劳动权利。

劳动者应当完成劳动任务，提高职业技能，执行劳动安全卫生规程，遵守劳动纪律和职业道德。

第四条　用人单位义务

用人单位应当依法建立和完善规章制度，保障劳动者享有劳动权利和履行劳动义务。

第五条　国家措施

国家采取各种措施，促进劳动就业，发展职业教育，制定劳动标准，调节社会收入，完善社会保险，协调劳动关系，逐步提高劳动者的生活水平。

第六条　国家倡导和鼓励

国家提倡劳动者参加社会义务劳动，开展劳动竞赛和合理化建议活动，鼓励和保护劳动者进行科学研究、技术革新和发明创造，表彰和奖励劳动模范和先进工作者。

第七条　参加和组织工会

劳动者有权依法参加和组织工会。

工会代表和维护劳动者的合法权益，依法独立自主地开展活动。

第八条　参与民主管理或协商

劳动者依照法律规定，通过职工大会、职工代表大会或者其他形式，参与民主管理或者就保护劳动者合法权益与用人单位进行平等协商。

第九条　劳动工作管理部门

国务院劳动行政部门主管全国劳动工作。

县级以上地方人民政府劳动行政部门主管本行政区域内的劳动工作。

第二章　促进就业

第十条　国家扶持就业

国家通过促进经济和社会发展，创造就业条件，扩大就业机会。

国家鼓励企业、事业组织、社会团体在法律、行政法规规定的范围内兴办产业或者拓展经营，增加就业。

国家支持劳动者自愿组织起来就业和从事个体经营实现就业。

第十一条 职介机构发展

地方各级人民政府应当采取措施，发展多种类型的职业介绍机构，提供就业服务。

第十二条 就业平等

劳动者就业，不因民族、种族、性别、宗教信仰不同而受歧视。

第十三条 就业男女平等

妇女享有与男子平等的就业权利。在录用职工时，除国家规定的不适合妇女的工种或者岗位外，不得以性别为由拒绝录用妇女或者提高对妇女的录用标准。

第十四条 特殊人员的就业

残疾人、少数民族人员、退出现役的军人的就业，法律、法规有特别规定的，从其规定。

第十五条 禁招未成年人和特殊行业相关规定

禁止用人单位招用未满十六周岁的未成年人。

文艺、体育和特种工艺单位招用未满十六周岁的未成年人，必须依照国家有关规定，履行审批手续，并保障其接受义务教育的权利。

第三章 劳动合同和集体合同

第十六条 劳动合同

劳动合同是劳动者与用人单位确立劳动关系、明确双方权利和义务的协议。

建立劳动关系应当订立劳动合同。

第十七条 合同的订立和变更

订立和变更劳动合同，应当遵循平等自愿、协商一致的原则，不得违反法律、行政法规的规定。

劳动合同依法订立即具有法律约束力，当事人必须履行劳动合同规定的义务。

第十八条　无效合同

下列劳动合同无效：

（一）违反法律、行政法规的劳动合同；

（二）采取欺诈、威胁等手段订立的劳动合同。

无效的劳动合同，从订立的时候起，就没有法律约束力。确认劳动合同部分无效的，如果不影响其余部分的效力，其余部分仍然有效。

劳动合同的无效，由劳动争议仲裁委员会或者人民法院确认。

第十九条　合同形式和条款

劳动合同应当以书面形式订立，并具备以下条款：

（一）劳动合同期限；

（二）工作内容；

（三）劳动保护和劳动条件；

（四）劳动报酬；

（五）劳动纪律；

（六）劳动合同终止的条件；

（七）违反劳动合同的责任。

劳动合同除前款规定的必备条款外，当事人可以协商约定其他内容。

第二十条　合同期限

劳动合同的期限分为有固定期限、无固定期限和以完成一定的工作为期限。

劳动者在同一用人单位连续工作满十年以上，当事人双方同意延续劳动合同的，如果劳动者提出订立无固定期限的劳动合同，应当订立无固定期限的劳动合同。

第二十一条　试用期约定

劳动合同可以约定试用期。试用期最长不得超过六个月。

第二十二条　商业秘密事项约定

劳动合同当事人可以在劳动合同中约定保守用人单位商业秘密的有关事项。

第二十三条　合同终止

劳动合同期满或者当事人约定的劳动合同终止条件出现，劳动合同即行终止。

第二十四条　合同解除

经劳动合同当事人协商一致，劳动合同可以解除。

第二十五条　单位解除劳动合同事项

劳动者有下列情形之一的，用人单位可以解除劳动合同：

（一）在试用期间被证明不符合录用条件的；

（二）严重违反劳动纪律或者用人单位规章制度的；

（三）严重失职，营私舞弊，对用人单位利益造成重大损害的；

（四）被依法追究刑事责任的。

第二十六条　解除合同提前通知

有下列情形之一的，用人单位可以解除劳动合同，但是应当提前三十日以书面形式通知劳动者本人：

（一）劳动者患病或者非因工负伤，医疗期满后，不能从事原工作也不能从事由用人单位另行安排的工作的；

（二）劳动者不能胜任工作，经过培训或者调整工作岗位，仍不能胜任工作的；

（三）劳动合同订立时所依据的客观情况发生重大变化，致使原劳动合同无法履行，经当事人协商不能就变更劳动合同达成协议的。

第二十七条　用人单位裁员

用人单位濒临破产进行法定整顿期间或者生产经营状况发生严重困难，确需裁减人员的，应当提前三十日向工会或者全体职工说明情况，听取工会或者职工的意见，经向劳动行政部门报告后，可以裁减人员。

用人单位依据本条规定裁减人员，在六个月内录用人员的，应当优先录用被裁减的人员。

第二十八条　经济补偿

用人单位依据本法第二十四条、第二十六条、第二十七条的规定解除劳动合同的，应当依照国家有关规定给予经济补偿。

第二十九条　用人单位解除合同的限制情形

劳动者有下列情形之一的，用人单位不得依据本法第二十六条、第二十七条的规定解除劳动合同：

（一）患职业病或者因工负伤并被确认丧失或者部分丧失劳动能

力的；

（二）患病或者负伤，在规定的医疗期内的；

（三）女职工在孕期、产期、哺乳期内的；

（四）法律、行政法规规定的其他情形。

第三十条　工会职权

用人单位解除劳动合同，工会认为不适当的，有权提出意见。如果用人单位违反法律、法规或者劳动合同，工会有权要求重新处理；劳动者申请仲裁或者提起诉讼的，工会应当依法给予支持和帮助。

第三十一条　劳动者解除合同的提前通知期限

劳动者解除劳动合同，应当提前三十日以书面形式通知用人单位。

第三十二条　劳动者随时通知解除合同情形

有下列情形之一的，劳动者可以随时通知用人单位解除劳动合同：

（一）在试用期内的；

（二）用人单位以暴力、威胁或者非法限制人身自由的手段强迫劳动的；

（三）用人单位未按照劳动合同约定支付劳动报酬或者提供劳动条件的。

第三十三条　集体合同

企业职工一方与企业可以就劳动报酬、工作时间、休息休假、劳动安全卫生、保险福利等事项，签订集体合同。

集体合同草案应当提交职工代表大会或者全体职工讨论通过。集体合同由工会代表职工与企业签订；没有建立工会的企业，由职工推举的代表与企业签订。

第三十四条　集体合同生效

集体合同签订后应当报送劳动行政部门；劳动行政部门自收到集体合同文本之日起十五日内未提出异议的，集体合同即行生效。

第三十五条　集体合同效力

依法签订的集体合同对企业和企业全体职工具有约束力。职工个人与企业订立的劳动合同中劳动条件和劳动报酬等标准不得低于集体合同的规定。

第四章　工作时间和休息休假

第三十六条　国家工时制度

国家实行劳动者每日工作时间不超过八小时、平均每周工作时间不超过四十四小时的工时制度。

第三十七条　报酬标准和劳动定额确定

对实行计件工作的劳动者，用人单位应当根据本法第三十六条规定的工时制度合理确定其劳动定额和计件报酬标准。

第三十八条　休息日最低保障

用人单位应当保证劳动者每周至少休息一日。

第三十九条　工休办法替代

企业因生产特点不能实行本法第三十六条、第三十八条规定的，经劳动行政部门批准，可以实行其他工作和休息办法。

第四十条　法定假日

用人单位在下列节日期间应当依法安排劳动者休假：

（一）元旦；

（二）春节；

（三）国际劳动节；

（四）国庆节；

（五）法律、法规规定的其他休假节日。

第四十一条　工作时间延长限制

用人单位由于生产经营需要，经与工会和劳动者协商后可以延长工作时间，一般每日不得超过一小时；因特殊原因需要延长工作时间的，在保障劳动者身体健康的条件下延长工作时间每日不得超过三小时，但是每月不得超过三十六小时。

第四十二条　限制的例外

有下列情形之一的，延长工作时间不受本法第四十一条规定的限制：

（一）发生自然灾害、事故或者因其他原因，威胁劳动者生命健康和财产安全，需要紧急处理的；

（二）生产设备、交通运输线路、公共设施发生故障，影响生产和公众利益，必须及时抢修的；

（三）法律、行政法规规定的其他情形。

第四十三条　禁止违法延长工作时间

用人单位不得违反本法规定延长劳动者的工作时间。

第四十四条　延长工时的报酬支付

有下列情形之一的，用人单位应当按照下列标准支付高于劳动者正常工作时间工资的工资报酬：

（一）安排劳动者延长工作时间的，支付不低于工资的百分之一百五十的工资报酬；

（二）休息日安排劳动者工作又不能安排补休的，支付不低于工资的百分之二百的工资报酬；

（三）法定休假日安排劳动者工作的，支付不低于工资的百分之三百的工资报酬。

第四十五条　带薪年休假制度

国家实行带薪年休假制度。

劳动者连续工作一年以上的，享受带薪年休假。具体办法由国务院规定。

第五章　工资

第四十六条　工资分配原则

工资分配应当遵循按劳分配原则，实行同工同酬。

工资水平在经济发展的基础上逐步提高。国家对工资总量实行宏观调控。

第四十七条　工资分配方式、水平确定

用人单位根据本单位的生产经营特点和经济效益，依法自主确定本单位的工资分配方式和工资水平。

第四十八条　最低工资保障

国家实行最低工资保障制度。最低工资的具体标准由省、自治区、直辖市人民政府规定，报国务院备案。

用人单位支付劳动者的工资不得低于当地最低工资标准。

第四十九条　最低工资标准参考因素

确定和调整最低工资标准应当综合参考下列因素：

（一）劳动者本人及平均赡养人口的最低生活费用；

（二）社会平均工资水平；

（三）劳动生产率；

（四）就业状况；

（五）地区之间经济发展水平的差异。

第五十条　工资支付形式

工资应当以货币形式按月支付给劳动者本人。不得克扣或者无故拖欠劳动者的工资。

第五十一条　法定休假日和婚丧假期间工资保障

劳动者在法定休假日和婚丧假期间以及依法参加社会活动期间，用人单位应当依法支付工资。

第六章　劳动安全卫生

第五十二条　用人单位职责

用人单位必须建立、健全劳动安全卫生制度，严格执行国家劳动安全卫生规程和标准，对劳动者进行劳动安全卫生教育，防止劳动过程中的事故，减少职业危害。

第五十三条　劳动安全卫生设施标准

劳动安全卫生设施必须符合国家规定的标准。

新建、改建、扩建工程的劳动安全卫生设施必须与主体工程同时设计、同时施工、同时投入生产和使用。

第五十四条　劳动者劳动安全防护及健康保护

用人单位必须为劳动者提供符合国家规定的劳动安全卫生条件和必要的劳动防护用品，对从事有职业危害作业的劳动者应当定期进行健康检查。

第五十五条　特种作业资格

从事特种作业的劳动者必须经过专门培训并取得特种作业资格。

第五十六条　劳动过程安全防护

劳动者在劳动过程中必须严格遵守安全操作规程。

劳动者对用人单位管理人员违章指挥、强令冒险作业，有权拒绝执行；对危害生命安全和身体健康的行为，有权提出批评、检举和控告。

第五十七条　伤亡事故和职业病统计报告、处理制度

国家建立伤亡事故和职业病统计报告和处理制度。县级以上各级人民政府劳动行政部门、有关部门和用人单位应当依法对劳动者在劳动过程中发生的伤亡事故和劳动者的职业病状况，进行统计、报告和处理。

第七章　女职工和未成年工特殊保护

第五十八条　女职工和未成年工特殊劳动保护

国家对女职工和未成年工实行特殊劳动保护。

未成年工是指年满十六周岁未满十八周岁的劳动者。

第五十九条　劳动强度限制

禁止安排女职工从事矿山井下、国家规定的第四级体力劳动强度的劳动和其他禁忌从事的劳动。

第六十条　经期劳动强度限制

不得安排女职工在经期从事高处、低温、冷水作业和国家规定的第三级体力劳动强度的劳动。

第六十一条　孕期劳动强度限制

不得安排女职工在怀孕期间从事国家规定的第三级体力劳动强度的劳动和孕期禁忌从事的活动。对怀孕七个月以上的女职工，不得安排其延长工作时间和夜班劳动。

第六十二条　产假

女职工生育享受不少于九十天的产假。

第六十三条　哺乳期劳动保护

不得安排女职工在哺乳未满一周岁的婴儿期间从事国家规定的第三级体力劳动强度的劳动和哺乳期禁忌从事的其他劳动，不得安排其延长工作时间和夜班劳动。

第六十四条　未成年工劳动保护

不得安排未成年工从事矿山井下、有毒有害、国家规定的第四级体力劳动强度的劳动和其他禁忌从事的劳动。

第六十五条　未成年工健康检查

用人单位应当对未成年工定期进行健康检查。

第八章　职业培训

第六十六条　发展目标

国家通过各种途径，采取各种措施，发展职业培训事业，开发劳动者的职业技能，提高劳动者素质，增强劳动者的就业能力和工作能力。

第六十七条　政府支持

各级人民政府应当把发展职业培训纳入社会经济发展的规划，鼓励和支持有条件的企业、事业组织、社会团体和个人进行各种形式的职业培训。

第六十八条　职业培训

用人单位应当建立职业培训制度，按照国家规定提取和使用职业培训经费，根据本单位实际，有计划地对劳动者进行职业培训。

从事技术工种的劳动者，上岗前必须经过培训。

第六十九条　职业技能资格

国家确定职业分类，对规定的职业制定职业技能标准，实行职业资格证书制度，由经过政府批准的考核鉴定机构负责对劳动者实施职业技能考核鉴定。

第九章　社会保险和福利

第七十条　发展目标

国家发展社会保险事业，建立社会保险制度，设立社会保险基金，使劳动者在年老、患病、工伤、失业、生育等情况下获得帮助和补偿。

第七十一条　协商发展

社会保险水平应当与社会经济发展水平和社会承受能力相适应。

第七十二条　基金来源

社会保险基金按照保险类型确定资金来源，逐步实行社会统筹。用人单位和劳动者必须依法参加社会保险，缴纳社会保险费。

第七十三条　享受社保情形

劳动者在下列情形下，依法享受社会保险待遇：

（一）退休；

（二）患病、负伤；

（三）因工伤残或者患职业病；

（四）失业；

（五）生育。

劳动者死亡后，其遗属依法享受遗属津贴。

劳动者享受社会保险待遇的条件和标准由法律、法规规定。

劳动者享受的社会保险金必须按时足额支付。

第七十四条　社保基金管理

社会保险基金经办机构依照法律规定收支、管理和运营社会保险基金，并负有使社会保险基金保值增值的责任。

社会保险基金监督机构依照法律规定，对社会保险基金的收支、管理和运营实施监督。

社会保险基金经办机构和社会保险基金监督机构的设立和职能由法律规定。

任何组织和个人不得挪用社会保险基金。

第七十五条　补充保险和个人储蓄保险

国家鼓励用人单位根据本单位实际情况为劳动者建立补充保险。

国家提倡劳动者个人进行储蓄性保险。

第七十六条　国家和用人单位的发展福利事业责任

国家发展社会福利事业，兴建公共福利设施，为劳动者休息、休养和疗养提供条件。

用人单位应当创造条件，改善集体福利，提高劳动者的福利待遇。

第十章　劳动争议

第七十七条　劳动争议处理

用人单位与劳动者发生劳动争议，当事人可以依法申请调解、仲裁、提起诉讼，也可以协商解决。

调解原则适用于仲裁和诉讼程序。

第七十八条　解决争议的原则

解决劳动争议，应当根据合法、公正、及时处理的原则，依法维护劳动争议当事人的合法权益。

第七十九条　调解和仲裁

劳动争议发生后，当事人可以向本单位劳动争议调解委员会申请调解；调解不成，当事人一方要求仲裁的，可以向劳动争议仲裁委员会申请仲裁。当事人一方也可以直接向劳动争议仲裁委员会申请仲裁。对仲裁裁决不服的，可以向人民法院提起诉讼。

第八十条　劳动争议调委会及调解协议

在用人单位内，可以设立劳动争议调解委员会。劳动争议调解委员会由职工代表、用人单位代表和工会代表组成。劳动争议调解委员会主任由工会代表担任。

劳动争议经调解达成协议的，当事人应当履行。

第八十一条　仲裁委员会组成

劳动争议仲裁委员会由劳动行政部门代表、同级工会代表、用人单位方面的代表组成。劳动争议仲裁委员会主任由劳动行政部门代表担任。

第八十二条　仲裁期日

提出仲裁要求的一方应当自劳动争议发生之日起六十日内向劳动争议仲裁委员会提出书面申请。仲裁裁决一般应在收到仲裁申请的六十日内作出。对仲裁裁决无异议的，当事人必须履行。

第八十三条　起诉和强制执行

劳动争议当事人对仲裁裁决不服的，可以自收到仲裁裁决书之日起十五日内向人民法院提起诉讼。一方当事人在法定期限内不起诉又不履行仲裁裁决的，另一方当事人可以申请人民法院强制执行。

第八十四条　集体合同争议处理

因签订集体合同发生争议，当事人协商解决不成的，当地人民政府劳动行政部门可以组织有关各方协调处理。

因履行集体合同发生争议，当事人协商解决不成的，可以向劳动争议仲裁委员会申请仲裁；对仲裁裁决不服的，可以自收到仲裁裁决书之日起十五日内向人民法院提起诉讼。

第十一章　监督检查

第八十五条　劳动行政部门监督检查

县级以上各级人民政府劳动行政部门依法对用人单位遵守劳动法律、法规的情况进行监督检查，对违反劳动法律、法规的行为有权制止，并责令改正。

第八十六条　公务检查

县级以上各级人民政府劳动行政部门监督检查人员执行公务，有权进入用人单位了解执行劳动法律、法规的情况，查阅必要的资料，并对劳动场所进行检查。

县级以上各级人民政府劳动行政部门监督检查人员执行公务，必须出示证件，秉公执法并遵守有关规定。

第八十七条　政府监督

县级以上各级人民政府有关部门在各自职责范围内，对用人单位遵守劳动法律、法规的情况进行监督。

第八十八条 工会监督和组织、个人检举控告

各级工会依法维护劳动者的合法权益,对用人单位遵守劳动法律、法规的情况进行监督。

任何组织和个人对于违反劳动法律、法规的行为有权检举和控告。

第十二章 法律责任

第八十九条 对劳动规章违法的处罚

用人单位制定的劳动规章制度违反法律、法规规定的,由劳动行政部门给予警告,责令改正;对劳动者造成损害的,应当承担赔偿责任。

第九十条 违法延长工时处罚

用人单位违反本法规定,延长劳动者工作时间的,由劳动行政部门给予警告,责令改正,并可以处以罚款。

第九十一条 用人单位侵权处理

用人单位有下列侵害劳动者合法权益情形之一的,由劳动行政部门责令支付劳动者的工资报酬、经济补偿,并可以责令支付赔偿金:

(一)克扣或者无故拖欠劳动者工资的;

(二)拒不支付劳动者延长工作时间工资报酬的;

(三)低于当地最低工资标准支付劳动者工资的;

(四)解除劳动合同后,未依照本法规定给予劳动者经济补偿的。

第九十二条 用人单位违反劳保规定的处罚

用人单位的劳动安全设施和劳动卫生条件不符合国家规定或者未向劳动者提供必要的劳动防护用品和劳动保护设施的,由劳动行政部门或者有关部门责令改正,可以处以罚款;情节严重的,提请县级以上人民政府决定责令停产整顿;对事故隐患不采取措施,致使发生重大事故,造成劳动者生命和财产损失的,对责任人员依照刑法有关规定追究刑事责任。

第九十三条　违章事故处罚

用人单位强令劳动者违章冒险作业，发生重大伤亡事故，造成严重后果的，对责任人员依法追究刑事责任。

第九十四条　非法招用未成年工处罚

用人单位非法招用未满十六周岁的未成年人的，由劳动行政部门责令改正，处以罚款；情节严重的，由工商行政管理部门吊销营业执照。

第九十五条　侵害女工和未成年工合法权益的处罚

用人单位违反本法对女职工和未成年工的保护规定，侵害其合法权益的，由劳动行政部门责令改正，处以罚款；对女职工或者未成年工造成损害的，应当承担赔偿责任。

第九十六条　人身侵权处罚

用人单位有下列行为之一，由公安机关对责任人员处以十五日以下拘留、罚款或者警告；构成犯罪的，对责任人员依法追究刑事责任：

（一）以暴力、威胁或者非法限制人身自由的手段强迫劳动的；

（二）侮辱、体罚、殴打、非法搜查和拘禁劳动者的。

第九十七条　无效合同损害责任

由于用人单位的原因订立的无效合同，对劳动者造成损害的，应当承担赔偿责任。

第九十八条　违法解除和拖延订立合同损害赔偿

用人单位违反本法规定的条件解除劳动合同或者故意拖延不订立劳动合同的，由劳动行政部门责令改正；对劳动者造成损害的，应当承担赔偿责任。

第九十九条　招用未解除合同者损害赔偿

用人单位招用尚未解除劳动合同的劳动者，对原用人单位造成经济损失的，该用人单位应当依法承担连带赔偿责任。

第一百条　不缴纳保险费处理

用人单位无故不缴纳社会保险费的，由劳动行政部门责令其限期缴纳；逾期不缴的，可以加收滞纳金。

第一百零一条　妨碍检查公务处罚

用人单位无理阻挠劳动行政部门、有关部门及其工作人员行使监督检查权，打击报复举报人员的，由劳动行政部门或者有关部门处以罚款；构成犯罪的，对责任人员依法追究刑事责任。

第一百零二条　违法解除合同和违反保密事项损害赔偿

劳动者违反本法规定的条件解除劳动合同或者违反劳动合同中约定的保密事项，对用人单位造成经济损失的，应当依法承担赔偿责任。

第一百零三条　渎职处罚

劳动行政部门或者有关部门的工作人员滥用职权、玩忽职守、徇私舞弊，构成犯罪的，依法追究刑事责任；不构成犯罪的，给予行政处分。

第一百零四条　挪用社保基金处罚

国家工作人员和社会保险基金经办机构的工作人员挪用社会保险基金，构成犯罪的，依法追究刑事责任。

第一百零五条　处罚竞合处理

违反本法规定侵害劳动者合法权益，其他法律、行政法规已规定处罚的，依照该法律、行政法规的规定处罚。

第十三章　附则

第一百零六条　实施步骤制定

省、自治区、直辖市人民政府根据本法和本地区的实际情况，规定劳动合同制度的实施步骤，报国务院备案。

第一百零七条

本法自 1995 年 1 月 1 日起实施。

中华人民共和国劳动合同法

（2007 年 6 月 29 日第十届全国人民代表大会常务委员会
第二十八次会议通过　2007 年 6 月 29 日中华人民共和国主席令
第 65 号公布　自 2008 年 1 月 1 日起施行　2012 年 12 月 28 日
第十一届全国人民代表大会常务委员会第三十次会议修订
自 2013 年 7 月 1 日起施行）

第一章　总则

第一条　为了完善劳动合同制度，明确劳动合同双方当事人的权利和义务，保护劳动者的合法权益，构建和发展和谐稳定的劳动关系，制定本法。

第二条　中华人民共和国境内的企业、个体经济组织、民办非企业单位等组织（以下称用人单位）与劳动者建立劳动关系，订立、履行、变更、解除或者终止劳动合同，适用本法。

国家机关、事业单位、社会团体和与其建立劳动关系的劳动者，订立、履行、变更、解除或者终止劳动合同，依照本法执行。

第三条　订立劳动合同，应当遵循合法、公平、平等自愿、协商一致、诚实信用的原则。

依法订立的劳动合同具有约束力，用人单位与劳动者应当履行劳动合同约定的义务。

第四条　用人单位应当依法建立和完善劳动规章制度，保障劳动者享有劳动权利、履行劳动义务。

用人单位在制定、修改或者决定有关劳动报酬、工作时间、休息休假、劳动安全卫生、保险福利、职工培训、劳动纪律以及劳动定额管理等直接涉及劳动者切身利益的规章制度或者重大事项时，应当经职工代表大会或者全体职工讨论，提出方案和意见，与工会或者职工代表平等协商确定。

在规章制度和重大事项决定实施过程中，工会或者职工认为不适当的，有权向用人单位提出，通过协商予以修改完善。

用人单位应当将直接涉及劳动者切身利益的规章制度和重大事项决定公示，或者告知劳动者。

第五条　县级以上人民政府劳动行政部门会同工会和企业方面代表，建立健全协调劳动关系三方机制，共同研究解决有关劳动关系的重大问题。

第六条　工会应当帮助、指导劳动者与用人单位依法订立和履行劳动合同，并与用人单位建立集体协商机制，维护劳动者的合法权益。

第二章　劳动合同的订立

第七条　用人单位自用工之日起即与劳动者建立劳动关系。用人单位应当建立职工名册备查。

第八条　用人单位招用劳动者时，应当如实告知劳动者工作内容、工作条件、工作地点、职业危害、安全生产状况、劳动报酬，以及劳动者要求了解的其他情况；用人单位有权了解劳动者与劳动合同直接相关的基本情况，劳动者应当如实说明。

第九条　用人单位招用劳动者，不得扣押劳动者的居民身份证和其他证件，不得要求劳动者提供担保或者以其他名义向劳动者收取财物。

第十条　建立劳动关系，应当订立书面劳动合同。

已建立劳动关系，未同时订立书面劳动合同的，应当自用工之日起一个月内订立书面劳动合同。

用人单位与劳动者在用工前订立劳动合同的，劳动关系自用工之日起建立。

第十一条　用人单位未在用工的同时订立书面劳动合同，与劳动者约定的劳动报酬不明确的，新招用的劳动者的劳动报酬按照集体合同规定的标准执行；没有集体合同或者集体合同未规定的，实行同工同酬。

第十二条　劳动合同分为固定期限劳动合同、无固定期限劳动合同和以完成一定工作任务为期限的劳动合同。

第十三条 固定期限劳动合同，是指用人单位与劳动者约定合同终止时间的劳动合同。

用人单位与劳动者协商一致，可以订立固定期限劳动合同。

第十四条 无固定期限劳动合同，是指用人单位与劳动者约定无确定终止时间的劳动合同。

用人单位与劳动者协商一致，可以订立无固定期限劳动合同。有下列情形之一，劳动者提出或者同意续订、订立劳动合同的，除劳动者提出订立固定期限劳动合同外，应当订立无固定期限劳动合同：

（一）劳动者在该用人单位连续工作满十年的；

（二）用人单位初次实行劳动合同制度或者国有企业改制重新订立劳动合同时，劳动者在该用人单位连续工作满十年且距法定退休年龄不足十年的；

（三）连续订立二次固定期限劳动合同，且劳动者没有本法第三十九条和第四十条第一项、第二项规定的情形，续订劳动合同的。

用人单位自用工之日起满一年不与劳动者订立书面劳动合同的，视为用人单位与劳动者已订立无固定期限劳动合同。

第十五条 以完成一定工作任务为期限的劳动合同，是指用人单位与劳动者约定以某项工作的完成为合同期限的劳动合同。

用人单位与劳动者协商一致，可以订立以完成一定工作任务为期限的劳动合同。

第十六条 劳动合同由用人单位与劳动者协商一致，并经用人单位与劳动者在劳动合同文本上签字或者盖章生效。

劳动合同文本由用人单位和劳动者各执一份。

第十七条 劳动合同应当具备以下条款：

（一）用人单位的名称、住所和法定代表人或者主要负责人；

（二）劳动者的姓名、住址和居民身份证或者其他有效身份证件号码；

（三）劳动合同期限；

（四）工作内容和工作地点；

（五）工作时间和休息休假；

（六）劳动报酬；

（七）社会保险；

（八）劳动保护、劳动条件和职业危害防护；

（九）法律、法规规定应当纳入劳动合同的其他事项。

劳动合同除前款规定的必备条款外，用人单位与劳动者可以约定试用期、培训、保守秘密、补充保险和福利待遇等其他事项。

第十八条　劳动合同对劳动报酬和劳动条件等标准约定不明确，引发争议的，用人单位与劳动者可以重新协商；协商不成的，适用集体合同规定；没有集体合同或者集体合同未规定劳动报酬的，实行同工同酬；没有集体合同或者集体合同未规定劳动条件等标准的，适用国家有关规定。

第十九条　劳动合同期限三个月以上不满一年的，试用期不得超过一个月；劳动合同期限一年以上不满三年的，试用期不得超过二个月；三年以上固定期限和无固定期限的劳动合同，试用期不得超过六个月。

同一用人单位与同一劳动者只能约定一次试用期。

以完成一定工作任务为期限的劳动合同或者劳动合同期限不满三个月的，不得约定试用期。

试用期包含在劳动合同期限内。劳动合同仅约定试用期的，试用期不成立，该期限为劳动合同期限。

第二十条　劳动者在试用期的工资不得低于本单位相同岗位最低档工资或者劳动合同约定工资的百分之八十，并不得低于用人单位所在地的最低工资标准。

第二十一条　在试用期中，除劳动者有本法第三十九条和第四十条第一项、第二项规定的情形外，用人单位不得解除劳动合同。用人单位在试用期解除劳动合同的，应当向劳动者说明理由。

第二十二条　用人单位为劳动者提供专项培训费用，对其进行专业技术培训的，可以与该劳动者订立协议，约定服务期。

劳动者违反服务期约定的，应当按照约定向用人单位支付违约金。违约金的数额不得超过用人单位提供的培训费用。用人单位要求劳动者支付的违约金不得超过服务期尚未履行部分所应分摊的培训费用。

用人单位与劳动者约定服务期的，不影响按照正常的工资调整机制提高劳动者在服务期期间的劳动报酬。

第二十三条　用人单位与劳动者可以在劳动合同中约定保守用人单位的商业秘密和与知识产权相关的保密事项。

对负有保密义务的劳动者，用人单位可以在劳动合同或者保密协议中与劳动者约定竞业限制条款，并约定在解除或者终止劳动合同后，在竞业限制期限内按月给予劳动者经济补偿。劳动者违反竞业限制约定的，应当按照约定向用人单位支付违约金。

第二十四条　竞业限制的人员限于用人单位的高级管理人员、高级技术人员和其他负有保密义务的人员。竞业限制的范围、地域、期限由用人单位与劳动者约定，竞业限制的约定不得违反法律、法规的规定。

在解除或者终止劳动合同后，前款规定的人员到与本单位生产或者经营同类产品、从事同类业务的有竞争关系的其他用人单位，或者自己开业生产或者经营同类产品、从事同类业务的竞业限制期限，不得超过二年。

第二十五条　除本法第二十二条和第二十三条规定的情形外，用人单位不得与劳动者约定由劳动者承担违约金。

第二十六条　下列劳动合同无效或者部分无效：

（一）以欺诈、胁迫的手段或者乘人之危，使对方在违背真实意思的情况下订立或者变更劳动合同的；

（二）用人单位免除自己的法定责任、排除劳动者权利的；

（三）违反法律、行政法规强制性规定的。

对劳动合同的无效或者部分无效有争议的，由劳动争议仲裁机构或者人民法院确认。

第二十七条　劳动合同部分无效，不影响其他部分效力的，其他部分仍然有效。

第二十八条　劳动合同被确认无效，劳动者已付出劳动的，用人单位应当向劳动者支付劳动报酬。劳动报酬的数额，参照本单位相同或者相近岗位劳动者的劳动报酬确定。

第三章 劳动合同的履行和变更

第二十九条 用人单位与劳动者应当按照劳动合同的约定，全面履行各自的义务。

第三十条 用人单位应当按照劳动合同约定和国家规定，向劳动者及时足额支付劳动报酬。

用人单位拖欠或者未足额支付劳动报酬的，劳动者可以依法向当地人民法院申请支付令，人民法院应当依法发出支付令。

第三十一条 用人单位应当严格执行劳动定额标准，不得强迫或者变相强迫劳动者加班。用人单位安排加班的，应当按照国家有关规定向劳动者支付加班费。

第三十二条 劳动者拒绝用人单位管理人员违章指挥、强令冒险作业的，不视为违反劳动合同。

劳动者对危害生命安全和身体健康的劳动条件，有权对用人单位提出批评、检举和控告。

第三十三条 用人单位变更名称、法定代表人、主要负责人或者投资人等事项，不影响劳动合同的履行。

第三十四条 用人单位发生合并或者分立等情况，原劳动合同继续有效，劳动合同由承继其权利和义务的用人单位继续履行。

第三十五条 用人单位与劳动者协商一致，可以变更劳动合同约定的内容。变更劳动合同，应当采用书面形式。

变更后的劳动合同文本由用人单位和劳动者各执一份。

第四章 劳动合同的解除和终止

第三十六条 用人单位与劳动者协商一致，可以解除劳动合同。

第三十七条 劳动者提前三十日以书面形式通知用人单位，可以解除劳动合同。劳动者在试用期内提前三日通知用人单位，可以解除劳动合同。

第三十八条　用人单位有下列情形之一的，劳动者可以解除劳动合同：

（一）未按照劳动合同约定提供劳动保护或者劳动条件的；

（二）未及时足额支付劳动报酬的；

（三）未依法为劳动者缴纳社会保险费的；

（四）用人单位的规章制度违反法律、法规的规定，损害劳动者权益的；

（五）因本法第二十六条第一款规定的情形致使劳动合同无效的；

（六）法律、行政法规规定劳动者可以解除劳动合同的其他情形。

用人单位以暴力、威胁或者非法限制人身自由的手段强迫劳动者劳动的，或者用人单位违章指挥、强令冒险作业危及劳动者人身安全的，劳动者可以立即解除劳动合同，不需事先告知用人单位。

第三十九条　劳动者有下列情形之一的，用人单位可以解除劳动合同：

（一）在试用期间被证明不符合录用条件的；

（二）严重违反用人单位的规章制度的；

（三）严重失职，营私舞弊，给用人单位造成重大损害的；

（四）劳动者同时与其他用人单位建立劳动关系，对完成本单位的工作任务造成严重影响，或者经用人单位提出，拒不改正的；

（五）因本法第二十六条第一款第一项规定的情形致使劳动合同无效的；

（六）被依法追究刑事责任的。

第四十条　有下列情形之一的，用人单位提前三十日以书面形式通知劳动者本人或者额外支付劳动者一个月工资后，可以解除劳动合同：

（一）劳动者患病或者非因工负伤，在规定的医疗期满后不能从事原工作，也不能从事由用人单位另行安排的工作的；

（二）劳动者不能胜任工作，经过培训或者调整工作岗位，仍不能胜任工作的；

（三）劳动合同订立时所依据的客观情况发生重大变化，致使劳动合同无法履行，经用人单位与劳动者协商，未能就变更劳动合同内容达成协议的。

第四十一条　有下列情形之一，需要裁减人员二十人以上或者裁减不足二十人但占企业职工总数百分之十以上的，用人单位提前三十日向工会或者全体职工说明情况，听取工会或者职工的意见后，裁减人员方案经向劳动行政部门报告，可以裁减人员：

（一）依照企业破产法规定进行重整的；

（二）生产经营发生严重困难的；

（三）企业转产、重大技术革新或者经营方式调整，经变更劳动合同后，仍需裁减人员的；

（四）其他因劳动合同订立时所依据的客观经济情况发生重大变化，致使劳动合同无法履行的。

裁减人员时，应当优先留用下列人员：

（一）与本单位订立较长期限的固定期限劳动合同的；

（二）与本单位订立无固定期限劳动合同的；

（三）家庭无其他就业人员，有需要扶养的老人或者未成年人的。

用人单位依照本条第一款规定裁减人员，在六个月内重新招用人员的，应当通知被裁减的人员，并在同等条件下优先招用被裁减的人员。

第四十二条　劳动者有下列情形之一的，用人单位不得依照本法第四十条、第四十一条的规定解除劳动合同：

（一）从事接触职业病危害作业的劳动者未进行离岗前职业健康检查，或者疑似职业病病人在诊断或者医学观察期间的；

（二）在本单位患职业病或者因工负伤并被确认丧失或者部分丧失劳动能力的；

（三）患病或者非因工负伤，在规定的医疗期内的；

（四）女职工在孕期、产期、哺乳期的；

（五）在本单位连续工作满十五年，且距法定退休年龄不足五年的；

（六）法律、行政法规规定的其他情形。

第四十三条　用人单位单方解除劳动合同，应当事先将理由通知工会。用人单位违反法律、行政法规规定或者劳动合同约定的，工会有权要求用人单位纠正。用人单位应当研究工会的意见，并将处理结果书面通知工会。

第四十四条　有下列情形之一的，劳动合同终止：

（一）劳动合同期满的；

（二）劳动者开始依法享受基本养老保险待遇的；

（三）劳动者死亡，或者被人民法院宣告死亡或者宣告失踪的；

（四）用人单位被依法宣告破产的；

（五）用人单位被吊销营业执照、责令关闭、撤销或者用人单位决定提前解散的；

（六）法律、行政法规规定的其他情形。

第四十五条　劳动合同期满，有本法第四十二条规定情形之一的，劳动合同应当续延至相应的情形消失时终止。但是，本法第四十二条第二项规定丧失或者部分丧失劳动能力劳动者的劳动合同的终止，按照国家有关工伤保险的规定执行。

第四十六条　有下列情形之一的，用人单位应当向劳动者支付经济补偿：

（一）劳动者依照本法第三十八条规定解除劳动合同的；

（二）用人单位依照本法第三十六条规定向劳动者提出解除劳动合同并与劳动者协商一致解除劳动合同的；

（三）用人单位依照本法第四十条规定解除劳动合同的；

（四）用人单位依照本法第四十一条第一款规定解除劳动合同的；

（五）除用人单位维持或者提高劳动合同约定条件续订劳动合同，劳动者不同意续订的情形外，依照本法第四十四条第一项规定终止固定期限劳动合同的；

（六）依照本法第四十四条第四项、第五项规定终止劳动合同的；

（七）法律、行政法规规定的其他情形。

第四十七条　经济补偿按劳动者在本单位工作的年限，每满一年支付一个月工资的标准向劳动者支付。六个月以上不满一年的，按一年计算；不满六个月的，向劳动者支付半个月工资的经济补偿。

劳动者月工资高于用人单位所在直辖市、设区的市级人民政府公布的本地区上年度职工月平均工资三倍的，向其支付经济补偿的标准按职工月平均工资三倍的数额支付，向其支付经济补偿的年限最高不超过十二年。

本条所称月工资是指劳动者在劳动合同解除或者终止前十二个月的平均工资。

第四十八条 用人单位违反本法规定解除或者终止劳动合同，劳动者要求继续履行劳动合同的，用人单位应当继续履行；劳动者不要求继续履行劳动合同或者劳动合同已经不能继续履行的，用人单位应当依照本法第八十七条规定支付赔偿金。

第四十九条 国家采取措施，建立健全劳动者社会保险关系跨地区转移接续制度。

第五十条 用人单位应当在解除或者终止劳动合同时出具解除或者终止劳动合同的证明，并在十五日内为劳动者办理档案和社会保险关系转移手续。

劳动者应当按照双方约定，办理工作交接。用人单位依照本法有关规定应当向劳动者支付经济补偿的，在办结工作交接时支付。

用人单位对已经解除或者终止的劳动合同的文本，至少保存二年备查。

第五章 特别规定

第一节 集体合同

第五十一条 企业职工一方与用人单位通过平等协商，可以就劳动报酬、工作时间、休息休假、劳动安全卫生、保险福利等事项订立集体合同。集体合同草案应当提交职工代表大会或者全体职工讨论通过。

集体合同由工会代表企业职工一方与用人单位订立；尚未建立工会的用人单位，由上级工会指导劳动者推举的代表与用人单位订立。

第五十二条 企业职工一方与用人单位可以订立劳动安全卫生、女职工权益保护、工资调整机制等专项集体合同。

第五十三条 在县级以下区域内，建筑业、采矿业、餐饮服务业等行业可以由工会与企业方面代表订立行业性集体合同，或者订立区域性集体合同。

第五十四条　集体合同订立后，应当报送劳动行政部门；劳动行政部门自收到集体合同文本之日起十五日内未提出异议的，集体合同即行生效。

依法订立的集体合同对用人单位和劳动者具有约束力。行业性、区域性集体合同对当地本行业、本区域的用人单位和劳动者具有约束力。

第五十五条　集体合同中劳动报酬和劳动条件等标准不得低于当地人民政府规定的最低标准；用人单位与劳动者订立的劳动合同中劳动报酬和劳动条件等标准不得低于集体合同规定的标准。

第五十六条　用人单位违反集体合同，侵犯职工劳动权益的，工会可以依法要求用人单位承担责任；因履行集体合同发生争议，经协商解决不成的，工会可以依法申请仲裁、提起诉讼。

第二节　劳务派遣

第五十七条　劳务派遣单位应当依照公司法的有关规定设立，注册资本不得少于五十万元。

第五十八条　劳务派遣单位是本法所称用人单位，应当履行用人单位对劳动者的义务。劳务派遣单位与被派遣劳动者订立的劳动合同，除应当载明本法第十七条规定的事项外，还应当载明被派遣劳动者的用工单位以及派遣期限、工作岗位等情况。

劳务派遣单位应当与被派遣劳动者订立二年以上的固定期限劳动合同，按月支付劳动报酬；被派遣劳动者在无工作期间，劳务派遣单位应当按照所在地人民政府规定的最低工资标准，向其按月支付报酬。

第五十九条　劳务派遣单位派遣劳动者应当与接受以劳务派遣形式用工的单位（以下称用工单位）订立劳务派遣协议。劳务派遣协议应当约定派遣岗位和人员数量、派遣期限、劳动报酬和社会保险费的数额与支付方式以及违反协议的责任。

用工单位应当根据工作岗位的实际需要与劳务派遣单位确定派遣期限，不得将连续用工期限分割订立数个短期劳务派遣协议。

第六十条　劳务派遣单位应当将劳务派遣协议的内容告知被派遣劳动者。

劳务派遣单位不得克扣用工单位按照劳务派遣协议支付给被派遣劳动者的劳动报酬。

劳务派遣单位和用工单位不得向被派遣劳动者收取费用。

第六十一条　劳务派遣单位跨地区派遣劳动者的，被派遣劳动者享有的劳动报酬和劳动条件，按照用工单位所在地的标准执行。

第六十二条　用工单位应当履行下列义务：

（一）执行国家劳动标准，提供相应的劳动条件和劳动保护；

（二）告知被派遣劳动者的工作要求和劳动报酬；

（三）支付加班费、绩效奖金，提供与工作岗位相关的福利待遇；

（四）对在岗被派遣劳动者进行工作岗位所必需的培训；

（五）连续用工的，实行正常的工资调整机制。

用工单位不得将被派遣劳动者再派遣到其他用人单位。

第六十三条　被派遣劳动者享有与用工单位的劳动者同工同酬的权利。用工单位无同类岗位劳动者的，参照用工单位所在地相同或者相近岗位劳动者的劳动报酬确定。

第六十四条　被派遣劳动者有权在劳务派遣单位或者用工单位依法参加或者组织工会，维护自身的合法权益。

第六十五条　被派遣劳动者可以依照本法第三十六条、第三十八条的规定与劳务派遣单位解除劳动合同。

被派遣劳动者有本法第三十九条和第四十条第一项、第二项规定情形的，用工单位可以将劳动者退回劳务派遣单位，劳务派遣单位依照本法有关规定，可以与劳动者解除劳动合同。

第六十六条　劳务派遣一般在临时性、辅助性或者替代性的工作岗位上实施。

第六十七条　用人单位不得设立劳务派遣单位向本单位或者所属单位派遣劳动者。

第三节　非全日制用工

第六十八条　非全日制用工，是指以小时计酬为主，劳动者在同一用人单位一般平均每日工作时间不超过四小时，每周工作时间累计不超过二十四小时的用工形式。

第六十九条　非全日制用工双方当事人可以订立口头协议。

从事非全日制用工的劳动者可以与一个或者一个以上用人单位订立劳动合同；但是，后订立的劳动合同不得影响先订立的劳动合同的履行。

第七十条　非全日制用工双方当事人不得约定试用期。

第七十一条　非全日制用工双方当事人任何一方都可以随时通知对方终止用工。终止用工，用人单位不向劳动者支付经济补偿。

第七十二条　非全日制用工小时计酬标准不得低于用人单位所在地人民政府规定的最低小时工资标准。

非全日制用工劳动报酬结算支付周期最长不得超过十五日。

第六章　监督检查

第七十三条　国务院劳动行政部门负责全国劳动合同制度实施的监督管理。

县级以上地方人民政府劳动行政部门负责本行政区域内劳动合同制度实施的监督管理。

县级以上各级人民政府劳动行政部门在劳动合同制度实施的监督管理工作中，应当听取工会、企业方面代表以及有关行业主管部门的意见。

第七十四条　县级以上地方人民政府劳动行政部门依法对下列实施劳动合同制度的情况进行监督检查：

（一）用人单位制定直接涉及劳动者切身利益的规章制度及其执行的情况；

（二）用人单位与劳动者订立和解除劳动合同的情况；

（三）劳务派遣单位和用工单位遵守劳务派遣有关规定的情况；

（四）用人单位遵守国家关于劳动者工作时间和休息休假规定的情况；

（五）用人单位支付劳动合同约定的劳动报酬和执行最低工资标准的情况；

（六）用人单位参加各项社会保险和缴纳社会保险费的情况；

（七）法律、法规规定的其他劳动监察事项。

第七十五条　县级以上地方人民政府劳动行政部门实施监督检查时，有权查阅与劳动合同、集体合同有关的材料，有权对劳动场所进行实地检查，用人单位和劳动者都应当如实提供有关情况和材料。

劳动行政部门的工作人员进行监督检查，应当出示证件，依法行使职权，文明执法。

第七十六条　县级以上人民政府建设、卫生、安全生产监督管理等有关主管部门在各自职责范围内，对用人单位执行劳动合同制度的情况进行监督管理。

第七十七条　劳动者合法权益受到侵害的，有权要求有关部门依法处理，或者依法申请仲裁、提起诉讼。

第七十八条　工会依法维护劳动者的合法权益，对用人单位履行劳动合同、集体合同的情况进行监督。用人单位违反劳动法律、法规和劳动合同、集体合同的，工会有权提出意见或者要求纠正；劳动者申请仲裁、提起诉讼的，工会依法给予支持和帮助。

第七十九条　任何组织或者个人对违反本法的行为都有权举报，县级以上人民政府劳动行政部门应当及时核实、处理，并对举报有功人员给予奖励。

第七章　法律责任

第八十条　用人单位直接涉及劳动者切身利益的规章制度违反法律、法规规定的，由劳动行政部门责令改正，给予警告；给劳动者造成损害的，应当承担赔偿责任。

第八十一条　用人单位提供的劳动合同文本未载明本法规定的劳动合同必备条款或者用人单位未将劳动合同文本交付劳动者的，由劳动行政部门责令改正；给劳动者造成损害的，应当承担赔偿责任。

第八十二条　用人单位自用工之日起超过一个月不满一年未与劳动者订立书面劳动合同的，应当向劳动者每月支付二倍的工资。

用人单位违反本法规定不与劳动者订立无固定期限劳动合同的，自应当订立无固定期限劳动合同之日起向劳动者每月支付二倍的工资。

第八十三条　用人单位违反本法规定与劳动者约定试用期的，由劳动行政部门责令改正；违反约定的试用期已经履行的，由用人单位以劳动者试用期满月工资为标准，按已经履行的超过法定试用期的期间向劳动者支付赔偿金。

第八十四条　用人单位违反本法规定，扣押劳动者居民身份证等证件的，由劳动行政部门责令限期退还劳动者本人，并依照有关法律规定给予处罚。

用人单位违反本法规定，以担保或者其他名义向劳动者收取财物的，由劳动行政部门责令限期退还劳动者本人，并以每人五百元以上二千元以下的标准处以罚款；给劳动者造成损害的，应当承担赔偿责任。

劳动者依法解除或者终止劳动合同，用人单位扣押劳动者档案或者其他物品的，依照前款规定处罚。

第八十五条　用人单位有下列情形之一的，由劳动行政部门责令限期支付劳动报酬、加班费或者经济补偿；劳动报酬低于当地最低工资标准的，应当支付其差额部分；逾期不支付的，责令用人单位按应付金额百分之五十以上百分之一百以下的标准向劳动者加付赔偿金：

（一）未按照劳动合同的约定或者国家规定及时足额支付劳动者劳动报酬的；

（二）低于当地最低工资标准支付劳动者工资的；

（三）安排加班不支付加班费的；

（四）解除或者终止劳动合同，未依照本法规定向劳动者支付经济补偿的。

第八十六条　劳动合同依照本法第二十六条规定被确认无效，给对方造成损害的，有过错的一方应当承担赔偿责任。

第八十七条　用人单位违反本法规定解除或者终止劳动合同的，应当依照本法第四十七条规定的经济补偿标准的二倍向劳动者支付赔偿金。

第八十八条　用人单位有下列情形之一的，依法给予行政处罚；构成犯罪的，依法追究刑事责任；给劳动者造成损害的，应当承担赔偿责任：

（一）以暴力、威胁或者非法限制人身自由的手段强迫劳动的；

（二）违章指挥或者强令冒险作业危及劳动者人身安全的；

（三）侮辱、体罚、殴打、非法搜查或者拘禁劳动者的；

（四）劳动条件恶劣、环境污染严重，给劳动者身心健康造成严重损害的。

第八十九条　用人单位违反本法规定未向劳动者出具解除或者终止劳动合同的书面证明，由劳动行政部门责令改正；给劳动者造成损害的，应当承担赔偿责任。

第九十条　劳动者违反本法规定解除劳动合同，或者违反劳动合同中约定的保密义务或者竞业限制，给用人单位造成损失的，应当承担赔偿责任。

第九十一条　用人单位招用与其他用人单位尚未解除或者终止劳动合同的劳动者，给其他用人单位造成损失的，应当承担连带赔偿责任。

第九十二条　劳务派遣单位违反本法规定的，由劳动行政部门和其他有关主管部门责令改正；情节严重的，以每人一千元以上五千元以下的标准处以罚款，并由工商行政管理部门吊销营业执照；给被派遣劳动者造成损害的，劳务派遣单位与用工单位承担连带赔偿责任。

第九十三条　对不具备合法经营资格的用人单位的违法犯罪行为，依法追究法律责任；劳动者已经付出劳动的，该单位或者其出资人应当依照本法有关规定向劳动者支付劳动报酬、经济补偿、赔偿金；给劳动者造成损害的，应当承担赔偿责任。

第九十四条　个人承包经营违反本法规定招用劳动者，给劳动者造成损害的，发包的组织与个人承包经营者承担连带赔偿责任。

第九十五条　劳动行政部门和其他有关主管部门及其工作人员玩忽职守、不履行法定职责，或者违法行使职权，给劳动者或者用人单位造成损害的，应当承担赔偿责任；对直接负责的主管人员和其他直接责任人员，依法给予行政处分；构成犯罪的，依法追究刑事责任。

第八章　附则

第九十六条　事业单位与实行聘用制的工作人员订立、履行、变更、解除或者终止劳动合同，法律、行政法规或者国务院另有规定的，依照其规定；未作规定的，依照本法有关规定执行。

第九十七条　本法施行前已依法订立且在本法施行之日存续的劳动合同，继续履行；本法第十四条第二款第三项规定连续订立固定期限劳动合同的次数，自本法施行后续订固定期限劳动合同时开始计算。

本法施行前已建立劳动关系，尚未订立书面劳动合同的，应当自本法施行之日起一个月内订立。

本法施行之日存续的劳动合同在本法施行后解除或者终止，依照本法第四十六条规定应当支付经济补偿的，经济补偿年限自本法施行之日起计算；本法施行前按照当时有关规定，用人单位应当向劳动者支付经济补偿的，按照当时有关规定执行。

第九十八条　本法自 2008 年 1 月 1 日起施行。

中华人民共和国劳动争议调解仲裁法

（2007 年 12 月 29 日第十届全国人民代表大会常务委员会
第三十一次会议通过　2007 年 12 月 29 日中华人民共和国主席令
第 80 号公布　自 2008 年 5 月 1 日起施行）

第一章　总则

第一条　为了公正及时解决劳动争议，保护当事人合法权益，促进劳动关系和谐稳定，制定本法。

第二条 中华人民共和国境内的用人单位与劳动者发生的下列劳动争议，适用本法：

（一）因确认劳动关系发生的争议；

（二）因订立、履行、变更、解除和终止劳动合同发生的争议；

（三）因除名、辞退和辞职、离职发生的争议；

（四）因工作时间、休息休假、社会保险、福利、培训以及劳动保护发生的争议；

（五）因劳动报酬、工伤医疗费、经济补偿或者赔偿金等发生的争议；

（六）法律、法规规定的其他劳动争议。

第三条 解决劳动争议，应当根据事实，遵循合法、公正、及时、着重调解的原则，依法保护当事人的合法权益。

第四条 发生劳动争议，劳动者可以与用人单位协商，也可以请工会或者第三方共同与用人单位协商，达成和解协议。

第五条 发生劳动争议，当事人不愿协商、协商不成或者达成和解协议后不履行的，可以向调解组织申请调解；不愿调解、调解不成或者达成调解协议后不履行的，可以向劳动争议仲裁委员会申请仲裁；对仲裁裁决不服的，除本法另有规定的外，可以向人民法院提起诉讼。

第六条 发生劳动争议，当事人对自己提出的主张，有责任提供证据。与争议事项有关的证据属于用人单位掌握管理的，用人单位应当提供；用人单位不提供的，应当承担不利后果。

第七条 发生劳动争议的劳动者一方在十人以上，并有共同请求的，可以推举代表参加调解、仲裁或者诉讼活动。

第八条 县级以上人民政府劳动行政部门会同工会和企业方面代表建立协调劳动关系三方机制，共同研究解决劳动争议的重大问题。

第九条 用人单位违反国家规定，拖欠或者未足额支付劳动报酬，或者拖欠工伤医疗费、经济补偿或者赔偿金的，劳动者可以向劳动行政部门投诉，劳动行政部门应当依法处理。

第二章 调解

第十条 发生劳动争议，当事人可以到下列调解组织申请调解：

（一）企业劳动争议调解委员会；

（二）依法设立的基层人民调解组织；

（三）在乡镇、街道设立的具有劳动争议调解职能的组织。

企业劳动争议调解委员会由职工代表和企业代表组成。职工代表由工会成员担任或者由全体职工推举产生，企业代表由企业负责人指定。企业劳动争议调解委员会主任由工会成员或者双方推举的人员担任。

第十一条 劳动争议调解组织的调解员应当由公道正派、联系群众、热心调解工作，并具有一定法律知识、政策水平和文化水平的成年公民担任。

第十二条 当事人申请劳动争议调解可以书面申请，也可以口头申请。口头申请的，调解组织应当当场记录申请人基本情况、申请调解的争议事项、理由和时间。

第十三条 调解劳动争议，应当充分听取双方当事人对事实和理由的陈述，耐心疏导，帮助其达成协议。

第十四条 经调解达成协议的，应当制作调解协议书。

调解协议书由双方当事人签名或者盖章，经调解员签名并加盖调解组织印章后生效，对双方当事人具有约束力，当事人应当履行。

自劳动争议调解组织收到调解申请之日起十五日内未达成调解协议的，当事人可以依法申请仲裁。

第十五条 达成调解协议后，一方当事人在协议约定期限内不履行调解协议的，另一方当事人可以依法申请仲裁。

第十六条 因支付拖欠劳动报酬、工伤医疗费、经济补偿或者赔偿金事项达成调解协议，用人单位在协议约定期限内不履行的，劳动者可以持调解协议书依法向人民法院申请支付令。人民法院应当依法发出支付令。

第三章　仲裁

第一节　一般规定

第十七条　劳动争议仲裁委员会按照统筹规划、合理布局和适应实际需要的原则设立。省、自治区人民政府可以决定在市、县设立；直辖市人民政府可以决定在区、县设立。直辖市、设区的市也可以设立一个或者若干个劳动争议仲裁委员会。劳动争议仲裁委员会不按行政区划层层设立。

第十八条　国务院劳动行政部门依照本法有关规定制定仲裁规则。省、自治区、直辖市人民政府劳动行政部门对本行政区域的劳动争议仲裁工作进行指导。

第十九条　劳动争议仲裁委员会由劳动行政部门代表、工会代表和企业方面代表组成。劳动争议仲裁委员会组成人员应当是单数。

劳动争议仲裁委员会依法履行下列职责：

（一）聘任、解聘专职或者兼职仲裁员；

（二）受理劳动争议案件；

（三）讨论重大或者疑难的劳动争议案件；

（四）对仲裁活动进行监督。

劳动争议仲裁委员会下设办事机构，负责办理劳动争议仲裁委员会的日常工作。

第二十条　劳动争议仲裁委员会应当设仲裁员名册。

仲裁员应当公道正派并符合下列条件之一：

（一）曾任审判员的；

（二）从事法律研究、教学工作并具有中级以上职称的；

（三）具有法律知识、从事人力资源管理或者工会等专业工作满五年的；

（四）律师执业满三年的。

第二十一条　劳动争议仲裁委员会负责管辖本区域内发生的劳动

争议。

劳动争议由劳动合同履行地或者用人单位所在地的劳动争议仲裁委员会管辖。双方当事人分别向劳动合同履行地和用人单位所在地的劳动争议仲裁委员会申请仲裁的，由劳动合同履行地的劳动争议仲裁委员会管辖。

第二十二条　发生劳动争议的劳动者和用人单位为劳动争议仲裁案件的双方当事人。

劳务派遣单位或者用工单位与劳动者发生劳动争议的，劳务派遣单位和用工单位为共同当事人。

第二十三条　与劳动争议案件的处理结果有利害关系的第三人，可以申请参加仲裁活动或者由劳动争议仲裁委员会通知其参加仲裁活动。

第二十四条　当事人可以委托代理人参加仲裁活动。委托他人参加仲裁活动，应当向劳动争议仲裁委员会提交有委托人签名或者盖章的委托书，委托书应当载明委托事项和权限。

第二十五条　丧失或者部分丧失民事行为能力的劳动者，由其法定代理人代为参加仲裁活动；无法定代理人的，由劳动争议仲裁委员会为其指定代理人。劳动者死亡的，由其近亲属或者代理人参加仲裁活动。

第二十六条　劳动争议仲裁公开进行，但当事人协议不公开进行或者涉及国家秘密、商业秘密和个人隐私的除外。

第二节　申请和受理

第二十七条　劳动争议申请仲裁的时效期间为一年。仲裁时效期间从当事人知道或者应当知道其权利被侵害之日起计算。

前款规定的仲裁时效，因当事人一方向对方当事人主张权利，或者向有关部门请求权利救济，或者对方当事人同意履行义务而中断。从中断时起，仲裁时效期间重新计算。

因不可抗力或者有其他正当理由，当事人不能在本条第一款规定的仲裁时效期间申请仲裁的，仲裁时效中止。从中止时效的原因消除之日起，仲裁时效期间继续计算。

劳动关系存续期间因拖欠劳动报酬发生争议的，劳动者申请仲裁不受本条第一款规定的仲裁时效期间的限制；但是，劳动关系终止的，应当自劳动关系终止之日起一年内提出。

第二十八条　申请人申请仲裁应当提交书面仲裁申请，并按照被申请人人数提交副本。

仲裁申请书应当载明下列事项：

（一）劳动者的姓名、性别、年龄、职业、工作单位和住所，用人单位的名称、住所和法定代表人或者主要负责人的姓名、职务；

（二）仲裁请求和所根据的事实、理由；

（三）证据和证据来源、证人姓名和住所。

书写仲裁申请确有困难的，可以口头申请，由劳动争议仲裁委员会记入笔录，并告知对方当事人。

第二十九条　劳动争议仲裁委员会收到仲裁申请之日起五日内，认为符合受理条件的，应当受理，并通知申请人；认为不符合受理条件的，应当书面通知申请人不予受理，并说明理由。对劳动争议仲裁委员会不予受理或者逾期未作出决定的，申请人可以就该劳动争议事项向人民法院提起诉讼。

第三十条　劳动争议仲裁委员会受理仲裁申请后，应当在五日内将仲裁申请书副本送达被申请人。

被申请人收到仲裁申请书副本后，应当在十日内向劳动争议仲裁委员会提交答辩书。劳动争议仲裁委员会收到答辩书后，应当在五日内将答辩书副本送达申请人。被申请人未提交答辩书的，不影响仲裁程序的进行。

第三节　开庭和裁决

第三十一条　劳动争议仲裁委员会裁决劳动争议案件实行仲裁庭制。仲裁庭由三名仲裁员组成，设首席仲裁员。简单劳动争议案件可以由一名仲裁员独任仲裁。

第三十二条　劳动争议仲裁委员会应当在受理仲裁申请之日起五日内将仲裁庭的组成情况书面通知当事人。

第三十三条　仲裁员有下列情形之一，应当回避，当事人也有权以口头或者书面方式提出回避申请：

（一）是本案当事人或者当事人、代理人的近亲属的；

（二）与本案有利害关系的；

（三）与本案当事人、代理人有其他关系，可能影响公正裁决的；

（四）私自会见当事人、代理人，或者接受当事人、代理人的请客送礼的。

劳动争议仲裁委员会对回避申请应当及时作出决定，并以口头或者书面方式通知当事人。

第三十四条 仲裁员有本法第三十三条第四项规定情形，或者有索贿受贿、徇私舞弊、枉法裁决行为的，应当依法承担法律责任。劳动争议仲裁委员会应当将其解聘。

第三十五条 仲裁庭应当在开庭五日前，将开庭日期、地点书面通知双方当事人。当事人有正当理由的，可以在开庭三日前请求延期开庭。是否延期，由劳动争议仲裁委员会决定。

第三十六条 申请人收到书面通知，无正当理由拒不到庭或者未经仲裁庭同意中途退庭的，可以视为撤回仲裁申请。

被申请人收到书面通知，无正当理由拒不到庭或者未经仲裁庭同意中途退庭的，可以缺席裁决。

第三十七条 仲裁庭对专门性问题认为需要鉴定的，可以交由当事人约定的鉴定机构鉴定；当事人没有约定或者无法达成约定的，由仲裁庭指定的鉴定机构鉴定。

根据当事人的请求或者仲裁庭的要求，鉴定机构应当派鉴定人参加开庭。当事人经仲裁庭许可，可以向鉴定人提问。

第三十八条 当事人在仲裁过程中有权进行质证和辩论。质证和辩论终结时，首席仲裁员或者独任仲裁员应当征询当事人的最后意见。

第三十九条 当事人提供的证据经查证属实的，仲裁庭应当将其作为认定事实的根据。

劳动者无法提供由用人单位掌握管理的与仲裁请求有关的证据，仲裁庭可以要求用人单位在指定期限内提供。用人单位在指定期限内不提供的，应当承担不利后果。

第四十条 仲裁庭应当将开庭情况记入笔录。当事人和其他仲裁参加人认为对自己陈述的记录有遗漏或者差错的，有权申请补正。如果不予补正，应当记录该申请。

笔录由仲裁员、记录人员、当事人和其他仲裁参加人签名或者盖章。

第四十一条　当事人申请劳动争议仲裁后，可以自行和解。达成和解协议的，可以撤回仲裁申请。

第四十二条　仲裁庭在作出裁决前，应当先行调解。

调解达成协议的，仲裁庭应当制作调解书。

调解书应当写明仲裁请求和当事人协议的结果。调解书由仲裁员签名，加盖劳动争议仲裁委员会印章，送达双方当事人。调解书经双方当事人签收后，发生法律效力。

调解不成或者调解书送达前，一方当事人反悔的，仲裁庭应当及时作出裁决。

第四十三条　仲裁庭裁决劳动争议案件，应当自劳动争议仲裁委员会受理仲裁申请之日起四十五日内结束。案情复杂需要延期的，经劳动争议仲裁委员会主任批准，可以延期并书面通知当事人，但是延长期限不得超过十五日。逾期未作出仲裁裁决的，当事人可以就该劳动争议事项向人民法院提起诉讼。

仲裁庭裁决劳动争议案件时，其中一部分事实已经清楚，可以就该部分先行裁决。

第四十四条　仲裁庭对追索劳动报酬、工伤医疗费、经济补偿或者赔偿金的案件，根据当事人的申请，可以裁决先予执行，移送人民法院执行。

仲裁庭裁决先予执行的，应当符合下列条件：

（一）当事人之间权利义务关系明确；

（二）不先予执行将严重影响申请人的生活。

劳动者申请先予执行的，可以不提供担保。

第四十五条　裁决应当按照多数仲裁员的意见做出，少数仲裁员的不同意见应当记入笔录。仲裁庭不能形成多数意见时，裁决应当按照首席仲裁员的意见做出。

第四十六条　裁决书应当载明仲裁请求、争议事实、裁决理由、裁决结果和裁决日期。裁决书由仲裁员签名，加盖劳动争议仲裁委员会印章。对裁决持不同意见的仲裁员，可以签名，也可以不签名。

第四十七条　下列劳动争议，除本法另有规定的外，仲裁裁决为终局裁决，裁决书自作出之日起发生法律效力：

（一）追索劳动报酬、工伤医疗费、经济补偿或者赔偿金，不超过当地月最低工资标准十二个月金额的争议；

（二）因执行国家的劳动标准在工作时间、休息休假、社会保险等方面发生的争议。

第四十八条　劳动者对本法第四十七条规定的仲裁裁决不服的，可以自收到仲裁裁决书之日起十五日内向人民法院提起诉讼。

第四十九条　用人单位有证据证明本法第四十七条规定的仲裁裁决有下列情形之一，可以自收到仲裁裁决书之日起三十日内向劳动争议仲裁委员会所在地的中级人民法院申请撤销裁决：

（一）适用法律、法规确有错误的；

（二）劳动争议仲裁委员会无管辖权的；

（三）违反法定程序的；

（四）裁决所根据的证据是伪造的；

（五）对方当事人隐瞒了足以影响公正裁决的证据的；

（六）仲裁员在仲裁该案时有索贿受贿、徇私舞弊、枉法裁决行为的。

人民法院经组成合议庭审查核实裁决有前款规定情形之一的，应当裁定撤销。

仲裁裁决被人民法院裁定撤销的，当事人可以自收到裁定书之日起十五日内就该劳动争议事项向人民法院提起诉讼。

第五十条　当事人对本法第四十七条规定以外的其他劳动争议案件的仲裁裁决不服的，可以自收到仲裁裁决书之日起十五日内向人民法院提起诉讼；期满不起诉的，裁决书发生法律效力。

第五十一条　当事人对发生法律效力的调解书、裁决书，应当依照规定的期限履行。一方当事人逾期不履行的，另一方当事人可以依照民事诉讼法的有关规定向人民法院申请执行。受理申请的人民法院应当依法执行。

第四章　附则

第五十二条　事业单位实行聘用制的工作人员与本单位发生劳动争议的，依照本法执行；法律、行政法规或者国务院另有规定的，依照其规定。

第五十三条　劳动争议仲裁不收费。劳动争议仲裁委员会的经费由财政予以保障。

第五十四条　本法自 2008 年 5 月 1 日起施行。

中华人民共和国劳动合同法实施条例

（2008 年 9 月 3 日中华人民共和国国务院第 25 次常务会议通过

2008 年 9 月 18 日中华人民共和国国务院令第 535 号公布

自公布之日起施行）

第一章　总则

第一条　为了贯彻实施《中华人民共和国劳动合同法》（以下简称劳动合同法），制定本条例。

第二条　各级人民政府和县级以上人民政府劳动行政等有关部门以及工会等组织，应当采取措施，推动劳动合同法的贯彻实施，促进劳动关系的和谐。

第三条　依法成立的会计师事务所、律师事务所等合伙组织和基金会，属于劳动合同法规定的用人单位。

第二章　劳动合同的订立

第四条　劳动合同法规定的用人单位设立的分支机构，依法取得营业执照或者登记证书的，可以作为用人单位与劳动者订立劳动合同；未依法取得营业执照或者登记证书的，受用人单位委托可以与劳动者订立劳动合同。

第五条　自用工之日起一个月内，经用人单位书面通知后，劳动者不与用人单位订立书面劳动合同的，用人单位应当书面通知劳动者终止劳动关系，无需向劳动者支付经济补偿，但是应当依法向劳动者支付其实际工作时间的劳动报酬。

第六条　用人单位自用工之日起超过一个月不满一年未与劳动者订立书面劳动合同的，应当依照劳动合同法第八十二条的规定向劳动者每月支付两倍的工资，并与劳动者补订书面劳动合同；劳动者不与用人单位订立书面劳动合同的，用人单位应当书面通知劳动者终止劳动关系，并依照劳动合同法第四十七条的规定支付经济补偿。

前款规定的用人单位向劳动者每月支付两倍工资的起算时间为用工之日起满一个月的次日，截止时间为补订书面劳动合同的前一日。

第七条　用人单位自用工之日起满一年未与劳动者订立书面劳动合同的，自用工之日起满一个月的次日至满一年的前一日应当依照劳动合同法第八十二条的规定向劳动者每月支付两倍的工资，并视为自用工之日起满一年的当日已经与劳动者订立无固定期限劳动合同，应当立即与劳动者补订书面劳动合同。

第八条　劳动合同法第七条规定的职工名册，应当包括劳动者姓名、性别、公民身份号码、户籍地址及现住址、联系方式、用工形式、用工起始时间、劳动合同期限等内容。

第九条　劳动合同法第十四条第二款规定的连续工作满 10 年的起始时间，应当自用人单位用工之日起计算，包括劳动合同法施行前的工作年限。

第十条　劳动者非因本人原因从原用人单位被安排到新用人单位工

作的，劳动者在原用人单位的工作年限合并计算为新用人单位的工作年限。原用人单位已经向劳动者支付经济补偿的，新用人单位在依法解除、终止劳动合同计算支付经济补偿的工作年限时，不再计算劳动者在原用人单位的工作年限。

第十一条 除劳动者与用人单位协商一致的情形外，劳动者依照劳动合同法第十四条第二款的规定，提出订立无固定期限劳动合同的，用人单位应当与其订立无固定期限劳动合同。对劳动合同的内容，双方应当按照合法、公平、平等自愿、协商一致、诚实信用的原则协商确定；对协商不一致的内容，依照劳动合同法第十八条的规定执行。

第十二条 地方各级人民政府及县级以上地方人民政府有关部门为安置就业困难人员提供的给予岗位补贴和社会保险补贴的公益性岗位，其劳动合同不适用劳动合同法有关无固定期限劳动合同的规定以及支付经济补偿的规定。

第十三条 用人单位与劳动者不得在劳动合同法第四十四条规定的劳动合同终止情形之外约定其他的劳动合同终止条件。

第十四条 劳动合同履行地与用人单位注册地不一致的，有关劳动者的最低工资标准、劳动保护、劳动条件、职业危害防护和本地区上年度职工月平均工资标准等事项，按照劳动合同履行地的有关规定执行；用人单位注册地的有关标准高于劳动合同履行地的有关标准，且用人单位与劳动者约定按照用人单位注册地的有关规定执行的，与其约定。

第十五条 劳动者在试用期的工资不得低于本单位相同岗位最低档工资的80%或者不得低于劳动合同约定工资的80%，并不得低于用人单位所在地的最低工资标准。

第十六条 劳动合同法第二十二条第二款规定的培训费用，包括用人单位为了对劳动者进行专业技术培训而支付的有凭证的培训费用、培训期间的差旅费用以及因培训产生的用于该劳动者的其他直接费用。

第十七条 劳动合同期满，但是用人单位与劳动者依照劳动合同法第二十二条的规定约定的服务期尚未到期的，劳动合同应当续延至服务期满；双方另有约定的，从其约定。

第三章　劳动合同的解除和终止

第十八条　有下列情形之一的，依照劳动合同法规定的条件、程序，劳动者可以与用人单位解除固定期限劳动合同、无固定期限劳动合同或者以完成一定工作任务为期限的劳动合同：

（一）劳动者与用人单位协商一致的；

（二）劳动者提前 30 日以书面形式通知用人单位的；

（三）劳动者在试用期内提前 3 日通知用人单位的；

（四）用人单位未按照劳动合同约定提供劳动保护或者劳动条件的；

（五）用人单位未及时足额支付劳动报酬的；

（六）用人单位未依法为劳动者缴纳社会保险费的；

（七）用人单位的规章制度违反法律、法规的规定，损害劳动者权益的；

（八）用人单位以欺诈、胁迫的手段或者乘人之危，使劳动者在违背真实意思的情况下订立或者变更劳动合同的；

（九）用人单位在劳动合同中免除自己的法定责任、排除劳动者权利的；

（十）用人单位违反法律、行政法规强制性规定的；

（十一）用人单位以暴力、威胁或者非法限制人身自由的手段强迫劳动者劳动的；

（十二）用人单位违章指挥、强令冒险作业危及劳动者人身安全的；

（十三）法律、行政法规规定劳动者可以解除劳动合同的其他情形。

第十九条　有下列情形之一的，依照劳动合同法规定的条件、程序，用人单位可以与劳动者解除固定期限劳动合同、无固定期限劳动合同或者以完成一定工作任务为期限的劳动合同：

（一）用人单位与劳动者协商一致的；

（二）劳动者在试用期间被证明不符合录用条件的；

（三）劳动者严重违反用人单位的规章制度的；

（四）劳动者严重失职，营私舞弊，给用人单位造成重大损害的；

（五）劳动者同时与其他用人单位建立劳动关系；

（六）劳动者以欺诈、胁迫的手段或者乘人之危，使用人单位在违背真实意思的情况下订立或者变更劳动合同的；

（七）劳动者被依法追究刑事责任的；

（八）劳动者患病或者非因工负伤，在规定的医疗期满后不能从事原工作，也不能从事由用人单位另行安排的工作的；

（九）劳动者不能胜任工作，经过培训或者调整工作岗位，仍不能胜任工作的；

（十）劳动合同订立时所依据的客观情况发生重大变化，致使劳动合同无法履行，经用人单位与劳动者协商，未能就变更劳动合同内容达成协议的；

（十一）用人单位依照企业破产法规定进行重整的；

（十二）用人单位生产经营发生严重困难的；

（十三）企业转产、重大技术革新或者经营方式调整，经变更劳动合同后，仍需裁减人员的；

（十四）其他因劳动合同订立时所依据的客观经济情况发生重大变化，致使劳动合同无法履行的。

第二十条　用人单位依照劳动合同法第四十条的规定，选择额外支付劳动者一个月工资解除劳动合同的，其额外支付的工资应当按照该劳动者上一个月的工资标准确定。

第二十一条　劳动者达到法定退休年龄的，劳动合同终止。

第二十二条　以完成一定工作任务为期限的劳动合同因任务完成而终止的，用人单位应当依照劳动合同法第四十七条的规定向劳动者支付经济补偿。

第二十三条　用人单位依法终止工伤职工的劳动合同的，除依照劳动合同法第四十七条的规定支付经济补偿外，还应当依照国家有关工伤保险的规定支付一次性工伤医疗补助金和伤残就业补助金。

第二十四条　用人单位出具的解除、终止劳动合同的证明，应当写明劳动合同期限、解除或者终止劳动合同的日期、工作岗位、在本单位的工作年限。

第二十五条　用人单位违反劳动合同法的规定解除或者终止劳动合同，依照劳动合同法第八十七条的规定支付了赔偿金的，不再支付经济补偿。赔偿金的计算年限自用工之日起计算。

第二十六条　用人单位与劳动者约定了服务期，劳动者依照劳动合同法第三十八条的规定解除劳动合同的，不属于违反服务期的约定，用人单位不得要求劳动者支付违约金。

有下列情形之一，用人单位与劳动者解除约定服务期的劳动合同的，劳动者应当按照劳动合同的约定向用人单位支付违约金：

（一）劳动者严重违反用人单位的规章制度的；

（二）劳动者严重失职，营私舞弊，给用人单位造成重大损害的；

（三）劳动者同时与其他用人单位建立劳动关系；

（四）劳动者以欺诈、胁迫的手段或者乘人之危，使用人单位在违背真实意思的情况下订立或者变更劳动合同的；

（五）劳动者被依法追究刑事责任的。

第二十七条　劳动合同法第四十七条规定的经济补偿的月工资按照劳动者应得工资计算，包括计时工资或者计件工资以及奖金、津贴和补贴等货币性收入。劳动者在劳动合同解除或者终止前 12 个月的平均工资低于当地最低工资标准的，按照当地最低工资标准计算。劳动者工作不满 12 个月的，按照实际工作的月数计算平均工资。

第四章　劳务派遣特别规定

第二十八条　用人单位或者其所属单位出资或者合伙设立的劳务派遣单位，向本单位或者所属单位派遣劳动者的，属于劳动合同法第六十七条规定的不得设立的劳务派遣单位。

第二十九条　用工单位应当履行劳动合同法第六十二条规定的义务，维护被派遣劳动者的合法权益。

第三十条　劳务派遣单位不得以非全日制用工形式招用被派遣劳

动者。

第三十一条 劳务派遣单位或者被派遣劳动者依法解除、终止劳动合同的经济补偿，依照劳动合同法第四十六条、第四十七条的规定执行。

第三十二条 劳务派遣单位违法解除或者终止被派遣劳动者的劳动合同的，依照劳动合同法第四十八条的规定执行。

第五章 法律责任

第三十三条 用人单位违反劳动合同法有关建立职工名册规定的，由劳动行政部门责令限期改正；逾期不改正的，由劳动行政部门处2000元以上2万元以下的罚款。

第三十四条 用人单位依照劳动合同法的规定应当向劳动者每月支付两倍的工资或者应当向劳动者支付赔偿金而未支付的，劳动行政部门应当责令用人单位支付。

第三十五条 用工单位违反劳动合同法和本条例有关劳务派遣规定的，由劳动行政部门和其他有关主管部门责令改正；情节严重的，以每位被派遣劳动者1000元以上5000元以下的标准处以罚款；给被派遣劳动者造成损害的，劳务派遣单位和用工单位承担连带赔偿责任。

第六章 附则

第三十六条 对违反劳动合同法和本条例的行为的投诉、举报，县级以上地方人民政府劳动行政部门依照《劳动保障监察条例》的规定处理。

第三十七条 劳动者与用人单位因订立、履行、变更、解除或者终止劳动合同发生争议的，依照《中华人民共和国劳动争议调解仲裁法》的规定处理。

第三十八条 本条例自公布之日起施行。

国务院印发《关于改革国有企业
工资决定机制的意见》

新华社北京 5 月 25 日电国务院日前印发《关于改革国有企业工资决定机制的意见》（以下简称《意见》）。

《意见》要求，要全面贯彻党的十九大精神，以习近平新时代中国特色社会主义思想为指导，以增强国有企业活力、提升国有企业效率为中心，建立健全与劳动力市场基本适应、与国有企业经济效益和劳动生产率挂钩的工资决定和正常增长机制，完善国有企业工资分配监管体制，推动国有资本做强做优做大，促进收入分配更合理、更有序。

《意见》指出，国有企业工资决定机制改革是完善国有企业现代企业制度的重要内容，是深化收入分配制度改革的重要任务，事关国有企业健康发展，事关国有企业职工切身利益，事关收入分配合理有序。改革要坚持建立中国特色现代国有企业制度改革方向、坚持效益导向与维护公平相统一、坚持市场决定与政府监管相结合、坚持分类分级管理的基本原则。

《意见》明确了改革的重点内容，一是改革工资总额决定机制。改革工资总额确定办法，完善工资与效益联动机制，分类确定工资效益联动指标。二是改革工资总额管理方式。全面实行工资总额预算管理，合理确定工资总额预算周期，强化工资总额预算执行。三是完善企业内部工资分配管理。完善企业内部工资总额管理制度，深化企业内部分配制度改革，规范企业工资列支渠道。四是健全工资分配监管体制机制。加强和改进政府对国有企业工资分配的宏观指导和调控，落实履行出资人职责机构的国有企业工资分配监管职责，完善国有企业工资分配内部监督机制，建立国有企业工资分配信息公开制度，健全国有企业工资内外收入监督检查制度。

《意见》强调，国有企业工资决定机制改革是一项涉及面广、政策性强的工作，各地区、各有关部门要统一思想认识，以高度的政治责任感和历史使命感，切实加强对改革工作的领导，做好统筹协调，细化目标任务，明确责任分工，强化督促检查，及时研究解决改革中出现的问题，推动改革顺利进行。

发布日期：2018 年 5 月 25 日

致　谢

　　谨以此书献给我的博士生导师——吉林大学经济学院年志远教授，感谢恩师多年来对我的悉心栽培与谆谆教诲，能成为老师的学生是我莫大的荣幸。恩师严于律己、宽以待人的做人原则，踏实上进的学风，豁达乐观的处事风格，必将影响我今后的人生。此书以博士学位论文为基础，从题目的确定、目录的构建、整体布局、写作的视角到多次修改定稿，无不凝结着恩师的辛勤汗水与心血，恩师严谨的治学态度将一直督促着我努力前行。

　　恩师言传身教，是我人生道路上真正的楷模！

刘　斌

2019 年 8 月